CÂND IUBIREA NU E DE AJUNS CA SĂ NE VINDECE COPIII

WAS UNSEREN KINDERN WIRKLICH HILFT
UNTERSTÜTZUNG BEI SOZIALEN
PROBLEMEN UND KRANKHEITEN
Thomas Schäfer

CÂND IUBIREA NU E DE AJUNS
CA SĂ NE VINDECE COPIII
Thomas Schäfer

internet: www.philobia.com
e-mail: contact@philobia.com

ISBN 978-606-9707-32-6

***Editor:* Bianca Biagini**
Traducere: Maria-Gabriela Raț
Redactare: Mihaela Cristea
Corectură: Oana Țăranu
Copertă & DTP: Cătălin Furtună

Descrierea CIP a Bibliotecii Naționale a României
SCHÄFER, THOMAS
Când iubirea nu e de ajuns ca să ne vindece copiii / Thomas Schäfer ; trad. din lb. germană de Maria-Gabriela Raț. – București : Philobia, 2021
Conține bibliografie
ISBN 978-606-9707-32-6

I. Raț, Maria-Gabriela (trad.)

159.9

Thomas Schäfer

CÂND IUBIREA NU E DE AJUNS CA SĂ NE VINDECE COPIII

Traducere din limba germană
de Maria-Gabriela Raț

philobia

Cuprins

Copiilor mei,
Lara și Lorenz

Mulțumiri

Le mulțumesc tuturor mamelor, taților, copiilor și adolescenților care mi s-au adresat cu privire la problemele sociale și la afecțiunile cu care se confruntau. Cu toții mi-au dat astfel posibilitatea de a mă ocupa îndeaproape de latura sufletească a suferințelor pediatrice. Pentru a-i proteja pe toți acești oameni, numele, locurile și detaliile neesențiale din text au fost modificate.

Prima persoană care mi-a trezit interesul pentru problemele copiilor, în cadrul Clinicii de Psihiatrie a Copilului și Adolescentului din Heidelberg, a fost profesorul Manfred Müller-Küppers. Profesorului Helm Stierlin (Universitatea din Heidelberg, Catedra de psihosomatică) îi datorez interesul legat de problemele ridicate de terapia sistemică de familie. Pentru mine, rămâne de neuitat impresia puternică pe care mi-au lăsat-o, ca tânăr student, atât sagacitatea sa, cât și modul atent și empatic de a interacționa cu pacienții. Am păstrat conduita sa terapeutică drept model, până în ziua de azi.

La începutul anilor '90, dr. Gunthard Weber a organizat în Heidelberg un amplu seminar pentru Bert Hellinger, cunoscut pe vremuri doar celor inițiați. La acest seminar a participat și Helm Stierlin, care s-a arătat atunci interesat de această formă de terapie sistemică de familie. Modul nou și diferit de a privi sistemele familiale m-a fascinat încă din prima clipă și m-a însoțit pe calea studiului, până astăzi. La mijlocul anilor '90, am absolvit un curs de formare în domeniul constelațiilor familiale, care a durat mai mulți ani și care a fost coordonat de Angelika Glöckler.

Dr. Peter Levine, dr. Laurence Heller, Jeff Zeig, Dan van Kampenhout și alții au contribuit ulterior la dezvoltarea propriei mele înțelegeri asupra activității psihoterapeutice.

Stockach-Wahlwies, primăvara anului 2015

Prefață

Suferința copiilor ne afectează profund. Atunci când copiii suferă, ne întrebăm imediat: „De ce?". Cum se poate întâmpla ca un copil să fie afectat încă de mic de o boală care să îi amenințe viața? Unul dintre răspunsurile posibile se regăsește în constelațiile sistemice, care arată că, prin suferința lor, copiii simt că aparțin familiei într-un mod deosebit. Suferința copiilor arată dragostea lor față de familie, uneori chiar față de evenimente familiale din trecutul îndepărtat.

Adânc, în sufletul lor, copiii se simt legați de predecesorii lor și suferă atunci când aceștia au avut un destin dificil. Nu de puține ori, prin afecțiunea sa sau printr-o așa-numită „tulburare", copilul vrea să atragă atenția asupra unor tabuuri familiale. Copiii care provin dintr-o căsătorie ulterioară empatizează, din dragoste sinceră, cu persoane excluse – spre exemplu, o primă soție a tatălui care a murit dând naștere unui copil sau un frate vitreg trecut sub tăcere care a crescut în condiții modeste, fără sprijin patern. În acest caz, este important pentru copilul în cauză, ca parte a tratamentului terapeutic, să ne îndreptăm privirea către cei care au fost dați la o parte și să luăm în considerare întregul sistem familial. Cu ajutorul constelațiilor, este posibil ca dragostea „oarbă" a copiilor să fie transformată uneori în dragoste față de toți cei implicați.

În cabinetul și în grupurile mele lucrez deseori cu părinți care își fac griji în privința unor copii cu tulburări de comportament sau bolnavi, pe care vor să îi ajute. Părinții au dreptul de a căuta soluții pentru copiii lor, atât timp cât aceștia nu au devenit încă adulți.

Dar, din când în când, lucrez și direct cu copiii în cabinetul meu și, nu de puține ori, aceștia participă la seminare de constelații împreună cu părinții lor. Astfel, atât părinții, cât și copiii pot avea experiența unei imagini vindecătoare a familiei. Cartea de față descrie inclusiv aceste situații.

În paginile următoare nu se regăsesc doar constelații familiale. În munca mea terapeutică aplic și alte principii de terapie pe termen scurt. Având în vedere formarea mea în hipnoterapie, îmi este la îndemână să lucrez bazându-mă inclusiv pe remarcabila muncă a lui Milton Erickson. Spre exemplu, copiilor cu enurezis li se poate spune deseori o poveste sau un basm, care poate declanșa procesul rezolutiv neașteptat de repede.

Încă din anul 2002, am scris o carte dedicată copiilor și problemelor pe care le pot avea.[1] De atunci, au trecut treisprezece ani. Modul în care lucrez cu cei mici s-a schimbat considerabil din acel moment. Multe lucruri noi au apărut, inclusiv din punctul de vedere al conținutului. Între copertele acestei expuneri se regăsesc exemple de cazuri ce reies din douăzeci de ani de activitate terapeutică. De aceea, cititorul nu trebuie să fie surprins dacă va descoperi proceduri metodologice foarte diferite.

Colegele mele, Barbara Innecken, Ingrid Dykstra, Sylvia Gómez-Pedra și Marianne Franke-Griksch, tratează amănunțit în cărțile lor teme legate de „probleme ale copiilor" și de „școală și familie" (puteți găsi publicațiile lor în bibliografie). În plus, Marianne Franke-Griksch arată concret felul în care profesorii îi pot sprijini pe copiii care le-au fost încredințați prin implicarea atentă a mediului familial.

Cu privire la prezentarea constelațiilor familiale în grupuri, mai este de adăugat un indiciu important. Dacă nu se menționează în mod special ca fiind altfel, denumiri precum „soră",

---

[1] Thomas Schäfer: *Wenn Liebe allein den Kindern nicht hilft*, München, 2002. Unele studii de caz din această carte, ale cărei stocuri au fost epuizate între timp, vor fi redate aici în formă revizuită, datorită faptului că sunt şi acum de actualitate.

„frate", „tată", „Conny", „Jens" fac referire întotdeauna la reprezentantul în cauză din cadrul constelației. Când clientul însuși intră în constelație preluându-și astfel propriul loc în sistemul familial, acest lucru va fi întotdeauna indicat corespunzător.

Având în vedere că în cadrul seminarelor lucrez doar cu adolescenți maturi și cu tineri adulți, cu cei mai tineri de atât prefer să lucrez într-un mod imaginativ sau folosind figurine din lemn și coli de hârtie. Vom vedea cum anume se desfășoară toate acestea în capitolul următor.

Despre constelațiile familiale

Metoda constelațiilor familiale este probabil veche de mai bine de un mileniu. În scrierile sale apărute în Franța, filosoful francez Idris Lahore a explicat într-un mod pregnant felul în care, în acele timpuri, constelațiile erau practicate de către sufiți într-un mediu religios.[2]

În Germania, impulsul pentru răspândirea constelațiilor familiale a fost dat de către Bert Hellinger, în urmă cu 25 de ani. Între timp, mulți terapeuți din lumea întreagă au preluat constelațiile familiale ca metodă. Totuși, din punct de vedere metodologic, nici Hellinger și nici alți colegi din perioada incipientă nu au bătut pasul pe loc. De atunci și până în prezent au fost dezvoltate concepte dintre cele mai variate ale constelațiilor. Între timp, există chiar și constelații care sunt „facilitate" de clientul însuși („constelații fără terapeut"). Acest lucru nu mai are nimic de-a face cu constelațiile inițiale. Prin urmare, înțelesul cuvântului „constelație" depinde în prezent mai mult ca oricând de fiecare facilitator în parte. Între timp, Hellinger însuși pune în practică așa-numitele „constelații familiale spirituale", care sunt totuși, pe bună dreptate, foarte controversate. Deoarece eu nu lucrez după această metodă, voi renunța aici la prezentarea ei.

La fel ca mulți alți colegi, și eu am integrat lucrul cu constelațiile în mod autonom în formarea mea terapeutică (hipnoterapie

---

[2] Idris Lahore: „Neuroni-oglindă, fizică cuantică, câmpuri morfice şi constelaţii familiale", în: *Praxis der Systemaufstellung*, München nr. 1/2009 şi nr. 2/2008: interviu cu Idris Lahore realizat de Maya Ollier.

după Milton Erickson, terapia traumelor prin experiența somatică după dr. Peter Levine, programare neurolingvistică și altele). Cum este și firesc, în această carte voi prezenta forma constelațiilor sistemice aplicată de mine, așa cum am dezvoltat-o în cursul anilor. În acei ani de început, lucrul cu constelațiile arăta, pentru mine, cu totul altfel decât astăzi. Cu fiecare atelier de constelații, terapeutul învață ceva în plus.

Deoarece odată cu trecerea timpului constelațiile familiale au devenit foarte cunoscute, nu mai este necesar ca fiecare carte publicată pe această temă să conțină o descriere amănunțită a metodei. Totuși, pot exista unii cititori care să nu fi auzit până acum nimic despre constelații și pe care o astfel de carte i-ar suprasolicita. Pentru a preveni acest lucru, este necesară măcar o scurtă introducere în constelațiile familiale. Cine dorește să se pregătească în mod intensiv, poate să apeleze la cele două cărți ale mele, *Wie die Seele uns durchs Leben führt* („Cum sufletul ne călăuzește prin viață“) și *Was die Seele heilt und was sie krank macht* („Ce îmbolnăvește sufletul și ce îl vindecă“), ca lectură introductivă. În momentul de față, voi prezenta doar chestiunile esențiale ale acestei proceduri.

După cum am precizat deja în prefață, în cabinetul meu lucrez cu ancore spațiale (obiecte cu rol de susținere, de fixare în timp): coli de hârtie și figurine din lemn. Este de la sine înțeles că lucrul cu grupuri de persoane este considerabil mai intens. Totuși, copiilor nu li se poate pretinde să lucreze cu grupuri de adulți. Un sprijin însemnat îl reprezintă constelațiile cu figurine din lemn, acestea asigurând, încă din prima ședință de terapie cu părinții, o imagine orientativă cu privire la ce se petrece în familia respectivă.

Figurinele folosite de mine (marca „Strukties“) au fost concepute de către doamna Helga Mack-Hamprecht, în scopuri terapeutice. Sunt sculptate diferit în funcție de gen (rotund: feminin, unghiular: masculin) și au crestături care exprimă direcția de vedere. În același mod lucrez și cu coli de hârtie.

Atât cel care este consiliat, cât și îndrumătorul terapeutic își lucrează constelațiile, unul după altul, în relație cu acele figurine. În acest mod, se poate observa, din punct de vedere corporal, felul în care membrul familiei se simte la un nivel psihic mai profund. După cum am spus, această formă a constelațiilor familiale nu are aceeași intensitate ca cea care se desfășoară în cadrul unui grup, dar asta nu îi contestă puterea de vindecare. Totuși, condiția necesară pentru ca ea să funcționeze este renunțarea la orice prejudecată și apelarea la meditația interioară. A acorda atenție lucrurilor care se întâmplă în interior reprezintă o cale foarte rapidă spre trăirea unei experiențe corporale, care este în măsură să ofere indicii importante cu privire la parcursul terapeutic viitor. Din fericire, copiii relaționează cu aceste figurine mult mai lejer decât adulții. De multe ori, cu ei se poate lucra considerabil mai ușor, deoarece nu sunt atât de „cerebrali".

În cazul constelațiilor familiale care se desfășoară în cadrul unui seminar, părinții în căutare de consiliere își expun obstacolul, pe scurt, grupului. Facilitatorul discută cu clienții modul în care constelația poate fi lucrată. Constelația întregii familii se lucrează doar uneori. Dacă, spre exemplu, o persoană se confruntă cu situația de a nu ști cum să procedeze cu privire la o boală care amenință viața copilului său, este posibil ca din grup să fie aleasă o singură persoană care să reprezinte boala și alți doi participanți care să îi reprezinte pe părinți.

În cazul în care se lucrează constelația întregii familii, cel care caută consiliere va alege din grup reprezentanți, atât pentru fiecare membru al familiei, cât și pentru sine, și îi va lucra în conformitate cu imaginea sa interioară. După aceea se va așeza la loc pe scaunul său. În mod constant, reiese că persoane complet străine pot reprezenta felul în care fiecare membru al familiei se simte în interior. Dinamica sufletească ascunsă în tot acest timp în spatele unei boli, al unei probleme școlare sau al unei suferințe psihice, devine acum vizibilă.

După ce facilitatorul a găsit o rezolvare urmând diferiți pași, chiar și cel care caută consiliere poate, de multe ori, să se substituie reprezentantului său. La final, acesta poate considera necesar să le comunice anumitor persoane unele lucruri importante. Cu adevărat emoționant este și momentul când tinerii adulți se regăsesc în imaginea de rezoluție[3] împreună cu părinții lor.

La finalul mai multor studii de caz prezentate în această carte, a fost adăugată o notă cu privire la parcursul copilului respectiv după lucrul cu constelațiile – totuși, nu întotdeauna. Feedbackul în această privință reiese din împrejurări: foarte frecvent, după un anumit timp, mă reîntâlnesc cu părinții sau copiii în cabinetul meu sau în cadrul unui grup terapeutic. Cu aceste ocazii am posibilitatea de a afla ce mai fac copiii în prezent. Nu de puține ori, părinții mă contactează și după săptămâni, luni sau chiar ani, prin e-mail, pentru a reveni cu informații. Într-unul din cazurile prezentate aici, am primit, abia după nouă ani de la constelație, o lungă scrisoare de la mamă, în care mi-a povestit ce se mai întâmplase între timp cu familia lor.

Nu obișnuiesc să mă interesez din proprie inițiativă cu privire la traiectoria familiilor. Nu aș face niciodată cercetări mai amănunțite doar din curiozitate sau din „zel științific", pentru a nu întrerupe procesul sufletesc – de multe ori constelațiile își fac efectul chiar și în decursul mai multor ani.

Trebuie făcută o referire și la comportamentul față de imaginile de rezoluție. Eu îi sfătuiesc pe toți cei care vin să mă consulte să nu încerce să înțeleagă imaginea de rezoluție cu ajutorul intelectului. Nu avem de-a face în cazul de față cu o „corespondență unu la unu cu realitatea", ci cu o „imagine a sufletului". Această imagine a sufletului are nevoie de liniște, pentru a se putea dezvolta nestingherită. Ea nu reprezintă sub nicio formă un imbold de a acționa, de a face ceva concret, chiar dacă constelația pare să sugereze asta. Cineva poate să își lase deciziile conduse de

[3] Unii terapeuţi folosesc şi denumirea de „imagine vindecătoare". (n.tr.)

imaginea de rezoluție doar atunci când, după o vreme mai îndelungată, simte în inima sa că s-a creat o comuniune cu aceasta.

Este inutil să mai menționăm că nu poate fi niciodată bine ca, în ciuda a ceea ce știm, să fim atât de naivi încât să ascultăm de sfatul sau de cuvintele altcuiva, fără să cercetăm pe cont propriu metoda pe care acesta a aplicat-o, indiferent care ar fi ea.

Atitudinea adecvată față de copii

La o petrecere organizată cu ocazia împlinirii vârstei de cincizeci de ani a unei cunoștințe, sunt martorul următoarei scene. Evenimentul are loc seara devreme, într-o grădină, bucurându-se de o vreme minunată. În jur de patruzeci de persoane stau așezate la mese de berărie, savurând salatele și fripturile. O femeie cam de patruzeci de ani, mamă a trei copii, tocmai își hrănește copilul cel mic. Sibylle, să îi spunem așa, își crește singură copiii și mai are o fiică de șaisprezece ani și un băiat de unsprezece ani pe nume Marcus.

Din neatenție, Sibyllei îi scapă niște salată pe masă în timp ce își hrănește fiul. Celălalt fiu al ei, Marcus, așezat vizavi de ea, râde zgomotos și spune: „Mama mea este o proastă. Nu e în stare de nimic! Nici măcar să îl hrănească pe cel mic... I se ard fripturile în tigaie, laptele îi dă în foc, ne duce mereu la școală cu întârziere... Nu cred că există cineva mai prost decât mama!"

Adulții de la masă observă ce se întâmplă și așteaptă să vadă cum va reacționa Sibylle. Stingherită, își coboară privirea și, după o scurtă pauză, spune: „Da, chiar așa și este – sunt o ratată, nu sunt bună de nimic...". Câțiva dintre cei prezenți se încruntă. Sibylle se supune într-adevăr verdictului dat de fiul său!

Astfel de scene pot fi observate foarte des în ziua de azi. Cum iau ele naștere? Este evident că femeia nu se află în poziția unui adult, în cazul de față, cu atât mai puțin în rolul de mamă. Din contră, copilul este cel cu rol dominant. În zilele noastre, este aproape normal ca adulții să se subordoneze copiilor. Astfel, copiii sunt forțați să devină „oameni mari" înainte de vreme.

Totuși, ei devin în acest mod aroganți și pretențioși. Nu mai au niciun respect față de educatori și profesori și nimic nu li se pare mai firesc decât să îi hărțuiască pe cei mai slabi decât ei.

Bineînțeles, mamele și tații nu procedează întotdeauna corect atunci când vine vorba de copiii lor! Cum ar putea? Cu toții suntem doar oameni. Totuși, un astfel de comportament din partea unui copil de unsprezece ani nu poate fi ignorat. Copilul își subjugă mama, îi erodează rolul de educator față de sora și fratele său și o ridiculizează în public.

Se înțelege de la sine că Sibylle ar fi trebuit să reacționeze, indiferent de conținutul afirmațiilor fiului său. În loc să admită cu voce stinsă: „Da, așa și este...“, ar fi trebuit să îl înfrunte și să îl pună să se ridice de la locul lui, cu voce hotărâtă. În timp ce sora mai mare sau un alt adult ar fi avut puțin grijă de copilul cel mic, Sibylle ar fi putut să îl pună la punct pe fiul său, discutând cu el într-un colț al grădinii. Subcapitolele care urmează descriu modul în care putem să ne comportăm față de copiii noștri în mod consecvent[4], respectiv adecvat contextului, în astfel de situații sau în unele asemănătoare.

Constelațiile familiale sunt cu atât mai utile pentru copii, cu cât părinții adoptă mai clar atitudinea corectă față de aceștia. Dacă se întâmplă asta, „buna“ creștere aproape că vine de la sine. Interdependența dintre constelații și atitudinea de acasă a părinților trebuie, de asemenea, luată în considerare.

Ideea principală cu privire la părinți și copii este foarte simplă: copiii trebuie să poată fi copii, iar părinții, părinți. Totuși, este o realitate deja că din ce în ce mai puțini părinți își asumă rolul de părinte și că unui număr tot mai mic de copii li se

---

[4] Consecvenţa în educaţie înseamnă că cei mici trebuie să suporte consecinţele logice ale comportamentului lor, dar şi că părinţii trebuie să fie constanţi în comportamentul lor faţă de copii. Consecinţa logică trebuie să rezulte din încălcarea unei reguli, care să îi fi fost explicată copilului în prealabil. Deşi o pedeapsă reprezintă într-adevăr o consecinţă, aceasta nu este una logică, pe care copilul să o poată înţelege. (n.tr.)

permite să fie copii. Copiii devin oameni responsabili atunci când au avut experiența unor limite clare și a stabilității emoționale, încă de timpuriu. Cu toate acestea și nu de puține ori, copiii trebuie să își asume rolul de „consolator" pentru adulții suprasolicitați de societatea actuală. Ei se percep ca fiind egali în drepturi în raport cu adulții. Acest lucru îi sperie pe copii, deoarece psihicul lor își dorește ca adulții să fie puternici și, astfel, protectori. Doar așa vor putea să se simtă în siguranță în viața de zi cu zi și să se dezvolte din punct de vedere psihic.

Copilul se simte protejat doar atunci când experimentează superioritatea adultului. Totuși, majoritatea mamelor și taților nu mai sunt capabili să se prezinte cu tărie sufletească în fața copiilor lor. De vină pentru acest lucru sunt, printre altele, zarva societății noastre și un vacuum valoric din ce în ce mai accentuat, în care chiar și adulții își pierd echilibrul emoțional.

Rezultatul inevitabil al tuturor acestor lucruri: copiii testează limitele permanent și din ce în ce mai intens, deoarece păstrează mereu speranța ca părinții să dea dovadă, într-o zi, de suveranitate și de putere. Drama copilăriei din ziua de azi constă în faptul că această speranță a copiilor rămâne profund neîmplinită, într-un număr tot mai mare de cazuri.

Michael Winterhoff, un cunoscut pedopsihiatru și autorul unei cărți devenite bestseller, a observat în ultimii 25 de ani schimbări dramatice în relația părinte-copil, schimbări care le sunt dăunătoare copiilor noștri. Le recomand tuturor părinților interesați cartea sa, *De ce copiii noștri se transformă în tirani?* (vezi bibliografia). Deoarece comportamentul părinților este inconsecvent, copiii ratează anumiți pași în maturizarea și în dezvoltarea lor, aceștia nemaiputând fi recuperați la o vârstă mai înaintată. Winterhoff vorbește și despre un „schimb de putere" în relația părinte-copil. Experiența mea personală în lucrul cu părinți și copii nu face decât să confirme acest lucru.

Deși copiii tânjesc după modele și îndrumare, noi îi tratăm ca pe niște „parteneri", ceea ce de multe ori îi suprasolicită. Între timp, acest dăunător „concept al parteneriatului", care se referă la educația copiilor, a prins rădăcini la multe niveluri ale societății. Spre exemplu, în anumite regiuni este foarte dificil să găsești o grădiniță care să nu lucreze după acest „concept deschis" și care să nu îi trateze pe copii ca pe niște „parteneri". Și în școli, poziția profesorilor este erodată încontinuu, deoarece părinții se aliază cu copiii împotriva acestora, în loc să caute soluții împreună cu ei. Totuși, cât de mult respect pot copiii să le arate profesorilor și, mai târziu, celor care îi vor forma din punct de vedere profesional, atunci când părinții se solidarizează întotdeauna cu ei, împotriva celor „mari"? Acest lucru culminează cu precădere într-o propoziție pe care o aud constant în ședințele mele de consiliere cu părinții: „Dar eu sunt prietenul copilului meu!" Prin urmare, este de mirare că adulții nu mai sunt luați în serios de către copii?

Din cauza acestei dezvoltări, doar schițată aici, a societății, în paginile care urmează trebuie să ne ocupăm intensiv de atitudinea firească a părinților față de copiii lor. De asemenea, vom aloca un spațiu destul de mare pentru a analiza prin exemple atât de importantul principiu al consecvenței în procesul educațional.

Atitudinea firească a părinților față de copii

Când vin la cabinet, unii părinți sunt uimiți atunci când le spun: „Cu ce scop vreți să îi lucrați o constelație fiicei voastre, dacă acasă nu o tratați cu atitudinea corectă, ca părinți?"

Dincolo de legăturile familiale pe care constelațiile le dezvăluie, pentru educația copiilor și adolescenților mai sunt importante și alte câteva condiții firești, fundamentale. Copiii sunt întotdeauna mici, iar părinții sunt mereu mari. Părinții „oferă", iar copiii „primesc". Înainte de toate, părinții oferă viață; o oferă într-un context în care morala, ca diferență dintre „bine" și „rău", nu joacă niciun rol. A fi părinte este un lucru atât de însemnat încât se situează „dincolo de bine și rău". Diferența dintre rolul de a oferi al părinților și cel de a primi al copiilor nu trebuie subestimată. Dar, pe lângă viață, părinții mai oferă și multe altele: îi oferă, de exemplu, copilului hrană și adăpost, îi dedică o mare parte a timpului lor, iar pentru acest lucru renunță la multe bucurii care le înfrumusețară viața până atunci. Prin grija lor de zi cu zi și prin propria renunțare, părinții deservesc viața, în integralitatea ei.

În cele din urmă, un copil imită și recunoaște întotdeauna ca fiind corecte lucrurile de care au dus lipsă sau pe care le-au considerat importante în familia de proveniență, atât tatăl, *cât și* mama. Atunci când, de exemplu, mama își impune propriul sistem de valori în educația copilului, copilul urmează în prim plan exemplul ei, dar în plan secundar îi este solidar tatălui. Copilul urmează la un anumit nivel exemplul celui care se impune, dar înfăptuiește ceea ce este în plan secund, ceea ce nu este permis.

În dragostea pe care o simt, copiii vor să le facă dreptate *ambilor* părinți. Acest lucru se întâmplă inconștient și poate fi privit ca o „aliere a copilului" cu părintele aflat în inferioritate. Atunci când, de exemplu, un tată divorțat îi spune fiicei sale: „Să nu fii ca maică-ta! E o curvă și o ratată! Mai rău ca ea nu se poate!", fiica se solidarizează astfel cu mama, deoarece, în sufletul lui, orice copil „este" atât mama, cât și tatăl său! El nici nu poate să fie altfel decât sunt ei.

Atunci când tatăl spune: „Ai voie să fii atât ca mine, cât și ca mama ta", copilul nu este obligat să preia părțile problematice ale mamei sale. Copilul ia de la ambii părinți lucrurile de care are nevoie pentru dezvoltarea sa interioară. Atunci când părinții își privesc cu atenție copiii, ei pot observa care părți ale lor sunt iubite de către aceștia și cum anume.

Și încă un lucru este important: ceea ce tatăl și mama au să-și reproșeze unul altuia îi va deranja și la copilul lor! Când educația devine problematică, soluția este următoarea: dacă părinții se apreciază unul pe celălalt, atunci își vor aprecia și copilul. Pe lângă asta, părinții ar trebui să se pună de acord cu privire la un nou sistem de valori în educația copiilor, care să înglobeze valorile amândurora.

Dacă luăm în considerare toate aceste puncte, devine clar că părinții ocupă un rang mai înalt față de copiii lor, fiindu-le astfel supraordonați. În plus, și frații și surorile mai mari au întâietate față de cei și de cele mai mici, precum și copiii biologici față de cei adoptivi. Cel puțin asta arată, fără echivoc, constelațiile familiale.

Buna creștere vine de la sine atunci când părinții sunt cu adevărat „mari", iar copiii, cu adevărat „mici": părinții se comportă calm, afectuos, suveran și, în orice privință, consecvent. În plus, se folosesc de puterea exemplului pentru a le arăta copiilor direcția în care să se dezvolte. În cazul ideal, pot suporta cu bine accesele de furie ale copiilor, nefiindu-le frică de pierderea afecțiunii acestora, deoarece sunt stăpâni pe sine.

Cel care este stăpân pe sine, în calitate de tată sau de mamă, nu va avea probleme să se comporte adecvat contextului față de copilul său. Copiii pot dezvolta maturitate psihică doar dacă părinții îi tratează în mod consecvent și dacă le dau de înțeles că nu îi pot „juca pe degete", după bunul lor plac. Copiii noștri au dreptul ca adulții care îi educă să fie autonomi și să nu poată fi manipulați. Doar așa învață ca mai târziu să ia în serios alți adulți, educatorii și profesorii din mediul lor social.

Să luăm următorul exemplu, pentru a clarifica: revelatoare în ceea ce privește echilibrul de putere părinte-copil este mai ales observarea felului în care copiii își cheamă părinții și felul în care cei din urmă reacționează la acest lucru. Când copilul strigă prin toată casa „mami" sau „tati", cei mai mulți părinți „sar" în întâmpinarea lui și întreabă ce s-a întâmplat – chiar dacă tocmai se aflau la birou, ocupați cu lucruri dintre cele mai importante. Indiferent dacă tati e la subsol sau mami în pod, atunci când micuța Jennifer îi strigă, ei apar de îndată la datorie... În acest caz, este clar cine e șeful în familie!

Un experiment mental: ce efect ar avea asupra lui Jennifer situația în care tati sau mami nu ar veni într-un suflet, ci ar spune pe un *ton normal*: „Mi-e foarte greu să te înțeleg! Ce ai spus?" Dacă vrea să se facă auzit, copilul este acum forțat să iasă din camera lui, sau de oriunde altundeva este, și să meargă la adult – nu invers! Nu este nicio problemă dacă în această situație adultul rămâne la locul lui și dacă repetă calm, chiar și după ce copilul l-a chemat a treia oară: „Îngerașul meu, nu prea te pot înțelege. Vrei să îmi spui ceva?" În orice caz, tati sau mami trebuie să rămână exact acolo unde se află. Acest limbaj al trupului este fără echivoc pentru copil. Prin astfel de comportamente ale părinților i se transmite clar cine de cine are nevoie aici, cine este „mic" și cine este „mare". Copiii trebuie să învețe că mami și tati își vor termina mai întâi în liniște activitatea care îi preocupă în acel moment și că, abia după aceea, se vor ocupa de odraslele lor. Cine își întrerupe mereu activitatea, în mare agitație, pentru a se pune imediat la dispoziția copilului, transmite astfel un mesaj dezastruos.

Din punctul meu de vedere, mulți părinți sunt atât de ocupați cu propria persoană încât lasă deoparte educarea copiilor, reacționând doar mecanic. Un tur ghidat al unui muzeu oarecare sau al unui castel lasă să se vadă cât de incredibil de rapid s-a schimbat stilul de educare în societatea noastră în ultimii douăzeci-treizeci de ani: din păcate, în prezent, nu este neobișnuit ca mulți copii, începând cu vârsta de aproximativ trei ani, să aibă voie să se despartă de părinții lor și să facă, bineînțeles, tot ceea ce nu ar trebui să facă. Ghidul turistic este cel sau cea care trebuie, de cele mai multe ori, să îi avertizeze pe copii să nu atingă exponatele, să nu năvălească singuri în alte săli de expoziție și așa mai departe. În mod firesc, ar fi treaba părinților să îi atenționeze! Totuși, de cele mai multe ori, se vede abia la finalul turului cine este mama sau tatăl respectivilor ștrengari, deoarece părinții au abdicat cu totul de la educarea copiilor. Ei predau întreg controlul asupra copiilor celui care ar trebui, de fapt, să se concentreze pe ghidarea turiștilor. Nu de puține ori, cu ocazia unui astfel de tur, descoperi mai degrabă lucruri despre anumiți copii și despre comportamentul lor enervant, decât despre subiectele de interes pentru care veniseși de fapt. Acum douăzeci de ani, acest fenomen se întâlnea mult mai rar.

Un comportament consecvent față de copii este ceva tot mai rar, deși problema consecvenței este o problemă cheie din toate punctele de vedere. Din acest motiv, îmi doresc să tratez această temă în mod intensiv, dând mai multe exemple.

Werner îl vede pe fiul său, Joel, în vârstă de zece ani, jucându-se în grădină. La o temperatură de șase grade Celsius, băiatul este îmbrăcat doar cu un tricou. Werner îi spune fiului să intre în casă și să se îmbrace cu o jachetă, dacă vrea să se joace în continuare afară. Totuși, Joel abia dacă reacționează. Nu îi aruncă nici măcar o privire tatălui său. Continuă să dea cu piciorul într-o piatră, ca și când tatăl nici măcar nu ar fi vorbit cu el.

În cel mai bun caz, după două minute, tatăl (Werner) va repeta încă o dată propoziția și, din nou, nu va primi nicio reacție în schimb. După aceea, subiectul va fi dat uitării cu rapiditate, deoarece Werner va fi gestionat situația cu puțin mai multă tărie interioară decât cea a unei marionete... Iar Joel va suferi, dacă are ghinionul să se îmbolnăvească de un guturai sau de o gripă, două zile mai târziu. Și ce a învățat Joel din toate acestea? A învățat că neascultarea solicitării tatălui nu are nici cea mai mică urmare. Joel nu ia deloc în serios rolul de tată al lui Werner. Ba mai mult, el și-a dat seama că îl poate controla pe tatăl său după bunul lui plac, nu invers.

Același lucru se întâmplă și atunci când trebuie să le solicităm în repetate rânduri copiilor noștri să facă un anumit lucru, de exemplu să agațe jacheta în cuier. Dacă părinții trebuie să îi solicite unui copil mai mult de o dată, maximum de două ori, să facă ceva, atunci aceștia și-au pierdut deja o parte din autoritatea de educare!

De asemenea, mama și tata au pierdut și atunci când se roagă de copil în genunchi, când spre exemplu strigă de la fereastră, în grădină: „Vino odată înăuntru, iarăși stai atât de târziu... Te rog..." De cele mai multe ori, după cinci minute nu se va fi întâmplat încă nimic și astfel acest scenariu umilitor se repetă: „Of, micuțule, hai odată... Te-am rugat de acum cinci minute... Sora ta se va întoarce în curând acasă și sigur îi este foame... Propun să vii înăuntru să mănânci..."

Cine se întinde la discuții, făcând „propuneri" elaborate, pierde respectul copiilor săi și le permite acestora să îi irosească energia! Părintele care cerșește astfel intră el însuși în rolul copilului și devine „mic". Cum putem aștepta de la un copil ca el să ducă la îndeplinire neîntârziat „propuneri" ale părinților care se înjosesc astfel în fața lui?

Putem proceda și altfel? Da, sigur că putem! Să ne întoarcem încă o dată la Joel. În ziua următoare, mama lui observă că fiul său se joacă în grădină, îmbrăcat la fel, doar în tricou, la aceeași temperatură, pe o ploaie măruntă. În momentul în care Joel nu reacționează de prima dată când îl strigă, ea continuă pe un ton clar, hotărât: „Număr până la trei – dacă până atunci nu vii înăuntru să te îmbraci cu ceva mai călduros, va trebui să îți petreci restul după-amiezii în camera ta. O să răcești imediat îmbrăcat atât de subțire." Mama numără până la trei și, într-adevăr, băiatul vine de îndată înăuntru, îmbrăcându-se cu o jachetă. El știe precis că mama lui este consecventă și că îl va trimite într-adevăr în camera lui dacă nu se conformează. Atât de ușor este! E vorba aici despre consecvență parentală și nu despre o pedeapsă!

Ce a învățat Joel? Pe de o parte, i s-au explicat consecințele asupra sănătății pe care le poate avea jucatul în grădină, îmbrăcat fiind cu haine prea subțiri. Pe de altă parte, Joel a văzut că mama sa știe să se impună, că poate să conteze pe ea. Joel o poate lua în serios pe mama sa, însă din păcate nu și pe tată.[5]

---

[5] Preluare revizuită din Thomas Schäfer: *Wie die Seele uns durchs Leben führt*, München, 2011, pp. 110 şi urm.

Limbajul dintre părinți și copii

Să aruncăm o privire mai atentă asupra limbajului dintre părinți și copii: copiii ai căror părinți le sunt prieteni și parteneri se adresează acestora cu numele mic. Totuși, micul Joel s-ar putea să aibă mulți prieteni care se numesc Simon sau Moritz, dar are doar un singur tată, indiferent care este prenumele lui. De aceea, părinții ar trebui să insiste ca atunci când copiii li se adresează, să facă acest lucru folosind „tati“ sau „mami“ și nu numele lor mici. Îi putem explica copilului în liniște că nu are decât o singură mamă și un singur tată și că acesta este un lucru deosebit.

De obicei, părinții inconsecvenți abia dacă au intensitate în tonul vocii atunci când îi solicită fiului sau fiicei să facă ceva. Când ne întrebăm copilul cu voce scăzută și subțire dacă ar vrea să vină la masă, nu trebuie să ne mirăm dacă nu vine deloc! Tonul vocii te dă de gol în fața copilului și îi arată că tu, ca părinte, ai renunțat deja în interiorul tău și că nici nu mai speri că va face ceea ce îi spui. De asemenea, este necesar să ne adresăm copiilor cu solicitări directe. Nu formulăm ceea ce avem de zis sub formă de întrebare: „Vii la masă?“, ci sub formă de exclamație: „Vino la masă *acum*!“ Copiii au nevoie de indicații *clare și neechivoce*.

De exemplu, tata și mama îi pot explica copilului, cu afecțiune și prin cuvinte potrivite, că dacă ajunge la masă cu o întârziere mai mare de trei minute, nu va mai primi de mâncare. După ce va petrece o după-amiază fără să fi mâncat prânzul, cu siguranță că pe viitor va fi întotdeauna punctual la ora mesei! Se înțelege de la sine și că în această zi nu va mai primi nici dulciuri între mese. Și, desigur, nu este vorba aici despre o pedeapsă, ci despre o consecință logică!

Ne putem imagina că Joel, din exemplul nostru, va încerca din nou și din nou să exploateze diferitele strategii ale părinților. Copiii știu întotdeauna cum să îi folosească pe părinți, unul împotriva celuilalt. Această tendință de a-i „folosi“ este în orice caz un comportament firesc al copiilor. Cauza acestuia nu este imputabilă copilului, ci adulților care nu au trasat limite. Copiii își „folosesc" părinții pentru a-i forța să se pună de acord unul cu celălalt, stabilind limite clare.

Totul este și mai dificil într-o familie combinată. Dacă mama lui Joel este, de fapt, mama lui vitregă, șansele ei de a avea o influență bună asupra acestuia sunt foarte mici. Pe bună dreptate, fiul vitreg va susține întotdeauna: „Tatăl meu altfel vede lucrurile! El nu are păreri atât de înguste precum ai tu..." Pe termen lung, mama vitregă va renunța, iar comportamentul partenerial față de Joel va prevala, deși îi face rău. Chiar și într-o familie normală, atitudinile diferite față de copii pot duce la crize conjugale și chiar la despărțiri. Acest lucru se întâmplă și mai rapid în familiile combinate, în care copiii au (eventual) contact la sfârșitul săptămânii și cu părintele separat, care vine și el cu propriile opinii în ceea ce privește educarea. În acest caz, dezvoltarea unei „idei conducătoare" în comportamentul față de Joel este o mare provocare.

Putem recunoaște foarte ușor, pe baza modului de exprimare, mamele și tații care, conștient sau inconștient, aderă la conceptul de educare partenerial. Spre exemplu, aceștia nu îi spun copilului că trebuie să înceapă să-și facă temele la o anumită oră, ci îl întreabă: „*Când* ai de gând să începi să îți faci temele?" O asemenea formulare îi transmite copilului că poate decide împreună cu părintele dacă să își facă sau nu temele. Asta nu înseamnă că nu ar trebui să le dăm copiilor dreptul de a contribui la deciderea lucrurilor importante, care îi privesc, dar mulți părinți pur și simplu se eschivează de la a-și asuma răspunderea pentru copiii lor, deoarece se simt ei înșiși ca niște copii: le este teamă să nu piardă afecțiunea copiilor lor, care, nu de puține ori, o înlocuiește inconștient pe cea a propriei mame sau a propriului tată. Cel puțin, așa a reieșit din multe constelații familiale.

Dacă ne este foarte teamă să nu pierdem „în mod gratuit" afecțiunea copiilor noștri, le vom pierde de fapt, respectul! A ne supune copiilor și a le îndeplini orice dorință reprezintă sfârșitul unui climat familial rezonabil. Acest proces dăunător copiilor se desfășoară de cele mai multe ori fără ca cei implicați să fie conștienți de el. Părinții jură pe ce au mai scump că nu vor decât ce e mai „bine" pentru micuții lor, fără să observe ce urmări grave are modul în care se comportă față de ei.

Foarte important este să fim calmi și siguri pe noi în fața copilului. Dacă țipăm la el nu îi transmitem nimic bun, ci doar îi arătăm o slăbiciune a noastră! Știu, din nenumărate discuții cu părinții, că mulți dintre ei confundă consecvența cu volumul sonor. Totuși, cu cât crește sonorul vocii adultului, cu atât scade respectul copilului față de el. Cine se exprimă cu autoritate interioară nu trebuie, în niciun caz, să țipe! Copiii își respectă părinții când comportamentul acestora este unul calm și hotărât, adecvat contextului. Urletele părinților nu doar că le provoacă teamă copiilor, ci aceștia interpretează „ieșirea din fire" a adultului ca pe o capitulare.

Jens și Marvin: „antrenament" de rezistență pentru mama

Doar dragostea părintească sau doar simpla respectare a regulilor nu îl ajută pe copil; numai ambele, împreună, îl fac să se simtă în siguranță! Părinții care nu stabilesc niște limite sunt percepuți de către copii ca fiind slabi. La exterior, copilul se bucură de puterea pe care o deține, dar în interior el suferă. În cazul copiilor cărora li se ia această putere, lucrurile stau exact invers: la început ei sunt nemulțumiți, dar în interior răsuflă ușurați, iar acest lucru se vede deseori și prin limbajul nonverbal. Un exemplu pe care eu l-am observat, din viața de zi cu zi a unei mame, evidențiază acest lucru.

Cine nu este familiarizat cu acele scene în care în care copiii își irită părinții până la refuz? Un băiețel în vârstă de patru ani împrăștie ceaiul prin camera de zi, folosind o lingură, iar pe mama sa o trage cu putere și neîncetat de părul ei lung.

„Jan, dacă nu te potolești o să vezi tu!", strigă mama.

Pentru jumătate de minut, copilul este liniștit și cuminte, apoi zâmbește și începe din nou să se joace, ca mai înainte.

„Jan! Te rog! Te avertizez!"

Copilul este din nou liniștit pentru jumătate de minut, după care începe iarăși să o sâcâie pe mamă.

„De câte ori trebuie să îți tot spun că mă enervezi?"

Vocea mamei se frânge, devine copilăroasă. Aproape că îi vine să plângă.

„Mă omori! Dacă nu încetezi în momentul acesta o să vezi tu!" După un oftat mama spune: „Te implor!"

Rugămințile mamei nu par să aibă vreun efect asupra copilului – din contră! Acesta devine și mai neastâmpărat și o tachinează pe femeie chiar mai insistent decât înainte. De ce sunt copiii atât de „îngrozitori"? Simplu: își iubesc părinții atât de mult încât vor să îi antreneze cât mai bine!

Ca observator al scenei prezentate aici, sunt cuprins de o tresărire interioară. Mă doare fizic să fiu martor la așa ceva. În fine, după un sfert de oră, mama are un moment de inspirație: „Acesta este ultimul avertisment! Încă o dată și vei merge să stai singur în camera ta!"

Cum era de așteptat, Jan continuă să se comporte ca un „mic terorist", pentru că în cele din urmă, trebuie să știe dacă mama chiar vorbește serios! Fără alte explicații, femeia își apucă energic odrasla care protestează gălăgios și o duce în camera ei. Discuția adulților poate în sfârșit continua fără întreruperi.

După o jumătate de oră, mama merge să verifice camera copilului. Fața lui Jan se luminează și băiatul își îmbrățișează puternic și afectuos mama. Până la urmă, el se dovedește a fi cel mai simpatic copil pe care ți-l poți imagina!

Sufletul lui era măcinat de nevoia de a avea o mamă puternică și capabilă să stabilească limite clare. Copilul se simte protejat și în siguranță doar atunci când își percepe părinții ca fiind „mari" și puternici. Din punctul lui de vedere, pentru a atinge acest scop, merită să depună un „efort considerabil“, până când mama duce la capăt „antrenamentul de consecvență“.

Cine crede că toate acestea funcționează doar pentru copiii de patru ani, precum cel din exemplul anterior, se înșală. Și Marvin, în vârstă de șaisprezece ani, se lasă impresionat de o mamă care se face „mare“, chiar dacă de obicei nu o vede așa: mamă singură, îl lăsase pe Marvin să alunece spre rolul de înlocuitor al fostului partener. Acest lucru a devenit evident cu ocazia unei convorbiri telefonice. Femeia i-a spus fiului său: „Dragule, ai putea să dai, te rog, radioul mai încet? Vorbesc la telefon.“ Acel „dragule“ era plin de „farmec“ și rostit prelung, așa cum vezi în filmele de dragoste siropoase.

Marvin, băiatul din exemplul nostru, avea o putere extrem de mare. Mama, Anette, chiar se temea uneori de el! Fiul lua toate deciziile importante. Acest lucru a fost cât se poate de evident în momentul în care și-au cumpărat o mașină: deși situația financiară a micii familii nu era nicidecum roz, Marvin a decis ce fel de mașină să cumpere. Era o mașină foarte scumpă, iar mama l-a ascultat…

Totuși, lipsurile financiare au făcut-o pe Anette să regrete că îl lăsase pe fiul ei să decidă. A conceput planul de a „folosi“ timpul în care fiul era plecat în vacanță împreună cu niște prieteni, pentru a vinde mașina și a cumpăra una la un preț mai bun. Totuși îi era foarte frică: „Ce îmi va face fiul meu? Va tuna și va fulgera, va striga și apoi totul va fi și mai rău. Cum îi voi explica eu asta?“

„Nicicum!“, i-am răspuns eu. „Faci ceea ce consideri că este corect și îl pui în fața faptului împlinit. Dacă îți va cere explicații, îi vei răspunde pe un ton calm și prietenos: «Fac ceea ce consider că este corect. Apoi, poți pur și simplu să schimbi subiectul.»“ Cel mai bine pentru Anette este să trateze subiectul ca pe un fleac.

„Dar asta înseamnă o revoluție! Ce va înțelege dacă preiau dintr-odată frâiele? În toți acești ani el a fost șeful, nu eu. Nu pot să îmi imaginez că asta va funcționa!“, a exclamat ea.

„Tu doar fă așa!“, am sfătuit-o eu. „Vom discuta după aceea despre ce s-a întâmplat.“

A făcut într-adevăr cum i-am spus... și a fost destul de uimită de ceea ce s-a întâmplat: deși fiul a protestat puțin, până la urmă a râs și nu a mai insistat asupra mașinii celei scumpe. Nici nu s-a pus problema de furie! Anettei i s-a părut că mimica lui arăta că s-a simțit chiar ușurat în legătură cu neașteptata tărie de caracter de care ea a dat dovadă! Această experiență o va ajuta ca pe viitor să se prezinte în fața fiului ei cu afecțiune, dar ca părinte și nu în rolul unui copil. Astfel, psihicul copilului va avea puțină liniște. Asemenea lui Jan, în vârstă de patru ani, din exemplul anterior, și Marvin a lăsat să se vadă cât de mult se bucură în interior că „mami" este în sfârșit „mare"!

Cum să ne comportăm consecvent când provocările cotidiene sunt un pic mai complicate? Cum combinăm iubirea și consecvența, fără să ne lăsăm absorbiți de jocuri de putere și fără să „o luăm razna"? Să luăm încă un exemplu care ilustrează, prin conținut, felul în care consecvența are de-a face cu gândirea orientată spre consecințe. Urmările comportamentului inadecvat al copiilor nu trebuie suportate de către părinți, ci întotdeauna de către copii; altfel nu poate fi vorba de „educație consecventă".

Kai lenevește în pat dimineața, înainte să se ducă la școală

În modelele de educație autoritare, pedeapsa ocupă de obicei un loc central. Desigur că pedepsele au uneori justificarea lor, dar mult mai important este comportamentul consecvent al părinților. Luând exemplul copiilor care „lenevesc dimineața în pat", vom vedea cum putem dezvolta strategia corectă de comportament față de copii, gândind logic.

Atunci când Kai, în vârstă de unsprezece ani, nu vrea să se ridice dimineața din pat, îi putem spune: „Dacă tot întârzii la micul dejun, începând de mâine, te voi trezi cu un sfert de oră mai devreme ca să ai mai mult timp să te pregătești pentru ziua care începe." De cele mai multe ori, acest anunț sau punerea lui în aplicare rezolvă rapid problema.

Dacă nu, atunci putem spune, de exemplu: „Începând de acum, nu mă voi mai ține după tine ca să faci totul la timp... Pe masă, în bucătărie și în camera ta există câte un ceas, ca să poți ști mereu cât timp mai ai la dispoziție. Doar tu vei fi responsabil să ajungi la timp la școală. Consecințele tot tu le vei suporta, nu eu!"

Mami sau tati nu trebuie sub nicio formă să îl ducă repede cu mașina până la școală, în cazul în care fiul pierde în mod constant autobuzul sau trenul. Copiii sunt cei care trebuie să suporte consecințele faptului că ațipesc sau că lenevesc în pat, nu părinții, deoarece astfel copilul nu va învăța nimic!

Chiar dacă îți vine greu, ca tată sau ca mamă, încearcă să nu mai ai deloc grijă de copil! Desfășoară-ți normal activitățile cotidiene. În cazul în care copilul pare că va întârzia, sună la școală (desigur, fără ca acesta să observe) și informează-i profesorul sau profesoara cu privire la întârziere, explicând motivul: copilul are probleme cu trezitul dimineața.

Discută cu profesorul cum e de procedat în legătură cu situația. Devino aliatul personalului didactic – nu al copilului, așa cum se întâmplă de obicei în zilele noastre. Cel mai bine ar fi ca, la intrarea târzie în clasă, profesorul sau profesoara să îl întrebe pe copil, calm și relaxat, de ce nu a sosit la timp. În cazul multor copii, o singură experiență de acest tip este suficientă pentru ca pe viitor să fie întotdeauna punctuali când merg la școală. Asta pentru că nu e deloc plăcut să îți informezi toți colegii despre cum ai lenevit de dimineață. În cazul în care Kai își minte profesorul și inventează niște scuze plauzibile, cel din urmă poate răspunde relaxat: „Interesant, mama ta mi-a spus o cu totul altă poveste la telefon..." Profesorul va atrage astfel râsetele de partea sa, iar pe viitor copilul cu siguranță nu va mai dori să se umilească în acest fel.

Experiența îmi spune că propunerile schițate aici sunt mai mult decât suficiente pentru a rezolva problema pe termen lung.

Această „rețetă" a funcționat practic excelent într-un mare număr de cazuri.

Cu cât mai intens colaborează părinții cu școala, cu atât mai repede vor avea parte de succes. Este important ca părinții și profesorii să fie mereu pe aceeași lungime de undă. În momentul în care elevii și părinții se aliază împotriva profesorilor, vor exista întotdeauna consecințe negative! Cum să poată profesorii să ne sprijine copiii din punct de vedere pedagogic, dacă noi îi punem la zid ca fiind incapabili, îi vorbim de rău și râdem de ei împreună cu cei mici? Cum pot copiii să își mai respecte profesorii, când aceștia sunt discreditați fără nicio jenă de către părinți, în fața celor mici? Din păcate, conform celor observate de mine, deseori se întâmplă exact acest lucru.

De cele mai multe ori, copiii care au învățat din propria experiență că nu îi pot folosi pe profesori împotriva părinților consecvenți și nici pe părinți împotriva profesorilor, vor dezvolta un minunat sentiment de siguranță, la școală și în viața de zi cu zi. Și bineînțeles (!), nu vor avea probleme nici cu superiorii lor atunci când se vor angaja.

În cazul puțin probabil în care nici consecința prezentată mai sus nu reușește să îl ajute pe Kai să devină punctual, ce e de făcut? Tata și mama pot să îl întrebe pe Kai, cu seriozitate și sobrietate, de ce nu reușește să ajungă la timp în clasă. Dacă va răspunde că școala este foarte „solicitantă" și că are deseori nevoie de câte o „pauză", părinții îi pot răspunde: „Având în vedere că te soliciți atât de mult încercând să ajungi la timp la școală și că te simți suprasolicitat, înseamnă că trebuie să îți dozezi cu grijă energia! Înțelegem foarte bine că îți dorești să te menajezi! Luând în considerare că școala are (bineînțeles!) prioritate înaintea timpului de joacă, mami și tati au luat o decizie în ceea ce te privește: deocamdată nu mai ai voie să ieși la joacă împreună cu ceilalți copii, după-amiaza (sau să folosești consola de jocuri, să te joci pe calculator, ori să desfășori orice altă activitate care îți face plăcere). Asta pentru că întreaga ta energie trebuie mai întâi dedicată școlii. Doar după ce lucrurile încep să meargă bine la școală ne putem aștepta ca tu să te poți juca din nou pe calculator, să te poți întâlni cu prietenii..."

Pentru a atinge un efect pedagogic, trebuie într-adevăr să atacăm tot ce au copiii mai „sfânt" (limitându-le activitățile preferate)! Cum altfel ar putea să ne ia în serios ca părinți? Acest lucru înseamnă și confiscarea temporară a consolei de jocuri sau a altor aparate tehnice preferate!

Ai putea fi de părere că lucrurile despre care scriu aici se înțeleg de la sine. Nu e deloc așa! Din păcate, chiar și cei care prin natura profesiei se ocupă cu problemele copiilor noștri au, nu de puține ori, concepții îndoielnice cu privire la ce reprezintă o atitudine „bună" părinte-copil. Un exemplu emoționant din cabinetul meu: o mamă avea un fiu în vârstă de doisprezece ani care întrecea limitele, mai ales la școală, fiind foarte agresiv și recalcitrant. De aceea, băiatul era consiliat de către un psihoterapeut pediatric. Mama mi-a povestit că terapeutul o îndemna întotdeauna să nu fie prea „severă" cu fiul ei, pentru a nu-l suprasolicita: „De acum înainte lasă-l, te rog, să facă lucruri care înainte nu îi erau permise. Situația doar se va înrăutăți dacă ești prea consecventă în educație... Are nevoie să fie menajat..." Ne putem imagina ce urmări nefaste a avut acest sfat terapeutic.

Bineînțeles că, în loc să se îmbunătățească așa cum sperase terapeutul, situația doar a devenit mai gravă: fiul chiulea des, nu își mai făcea deloc temele, nu își îndeplinea îndatoririle casnice și așa mai departe. Părinții ar fi vrut să îl facă să suporte consecințele pentru comportamentul său: spre exemplu, tatăl a propus ca fiului să îi fie permis să se joace cu prietenii doar după ce și-a făcut temele și, de asemenea, să i se limiteze timpul petrecut pe telefonul „smart". Totuși, psihoterapeutul pediatric i-a convins pe părinți să se răzgândească, deoarece se temea ca situația să nu devină mai gravă dacă fiul ar fi fost „întărâtat". În mod evident, acest terapeut specializat în tratamentul copiilor și adolescenților era un adept înflăcărat al „pedagogiei parteneriale“. Of, dacă tatăl și-ar fi ascultat instinctul...

În ceea ce privește „stârnirea“, lucrurile au stat exact invers: copilul a fost „stârnit“ tocmai prin faptul că nu a mai suportat *nicio* consecință din partea părinților săi. În loc să întărească poziția mamei și a tatălui, terapeutul le-a slăbit autoritatea celor care îl educau pe copil. Urmarea a fost că, odată cu trecerea timpului, fiul și-a pierdut complet respectul față de adulți, a început să își scuipe profesorii, iar în cele din urmă, situația a escaladat în așa măsură, încât a fost necesar ca băiatul să fie mutat la o altă școală. Fiului nu i-a fost acordată nici cea mai mică șansă de a dezvolta un comportament alternativ. În neajutorarea sa, el a fost forțat să reacționeze din ce în ce mai neplăcut, deoarece copiii nu renunță nicicând la speranța că, odată și-odată, părinții vor arăta tărie de caracter și le vor oferi iubire, susținere, siguranță, înțelegere și consecvență.

Tocmai copiii așa-numiți „dificili“ ar trebui să primească ceea ce primesc toți ceilalți, lucrurile după care tânjesc cu adevărat: un comportament consecvent din partea adulților, combinat cu dragoste și cu răbdare. Atunci când profesioniști din domeniul pedagogiei și din cel al psihoterapiei propovăduiesc exact contrariul, părinții se pot simți dezorientați! Cei care plătesc pentru asta sunt din păcate copiii noștri, care sunt „forțați“, prin inconsecvența părinților, să reacționeze și mai agresiv.[6]

Mami, tati și inconsecvența lor de zi cu zi

Atunci când tații și mamele se decid în favoarea unui model de educație consecvent, este important să rămână fideli acestei direcții. Dacă procedăm zi de zi diferit, după bunul plac, îi derutăm pe copii. Spre exemplu, consecvența înseamnă că mami închide trotineta electrică, aparținând fiicei Nina, în șopronul

[6] Preluare revizuită din *ibid.*, pp. 120-124.

cu lemne, timp de trei zile, deoarece copila a lăsat-o în stradă sau în fața ușii de la intrare. Fiica fusese deja avertizată de către părinți că trebuie să își ducă trotineta în garaj atunci când nu o mai folosește. Dacă nu va face acest lucru, trotineta va „dispărea“ timp de trei zile. Cel puțin asta era teoria...

Ce se întâmplă totuși, atunci când mami, fără să spună un cuvânt, duce ea însăși în garaj trotineta lăsată din nou la voia întâmplării? Poate este obosită sau poate că azi i se pare un lucru prea prostesc să ducă trotineta până în șopronul cu lemne, iar după aceea să o mai și atenționeze pe Nina cu privire la greșeala ei. Ce învață Nina din comportamentul mamei sale? Ceva de genul: „De fapt, pot să îmi las trotineta electrică oriunde vreau, pentru că până la urmă mami o va duce singură la locul ei. Pe lângă asta, o voi putea folosi din nou chiar de mâine, dacă mama uită să o închidă unde nu pot ajunge la ea...“

Nina va lăsa trotineta electrică la voia întâmplării până va ști cu siguranță cum procedează, în cele din urmă, părinții ei. Sunt consecvenți sau inconsecvenți? Deși ca părinți ne permitem luxul de a ne comporta cu un grad diferit de consecvență din diferite motive și în fiecare zi altfel, acest lucru îi dezorientează serios pe copiii noștri. Dacă procedăm așa, ei nu vor mai ști la ce să se aștepte de la noi. Ar trebui totuși să ne prețuim copiii într-atât încât să le oferim un cadru educațional stabil. Acest cadru trebuie să fie marcat de un comportament previzibil al părinților. Copiii au dreptul să știe la ce să se aștepte de la mama și de la tata!

Problema lui Leon cu rufele murdare este un alt exemplu: mama acestuia, Rita, a venit la mine la cabinet cu o afecțiune psihosomatică. Într-o zi, ea mi-a cerut sfatul legat de o chestiune care privește educația: „În calitate de mamă, nu mai pot să suport, în interiorul meu, hainele urât mirositoare, împrăștiate peste tot prin cameră, ale lui Leon, fiul meu în vârstă de doisprezece ani. Ca să nu mai zic că atunci când vreau să spăl o mașină de rufe, trebuie să merg în camera lui, să strâng toate hainele și să le spăl. Deși îi spun de o sută de ori pe zi să ducă rufele în baie, el nu mă ascultă! Lucrurile stau așa de ani buni. Încontinuu mă rog de el, în genunchi, să fie mai ordonat și să își pună singur hainele murdare în coșul cu rufe din baie, care este acolo special pentru asta..."

„Și astfel îți irosești energia în mod constant...", o întrerup eu.

„Exact!", încuviințează Rita.

Îi propun aplicarea principiului consecvenței. Nu ar trebui ca ea, mama, să suporte urmările logice ale comportamentului copilului, ci acesta din urmă. Îi spun: „Trebuie să fii puternică și să suporți mirosul urât din camera lui! În plus, nu te lăsa descurajată când vezi haosul de la el din cameră – și asta pe termen nedeterminat. Vei spăla doar hainele care se află în coș. Bineînțeles, îl vei anunța și pe el cu privire la această decizie. Având în vedere că ai și un soț și încă două fete, se vor strânge rufe suficiente, chiar și fără cele ale lui Leon..."

Rita este consternată: „Da, dar asta înseamnă că în ziua X nu va mai avea cu ce să se îmbrace!"

„Exact!", confirm eu. „Tocmai asta și sper! Este consecința logică! Apoi trebuie doar să aștepți..."

S-a întâmplat ceea ce era de așteptat. Într-o zi, Leon a strigat-o pe mama lui și s-a plâns că nu mai are nici blugi, nici pulovere curate pe care să le îmbrace. Cum de a uitat mami să spele rufele? Ce neglijență! Ce-ar trebui să facă acum? Să meargă cu haine murdare la școală?

Rita a reacționat așa cum discutasem cu ea înainte. L-a confruntat cu principiul consecvenței, într-un limbaj cât se poate de simplu: „Te-am anunțat foarte clar în ce condiții voi mai spăla rufe. Știai deja asta!" Leon și-a ieșit din fire, înfuriind-se. Totuși, Rita a reacționat cu nepăsare: „N-ai decât să fii furios pe tine însuți. Nu am nimic de-a face cu problema ta. Surorile tale sunt în stare să-și ducă singure hainele murdare în coșul de rufe."

Tot furios, Leon și-a întrebat mama cu ce ar trebui acum să se îmbrace, iar Rita i-a răspuns destinsă, demonstrativ: „N-am idee... poate îți împrumută surorile tale ceva". Bineînțeles că ea știa că băiatul nu s-ar îmbrăca niciodată cu „țoale pentru fete". În cele din urmă, a refolosit hainele murdare, pentru a merge la școală.

Așa funcționează învățatul prin consecințe logice! Părinții transferă asupra copiilor responsabilitatea pentru lucrurile pe care aceștia le pot face și singuri, ținând cont de vârsta lor. Dacă nu fac acest lucru, atunci ei trebuie să se confrunte în mod dureros cu urmările din viața de zi cu zi. Metoda în sine are un mare avantaj pentru tine: economisești extrem de multă energie. În legătură cu rufele, mama face efort doar pentru a le muta din coș în mașina de spălat, pe care trebuie apoi să o pornească. După această lecție, Rita nu a mai trebuit vreodată să se țină după fiul său ca să își adune hainele. Faptul că acum nu mai are de ce să se enerveze este de departe cel mai mare câștig (din punct de vedere energetic). Ca urmare, Leon a început să își ducă, în mod *exemplar* și în „timp util", hainele în baie. El nu avea chef să mai meargă încă o dată la școală cu „țoalele jegoase"!

Inconsecvența cotidiană a multor părinți le face rău copiilor, din nenumărate puncte de vedere. Nu voi vorbi aici despre mult discutata problemă referitoare la telefonul inteligent, la calculator și la televizor, deoarece au făcut-o și alții înaintea mea, mai mult decât suficient. Totuși, deoarece este un subiect care mă preocupă, doresc să fac un mic excurs în ceea ce privește tema „nutriției", pentru că, tocmai în acest punct, copiii noștri au de „înghițit" anumite lucruri mai neplăcute, care rezultă din inconsecvența părinților.

Fără îndoială, „zarva" societății se face vizibilă și în decăderea obiceiurilor noastre culinare și de servire a mesei. În multe familii, a mânca împreună, la aceeași masă, timp în care fiecare să stea așezat la locul lui până la final, nu mai reprezintă ceva obișnuit. De fapt, mâncatul împreună și socializarea pe care o implică acest lucru ar putea și ar trebui să reprezinte un reper social pentru toți.

În loc de asta, în multe familii, fiecare vine și pleacă oricând dorește, se servește din frigider după bunul plac și abia dacă îi observă pe ceilalți membri ai familiei. Atunci când adulții se comportă așa, nu trebuie să se mire dacă și copiii (deja mai mari) procedează la fel.

Ritmul frenetic al societății pare să nu mai lase loc de nimic altceva în afară de mâncare la microunde și de tip fast-food – cu renunțarea totală la legumele gătite proaspete. După cum știu din propria experiență de tată, în clasa a patra primară, majoritatea elevilor nu cunosc semnificația cuvântului „mangold“! Copiii cred că este numele unui cavaler medieval sau al unui personaj de benzi desenate... Mulți copii cunosc îngrijorător de puține tipuri de legume în afară de mazăre, morcovi și ardei. Un număr considerabil dintre aceștia cresc fără a avea cine știe ce „contact“ cu legumele. Având în vedere că nu puțini părinți lasă la latitudinea copiilor alcătuirea meniului alimentar – să nu cumva să îi „forțăm“ pe copii să mănânce ceva ce nu vor – următoarea generație va auzi de anumite tipuri de legume doar din romane istorice...

Totuși, nimeni nu se gândește la urmările pe care poziția dominantă a copiilor în ceea ce privește alegerea alimentației de zi cu zi, respectiv multe grăsimi și zaharuri, o are asupra lor și a viitorului lor: aciditatea din organism crește tot mai mult, ceea ce poate avea efecte negative considerabile în ceea ce privește sănătatea.

Bineînțeles că este prea simplist să spunem: „Omul este ceea ce mănâncă.“ Totuși, avem dreptul să ne întrebăm dacă într-un corp predispus la îmbolnăviri, cu un exces cronic de aciditate, se poate dezvolta un tip de gândire relaxat, social

Indiferent dacă este vorba despre teme, jocuri pe calculator sau despre nutriție, interacțiunea cu cei mici este îngreunată și de faptul că tații și mamele au opinii pedagogice distincte. Este deja cunoscut că nu puține căsnicii se destramă din motiv că părinții au așteptări diferite cu privire la educația copiilor.

Și exemplul următor, referitor la Stella și la Ralph, arată cât de solicitantă poate fi viața de zi cu zi dacă avem copii și dacă cei care îi educă luptă pe fronturi opuse. Mai ales atunci când unul dintre ei se comportă consecvent față de cei mici, iar altul inconsecvent, ne putem aștepta la apariția unui sentiment accentuat de confuzie care să îi afecteze pe toți cei implicați.

Stella și Ralph:
„Trebuie să îi lucrăm fiului nostru o constelație"

Ralph şi Stella au venit la mine la cabinet deoarece întâmpină probleme cu fiul lor, Marco, în vârstă de paisprezece ani. Stella povesteşte că situaţia fiului ei este atât de gravă, încât ar fi neapărat necesar să-i fie lucrată o constelaţie familială, în cadrul unui atelier. Totuşi, soţul ei, Ralph, vede starea de fapt complet diferit. Lui i se pare că lucrurile „nu stau chiar atât de rău".

Acum vreau să aflu mai în detaliu, de la Stella, ce este atât de problematic. Stella povesteşte că Marco o dispreţuieşte profund. Ea bănuieşte că familia de provenienţă a soţului ar fi de vină... După părerea ei, acest lucru ar trebui lucrat într-o constelaţie de grup. Pe lângă asta, Marco mai bea şi bere... Din punctul de vedere al lui Ralph, este „un lucru complet normal". Tatăl argumentează că Marco este la vârsta pubertăţii şi îşi aminteşte că şi el, când era de vârsta lui, mai bea câte un pahar de bere. Îl întreb pe Ralph care este, după părerea lui, motivul dispreţului lui Marco faţă de mama sa. Ralph răspunde cu înflăcărare. Se plânge de faptul că soţia sa nu îl lasă nici să respire pe Marco. Lui i se pare de neconceput ca mama să îi pregătească regulat pachetul cu mâncare pentru şcoală unui băiat de paisprezece ani sau să se ducă mereu cu mâncarea după el, atunci când nu apare la masă. Mă întreabă, înroşindu-se tot, dacă e într-adevăr normal să îi pregăteşti lucrurile pentru a doua zi de şcoală unui adolescent. El însuşi nu ar vrea niciodată să se transforme într-un „servitor" al copilului: „Cum să mă poată lua Marco în serios, dacă eu mă arunc tot timpul în genunchi în faţa lui? În ceea ce mă priveşte, simt că fiul meu mă respectă, nu am nicio problemă cu el... şi nici el cu mine! În orice caz, pentru mine e clar cum stau lucrurile: dacă băiatul nu vine să mănânce când este gata mâncarea şi eu sunt cel care a pregătit masa, atunci ştie că va rămâne flămând!"

Fără îndoială, Ralph a pus punctul pe „i". Stella începe să plângă... O întreb dacă tot ce a spus soţul ei este adevărat şi ce are de zis cu privire la asta. Plângând cu suspine şi descurajată, ea recunoaşte că Ralph are dreptate. Este „prea bună" cu Marco.

Ralph confirmă acest lucru, spunând: „Iubirea ei îl sufocă. Prea se ţine după el!"

Îi explic Stellei cu blândeţe că ea caută la fiul său ceva care pe el îl suprasolicită. Poate că ar trebui să încerce să afle prin tratament terapeutic ce anume îi lipseşte, aşa încât pe viitor să nu mai caute acest lucru la Marco.

Ca şi când nu ar fi auzit nimic din ceea ce i-am spus, Stella intervine spunând că important acum este să îi lucrăm lui Marco o constelaţie într-un grup.

Ralph dă din cap în semn de dezaprobare. Este dispus să accepte orice, atât timp cât este cu adevărat necesar, dar pentru astfel de probleme nu e nevoie de nicio constelaţie familială.

Îi dau deplină dreptate lui Ralph. Este vorba despre probleme ce ţin de educaţia de acasă şi care pot fi rezolvate doar prin atitudinea parentală corectă, fără alte demersuri. După aceea adaug: „În cazul în care voi doriţi, putem să verificăm cu figurine din lemn şi coli de hârtie dacă este într-adevăr nevoie de o constelaţie."

Ralph şi Stella sunt de acord cu propunerea mea. Aşezăm pe podea, sub formă de triunghi, o figurină din lemn pentru Marco şi două coli de hârtie, una roşie şi una verde, la aceeaşi distanţă. Roşul înseamnă: „La momentul de faţă nu este nevoie de o constelaţie: este suficient un comportament consecvent". Verdele are semnificaţia: „Există cauze importante legate de sistemul familial, pe care părinţii ar trebui să le lucreze într-o constelaţie de grup pentru fiul lor".

Pentru a nu ne incomoda şi influenţa reciproc, evaluăm situaţia independent unul de altul, fără a le dezvălui rezultatul nostru celorlalţi. Atât eu, cât şi Ralph simţim o atracţie clară a poziţiei copilului către coala roşie. Pe de altă parte, Stella este dezorientată. Ea spune că la momentul de faţă este complet derutată şi nu poate percepe o atracţie nici spre stânga, nici spre dreapta.

Ca îndrumător terapeutic, le spun soţilor că, după părerea mea, Ralph a perceput corect situaţia. Deocamdată, nu este nevoie de o constelaţie. Totuşi, nu ar fi rău ca Stella să se ocupe de tema psihică apărută pe parcursul şedinţei.[7]

În consilierea acestui cuplu, a devenit foarte repede clar cine este consecvent în educaţie şi cine nu. Copiii refuză în mod regulat să îi respecte pe acei părinţi care sunt inconsecvenţi, în cazul acesta, mama. Dar având în vedere că de multe ori nu vedem bârna din propriul ochi, preferăm să credem, fără să avem dreptate, că problema se află la partener!

Să ajungem acum la o concluzie provizorie, provocatoare, în ceea ce privește subiectul „părinți și copii": ce folos pot avea constelațiile familiale pe care vrem să le lucrăm copiilor noștri la seminar dacă, mai apoi, acasă și în viața de zi cu zi, ne comportăm inconsecvent față de ei?

Nu de puține ori, mi s-a întâmplat să observ că, în urma unei constelații, părinții adoptă automat atitudinea corectă față de copiii lor chiar și fără ca eu să le dau indicații în mod expres. Cum se explică asta? Constelațiile familiale arată, neîncetat, că cei mici se simt în siguranță doar atunci când li se permite să fie „mici" și când, totodată, părinții se comportă ca niște oameni

[7] Procesul-verbal al acestei constelaţii se regăseşte în *ibid.*, pp. 128 şi urm.

„mari". Din fericire, atunci când părinții își însușesc profund această experiență în cadrul unui seminar, ei pot mai apoi să adopte de la sine atitudinea corectă față de copii!

Urmările modelelor de comportament greșite la școală și în formarea profesională

Atunci când părinții adoptă, pe o perioadă îndelungată, modele de comportament greșite, ca cele prezentate aici, și când se subordonează copiilor lor, întotdeauna vor exista consecințe. Mai târziu, copiii așteaptă această subordonare a adulților și la școală sau la locul de muncă. Ulterior, în viața profesională, se vor confrunta cu realitatea. Se întâmplă din ce în ce mai des ca îndrumătorii de la școlile profesionale și instructorii de ucenicie să aibă de-a face cu tineri care vin de acasă cu o tulburare de relaționare. Nu de puține ori, această tulburare de relaționare este motivul pentru care adolescentul, respectiv tânărul adult, trebuie să își întrerupă formarea profesională.

Amploarea pe care a luat-o această evoluție la nivelul întregii societăți o arată, spre exemplu, un sondaj online al Camerei de Comerț și Industrie din Bavaria Superioară, care a evaluat 1.250 de companii în cursul anului de pregătire profesională 2009. În anul 2007, motivul pentru neocuparea a posturilor de ucenicie a fost, în proporție de 44%, „lipsa de pregătire în vederea formării profesionale". În 2008, procentul ajunsese deja la 52%, iar în 2009 s-a înregistrat o creștere de până la 57%. Cine consideră că aceste cifre sunt inofensive refuză să recunoască o problemă care năvălește asupra noastră, chiar dacă situația s-a îmbunătățit oarecum între 2012 și 2014. Cu toate acestea, inclusiv sondajul din 2014 titrează: „Lipsa de pregătire în vederea formării profesionale – în continuare, cel mai mare obstacol în învățământul profesional". Și nu este deplânsă doar lipsa de cunoștințe de matematică și de limbă germană, ci și, în mod deosebit, lipsa de competențe sociale!

În martie 2010 și în mai 2012, sondajele legate de învățământul profesional realizate de către Asociația Camerelor Germane de Comerț și Industrie[8] s-au bucurat de foarte multă atenție: numeroși instructori de ucenicie au reclamat lipsa de disciplină și de rezistență la stres în cazul tinerilor, dar și faptul că anumite tipuri normale de comportament social abia dacă mai pot fi pretinse de la mulți dintre tinerii din ziua de azi. „Există ucenici care nici măcar nu se gândesc să ne anunțe atunci când dorm prea mult dimineața și astfel întârzie. În ultimii ani, asta se întâmplă din ce în ce mai des", susține responsabila cu formarea profesională a unei mari firme din Baden-Württemberg[9]. Dar, și în școlile profesionale, absențele nemotivate au devenit tot mai multe.

Tot în categoria lipsei de pregătire în vederea formării profesionale intră și faptul că tot mai mulți tineri se ghidează după principiul plăcerii („nu au chef"). Ei manifestă o toleranță redusă la frustrare, iar în cazul în care au probleme, atribuie vina altcuiva și dau dovadă de empatie tot mai scăzută față de ceilalți[10]. De asemenea, nu sunt capabili să își exprime corect sentimentele și nu știu să se comporte adecvat nici măcar la interviul de angajare. Ca să exagerez puțin, o parte din tineri dezvoltă trăsături autistice în toată regula! Într-adevăr, consumul generos de jocuri video violente de pe internet nu ajută la formarea de competențe sociale!

Martin Wansleben, purtătorul de cuvânt al Asociației Camerelor Germane de Comerț și Industrie, a scos în evidență că, între timp, tot mai multe firme sunt forțate să pună la dispoziția celor înscriși la cursurile de formare profesională un fel de pregătire suplimentară: „Companiile devin, din ce în ce mai

[8] Vezi www.dihk.de/presse/meldungen/2012-05-08-ausbildungsumfrage.
[9] „Când ucenicul nu aude alarma de la ceas", în: *Südkurier* din 28 aprilie 2010, p. 2.
[10] Apud Michael Winterhoff: *Persönlichkeiten statt Tyrannen*, München, 2010, p. 33.

des, întreprinderi reparatorii", care suplinesc ceea ce educația de acasă, școala și societatea nu reușesc să le ofere tinerilor.[11] Și fosta coaliție de guvernare CDU/FDP (Uniunea Creștin-Democrată/Partidul Democrat-Liberal) a reacționat cu privire la situația dată. În iunie 2010, aceasta a aprobat un program la nivel federal, care prevede ca mai mult de o mie de „ghizi ocupaționali", voluntari sau titulari, să le ofere tinerilor, începând din clasa a șaptea, orientare profesională și să îi ajute să amortizeze slăbiciunile candidaților de mai târziu. Se așteaptă ca până la șaizeci de mii de elevi de școală generală să fie incluși în program. Totuși, din punctul meu de vedere, rezultatele potențiale ale acestuia sunt îndoielnice.

Întreprinderile și școlile de meserii pot prelua elevii doar așa cum le sunt „predați". Prin urmare, ce se întâmplă în școlile noastre? La serbarea de sfârșit de an a fiicei sale în vârstă de treisprezece ani, unul dintre prietenii mei a fost martorul următoarei scene, desfășurate într-o clasă a gimnaziului local, în care stăteau înghesuiți părinți și elevi: mai întâi, două eleve au proiectat pe perete poze care aminteau de ultima excursie școlară.

Apoi a venit rândul lui Daniel. Acesta a înhățat microfonul rânjind. Ceea ce a început acum trebuia oprit imediat: Daniel și-a permis, de față cu părinții, colegii de clasă și doi profesori care erau prezenți, să jignească în mod susținut personalul didactic. Unii dintre dascălii care le predaseră elevilor au fost ofensați. Se înțelege că profesorii au slăbiciuni omenești și bineînțeles că este în regulă ca, la sfârșit de an, aceștia să fie luați puțin peste picior. Totuși, loviturile sub centură nu trebuie niciodată permise! Este acceptabil ca un astfel de discurs să fie plin de aluzii sexuale, iar profesorii să fie insultați cu vulgaritate și nerușinare? Chiar este potrivit și permis ca un băiat în vârstă de treisprezece ani

---

[11] „Lipsă de punctualitate şi de disciplină", în: *Süddeutsche Zeitung* din 18 iunie 2010, p. 19.

să vorbească despre picioarele nerase ale profesoarei de înot și să facă speculații cu privire la slipul ei?

Cunoștința mea le-a privit pe dirigintă și pe adjuncta acesteia: nici urmă de uimire din partea lor! Nici faptul că „vorbitorul" și câțiva dintre colegii lui consumaseră în mod vizibil alcool nu a părut să deranjeze pe cineva!

Un tată care stătea lângă el a reacționat cu aceeași surprindere. Totuși, în afară de ei, ceilalți părinți nu s-au arătat afectați, nescăpându-le nici măcar un gest dezaprobator. Nu ar fi fost responsabilitatea dirigintei să arunce un ochi peste notițele „învățăceilor" ei? În urmă cu douăzeci-treizeci de ani, în cele mai multe cazuri, dirigintele ar fi intervenit imediat și i-ar fi solicitat elevului să se așeze înapoi la locul lui. Totuși, a trebuit ca, timp de cincisprezece minute, cei prezenți să asculte tot felul de obscenități, fără ca cineva să intervină – și fiecare necuviință a fost completată de răgetele aprobatoare ale celorlalți băieți din clasă. Un adevărat bâlci!

Cum era și firesc, tatăl în cauză s-a întrebat dacă nu ar fi trebuit el însuși să se ridice și să încerce să întrerupă acel spectacol lipsit de demnitate. Totuși, rezultatul ar fi fost unul previzibil: deoarece se afla indubitabil într-o poziție minoritară, i-ar fi întors de îndată împotriva lui pe aproape toți elevii, părinții și profesorii! Pe lângă asta, își învățase deja lecția pe vremea când copiii lui urmau școala primară și a preferat ca de data asta să nu zică nimic. Conform lui Jürgen Schindler, Germania s-a transformat într-o „republică a mitocăniei", așa cum acesta a arătat prin numeroasele exemple din cartea sa cu același nume.[12]

O profesoară de la o școală de meserii din Darmstadt este de părere că elevii nu știu să se comporte în timpul unei conversații. Ei nu știu să „își lase interlocutorul să termine ce are de

[12] Cf. Jürgen Schindler: *Die Rüpel-Republik. Warum sind wir so unsozial?*, Frankfurt am Main, 2012, pp. 36 şi urm. Şi următoarele exemple referitoare la şcoli au fost preluate din această carte.

spus. Nu știu că în timpul unui interviu de angajare nu trebuie să vorbească având guma de mestecat în gură (...), că trebuie să își dea jos jacheta și căciula. Chiar dacă le explicăm, ei tot nu se conformează, deoarece consideră că acest lucru nu este sub nicio formă cool." Profesoara este de părere că regulile nu se respectă deoarece ele nu sunt cunoscute, nefiindu-le comunicate tinerilor!

Cine să se mai mire că profesorii se află astfel în topul grupelor profesionale afectate de oboseală cronică? Un sondaj publicat în anul 2012 de către Casa Germană de Asigurări de Sănătate pentru Angajați (DAK) arată că fiecare al șaselea profesor este sigur că nu va rezista din punct de vedere psihic până la vârsta pensionării. Aproximativ 44% au îndoieli în ceea ce privește acest aspect.

În anul 2009, la un gimnaziu din Germania, s-au petrecut următoarele evenimente: o profesoară angajată acolo avea obiceiul ca la finalul lecției să îi cheme la ea pe unii elevi care îi boicotau prin impaciență orele la clasă, pentru a-i corija. Într-o vineri după-amiaza, l-a luat din nou la rost pe unul dintre elevii mai recalcitranți. Totuși, era evident că acesta nu avea niciun chef să i se facă morală în acea zi. Prin urmare, băiatul a înșfăcat pur și simplu cheile profesoarei, a năvălit afară din clasa în care nu se mai afla nimeni, a încuiat-o pe femeie înăuntru, iar apoi a aruncat cheile într-o pubelă de gunoi. Profesoara, o tânără mamă, a fost eliberată abia seara, de către administrator.

Ca urmare, directorul școlii a convocat o ședință, la care au fost invitați și părinții. Totuși, așa cum se tot întâmplă în ultimii ani, aceștia pur și simplu au întors situația împotriva victimei: profesoara ar fi de vină și ar trebui să înceteze să îl mai cheme la ea pe fiul lor, după terminarea orei la clasă. Prin urmare, fiul nu își va cere scuze. Mai departe, părinții au amenințat că dacă cineva, oricine, îi va mai crea probleme la școală fiului lor, vor contacta un avocat care să se ocupe de chestiune. Dacă va fi nevoie, vor solicita și acoperirea costurilor pentru psihologul care l-a consiliat pe fiul lor, deoarece acesta din urmă a avut atât de mult de suferit din cauza profesoarei... Ce s-a întâmplat după aceea? Nimic!

Miriam Hanke, consultant cultural care s-a implicat în mai multe proiecte școlare pe tema „bunelor maniere", a ajuns la concluzia că o poți scoate cumva la capăt cu cei mici, dar nu și cu părinții lor! După trei ani de astfel de proiecte, ea a renunțat vlăguită la activitatea în domeniu.

Uneori ai zice că trăim într-o „societate-zombi". Dacă urmărim cu atenție procese penale recente desfășurate împotriva unor tineri adulți sau adolescenți acuzați de omor, vom observa că atunci când judecătorul îi chestionează cu privire la motiv, aceștia răspund, de multe ori identic, după cum urmează: „Mă plictiseam...", „Am făcut-o din greșeală, nu voiam să omor pe nimeni, de fapt...", „Nici eu nu știu...", „Nu a fost vorba despre bani, am vrut doar să mă distrez..."

În toate aceste cazuri, putem observa un deficit de empatie, respectiv lipsa capacității de percepție socială, așa cum ele apar și în cazul sindromului Asperger sau al autismului. Avem într-adevăr de-a face cu schimbări considerabile la nivel social. Este de presupus că această evoluție se va accentua pe viitor în toate țările dezvoltate, deoarece individualismul nesănătos și egocentrismul sunt promovate peste tot, prin neaplicarea principiului consecvenței în educația copiilor și adolescenților și prin faptul că îi lăsăm pe aceștia descoperiți în fața potențialului de a crea dependență a noilor media. Cu siguranță că nu toți tații și mamele s-au gândit de exemplu, cu seriozitate, care sunt urmările atunci când copiii lor în vârstă de doisprezece ani urmăresc necontrolat, de pe telefoanele lor inteligente, pornografie și fapte de violență dintre cele mai grave.

Copiii își aparțin lor înșiși – părinții la fel

Din paginile anterioare am aflat care sunt urmările pentru individ și pentru societate, atunci când părinții se lasă dominați de către copiii lor. Pentru a nu crea o impresie greșită, trebuie totuși arătat că nici părinții nu au voie sub nicio formă să „dispună" de copii după bunul lor plac. Copiii nu reprezintă „proprietatea" părinților – ei își aparțin lor înșiși! Reciproca este și ea valabilă: și părinții își aparțin în primul rând lor înșiși. Părinții au obligația să nu își neglijeze propria viață și propriile nevoi. Pentru a clarifica ambele situații, vom da câte un exemplu din fiecare.

Janine: „El este al meu!"

Janine vine împreună cu soţul ei la un atelier. După cum povesteşte în runda introductivă de discuţii, ea are o problemă legată de fiul său în vârstă de optsprezece ani, pe care l-a crescut în mare parte singură. Soţul ei, care o însoţeşte, a devenit tatăl vitreg al copilului doar în urmă cu trei ani. Janine s-a despărţit de tatăl biologic al copilului în urmă cu nouă ani. Acesta locuieşte la 700 de kilometri depărtare, în celălalt capăt al ţării, aşa încât Silvan îşi vede tatăl foarte rar. De un an, fiul s-a mutat din casa părintească. El locuieşte acum împreună cu prietena lui, într-o anexă a casei părinţilor acesteia.

În timpul atelierului, Janine este foarte tăcută și abia dacă se face observată. Ea nici nu este aleasă vreodată pe post de reprezentant, nici nu discută cu ceilalţi participanţi în timpul pauzelor. În cea mai mare parte a timpului se ţine deoparte, împreună cu soţul său.

Duminică după-amiaza Janine a rămas ultima (dintre cei ce şi-au exprimat intenţia să participe „activ") care încă nu şi-a lucrat o constelaţie. Când facilitatorul îi rosteşte numele, ea se ridică precipitată în picioare şi se îndreaptă către acesta cu paşi energici. Se aşază lângă el, după care priveşte în direcţia soţului său.

„Heinz trebuie să iasă!", spune ea pe un ton de necontestat.

Având în vedere că Heinz nu este tatăl biologic al copilului, facilitatorul nu are nimic împotrivă şi Heinz părăseşte astfel sala.

„Este vorba despre Silvan?", întreabă facilitatorul.

Janine încuviinţează dând energic din cap. „Silvan s-a mutat la prietena lui în urmă cu un an. A făcut asta pe furiş. Am ajuns acasă de la muncă şi pur şi simplu dispăruse. Am fost distrusă... După aceea a redus contactul cu mine la minim. Nu se mai poate aşa".

„De ce a plecat?"

Janine oftează. „L-am sunat şi l-am întrebat ce s-a întâmplat. Mi-a spus doar: „Sunt sătul de tine. De-asta am plecat. Şi ca să nu faci circ, am făcut-o fără pălăvrăgeală".

Janine încearcă să râdă, dar vocea ei guturală trădează mai degrabă disperare.

„Şi acum?", întreb eu.

„Aş vrea să ştiu ce anume l-a determinat să plece. E numai vina prietenei lui, Kathi. Ea mi l-a furat".

Felul în care Janine îşi dă ochii peste cap atunci când rosteşte aceste cuvinte lasă să se vadă care este părerea ei despre Kathi. Este evident că o consideră o „uşuratică".

Facilitatorul: „Eşti de acord să lucrăm o constelaţie cu două persoane? Alege acum din grup pe cineva pentru tine şi pe altcineva pentru Silvan şi aşază-i în constelaţie".

Janine încuviinţează, alege reprezentanţii şi îi poziţionează stând în picioare, lipiţi unul de altul.

De îndată, Silvan îşi cuprinde gâtul cu mâinile şi pare că se sufocă: „Abia pot rezista aici. Este îngrozitor de strâmt. Trebuie să plec de aici". Se îndepărtează de mama lui făcând trei paşi înainte. Când mama vine după el, acesta se refugiază într-un colţ îndepărtat al camerei. Janine îl urmează până şi acolo.

Silvan îşi încleştează pumnii şi ţipă cu putere: „La naiba! La naiba! Vezi-ţi de treaba ta şi lasă-mă în pace!"

Abia acum încetează mama să îl mai încolţească. Ea se dă cu trei metri mai în spate.

Silvan: „Tot mă simt strâmtorat. E ca şi când m-ar ţine în lesă..."

Încrezându-se într-un impuls interior, facilitatorul o roagă pe o femeie din grup să se poziţioneze lângă Silvan. Cei doi se privesc unul pe altul radiind, apoi se iau de mână râzând încet.

Mama se dă şi mai în spate. Ea scrâşneşte din dinţi la propriu. Dintr-odată, ceva în ea se frânge. Se năpusteşte ca un taur asupra femeii necunoscute, care se dă la o parte înmărmurită. Janine stă acum între Silvan şi femeie.

Mama o priveşte pe femeie cu ură spunându-i: „El este al meu! Al meu, al meu, al meu, al meu, pricepe odată! Mai bine mă omor decât să fie al tău!"

Din grup se aud şuşoteli. Femeia necunoscută este atât de intimidată încât nu poate spune nimic. Silvan dă din cap dezaprobator, cu uluire.

Facilitatorul se aşază acum lângă „adevărata" Janine şi întreabă: „Ştii pe cine reprezintă această femeie necunoscută?"

„N-am idee", şopteşte Janine.

„Totuşi, eu cred că ştii!", insistă facilitatorul.

„Este Kathi", spune ea cu o voce subţire.

„Exact", răspunde facilitatorul. „Şi care este părerea ta despre ceea ce vezi aici?"

Janine dă din umeri. „Nu ştiu ce să zic..."

Facilitatorul: „Să închei constelaţia aici sau vrei să mergem mai departe? Este posibil ca în cazul tău să existe un istoric al familiei de origine, din cauza căruia tu îl priveşti pe fiul tău ca pe un bun personal".

Janine (îmbufnată): „Nu îmi doresc să îi incluzi în constelaţie şi pe părinţii mei, pentru că nu sunt interesată de ei..."

Facilitatorul: „Să închei constelaţia aici sau mai ai întrebări? Vrei să intri în propriul rol?"

Janine dă din cap în semn că nu vrea şi îşi lasă privirea în pământ. Mai apoi îşi îngroapă faţa în palme.

Facilitatorul tace şi aşteaptă. Janine nu mai spune nimic. Facilitatorul priveşte constelaţia. Şi reprezentanta Janine îşi ascunde capul în palme. Silvan îşi face curaj şi o ocoleşte pe mama sa îndreptându-se către Kathi. Cei doi se poziţionează unul lângă altul, se iau din nou de mână şi se privesc încă o dată, radiind de fericire.

Facilitatorul îl întreabă pe Silvan: „Cum te simţi?"

Silvan: „Vreau să o iau pe Kathi şi să plecăm de aici împreună. Nu mă interesează ce se întâmplă cu mama".

Kathi îl aprobă şi cei doi merg astfel într-un alt colţ al camerei, unde se află o fereastră cu vedere la o câmpie întinsă.

„În sfârşit", oftează Silvan. Kathi îl priveşte îndrăgostită.

Facilitatorul îşi îndreaptă privirea către reprezentanta Janinei: „Cum te simţi în momentul în care vezi că fiului tău îi merge bine când este împreună cu prietena lui?"

„Simt că fierb", exclamă ea, „dar deocamdată nu am ce altceva să fac, decât să privesc neputincioasă".

Facilitatorul i se adresează acum „adevăratei" Janine, care stă pe scaun: „Să las imaginea aşa cum este acum?"

„Da", răspunde ea.

Facilitatorul îi roagă pe toţi reprezentanţii să iasă din roluri şi să se aşeze. După aceea se duce din nou lângă Janine şi tace. Aceasta devine agitată şi îşi scarpină obrazul.

„Pot să mă întorc la locul meu?", întreabă ea.

„Ştii ce se poate întâmpla dacă nu îţi schimbi radical atitudinea faţă de Silvan?", o întreabă facilitatorul pe Janine.

„Cu siguranţă că îmi vei spune tu chiar acum", îi răspunde ea tăios.

„Nu, nu neapărat", spune facilitatorul cu dezaprobare. „Dacă nu te interesează, prefer să nu spun nimic."

Janine priveşte în pământ şi oftează: „Ba da, mă interesează."

„Când copiii adulţi întrerup contactul ulterior cu părinţii, cauza este uneori faptul că ei nu mai suportă să fie trataţi ca un bun personal. În aceste cazuri, doar întreruperea contactului mai ajută, funcţionând ca un fel de frână de siguranţă sufletească... Felul în care relaţia voastră va evolua de acum încolo depinde doar de tine".

Janine îl măsoară cu privirea pe facilitator, critic: „Pot să mă ridic acum şi să merg la locul meu?"

Facilitatorul dă din cap aprobator şi spune: „Da, poţi".

Pentru că ea uită să îl cheme pe soţul ei înapoi în camera unde se ţine atelierul, facilitatorul îi aminteşte discret să facă acest lucru.

Coordonatorul constelaţiei nu are voie niciodată să îşi „dorească" mai mult decât îşi doreşte clientul. Este foarte probabil ca în cazul de faţă să existe un istoric familial care să cauzeze comportamentul imposibil al mamei. Totuşi, Janine a semnalizat clar că nu este interesată de asta. Încă nu a venit timpul... Această constelaţie ilustrează, fără echivoc, că cei mici îşi aparţin doar lor înşişi! Părinţii deteriorează relaţia cu ei atunci când îi confundă cu un obiect personal. Atunci, copilului îi rămâne doar „frâna de siguranţă sufletească". Dar şi părinţii îşi aparţin tot lor înşişi, aşa cum se va vedea din exemplul următor.

Maja: sacrificiul profesional

Copiii se simt bine doar atunci când şi părinţilor lor le merge bine şi când aceştia nu trebuie să facă sacrificii personale considerabile. Dacă părinţii fac sacrificii foarte mari, copilul suferă din punct de vedere sufletesc. Cel puţin aceasta este experienţa pe care am acumulat-o din lucrul cu constelaţiile.

Maja s-a separat de soţul ei în urmă cu şapte luni. Fiul celor doi, Luka, în vârstă de unsprezece ani, locuieşte împreună cu tatăl său. Totuşi, mama şi fiul se întâlnesc regulat, deoarece Maja locuieşte într-un sat din apropiere.

Recent, Majei i-a fost oferit un loc de muncă într-o companie producătoare de parfumuri. În calitate de chimist, Maja a visat dintotdeauna la un astfel de post, în departamentul pentru dezvoltare al unei companii renumite. Există totuşi o problemă: firma îşi desfăşoară activitatea în Saxonia Inferioară şi este astfel la o depărtare de mai multe sute de kilometri de domiciliul fiului său. În acest context nu l-ar mai putea vedea pe Luka atât de des.

Maja povesteşte toate aceste lucruri în faţa participanţilor unui grup de constelaţii. Facilitatorul o întreabă pe Maja care este constelaţia pe care doreşte să o lucreze în mod concret. Fruntea Majei se încreţeşte, în timp ce începe să vorbească despre „argumentele contra" legate de această minunată ofertă de muncă. Ea îl iubeşte foarte mult pe Luka. Cine nu ar putea înţelege cât de dificil este acest lucru pentru inima unei mame? Poate ea să îi facă aşa ceva fiului său?

Urmează ca acum să fie aleşi reprezentanţi pentru oraşul în care ea locuieşte la momentul actual, pentru compania de parfumuri, pentru fiu şi pentru Maja. Maja alege un bărbat pentru companie, o femeie pentru oraşul în care locuieşte familia, o altă femeie pentru ea însăşi şi un bărbat pentru Luka.

Maja stă aşezată pe scaun privind fascinată la ceea ce se întâmplă. Fiind martoră la felul în care Luka îi zâmbeşte (reprezentantei) mamei lui, ea îşi duce mâna la gură. Este evident că nu se aştepta la acest lucru. Este chiar şi mai surprinsă de faptul că Luka se poziţionează lângă companie. Şi totuşi încă îi merge bine!

Reprezentanta Majei se uită dintr-o parte în alta, când la companie, când la oraşul în care locuieşte, în timp ce compania nu reacţionează în vreun mod deosebit. Totuşi, devine evident cât de tulburată este Maja: privirea ei se mută încontinuu între copil şi companie.

În următoarea constelaţie, Luka spune dintr-odată că îşi doreşte ca „mami să fie fericită cu noua slujbă". În plus, el este de părere că vor rămâne în legătură unul cu celălalt, spre exemplu în vacanţe sau chiar şi cu alte ocazii.

„Adevărata Maja" stă aşezată pe scaun scuturând din cap, în semn că nu îi vine să creadă. Îşi şterge o lacrimă.

Facilitatorul o întreabă pe Maja dacă doreşte să îşi preia propriul loc în constelaţie.

Maja: „Chiar e nevoie de asta?"

Facilitatorul: „Nu, nu... Îţi poţi însuşi imaginile de rezoluţie la fel de bine şi de aici de pe scaun. Dar te rog ca atunci când reprezentanta ta vorbeşte să o imiţi, şoptindu-i cuvintele în sinea ta!"

Maja dă din cap aprobator.

Între timp, compania începe să se mişte. Reprezentantul acesteia îşi trece dintr-odată braţul pe după umărul Majei. Maja îi răspunde cu un zâmbet...

Şi adevărata Maja îşi duce din nou mâna la gură, neîncrezătoare. În paralel cu toate acestea, Luka se poziţionează lângă oraşul în care locuieşte. Oraşul îşi trece acum şi el braţul după umărul copilului. Se poate vedea că lui Luka îi merge bine.

Facilitatorul îl întreabă totuşi pe Luka cum se simte.

Luka răspunde strălucind: „Mă bucur atât de mult pentru mami!"

Maja abia dacă mai rezistă să stea aşezată pe scaun: „Pot acum să îmi preiau totuşi propriul loc în constelaţie?", îl întreabă ea pe facilitator.

„Desigur", îi răspunde acesta.

Reprezentanta se aşază şi Maja preia poziţia acesteia.

Maja se uită la Luka. „Sigur nu te superi pe mine dacă plec în Saxonia Inferioară?", îl întreabă ea insistent pe fiul său.

„Tu rămâi tot mama mea! Şi oricum ne vom vedea în continuare!", răspunde Luka.

Majei aproape că nu îi vine să creadă. Îşi îmbrăţişează fiul cu putere, printre lacrimi.

Ca întotdeauna la finalul unei constelaţii, facilitatorul îşi întreabă clienta dacă îi lipseşte ceva, dacă are vreo întrebare sau dacă doreşte să încheie constelaţia în acest punct.

Maja oftează relaxată: „Putem încheia aici. Vă mulţumesc tuturor! Acum am înţeles..."

Într-adevăr, copiii se simt bine atunci când și părinților lor le merge bine. Ceea ce am demonstrat prin constelația legată de planurile de viitor ale Majei poate fi generalizat: nu trebuie niciodată să ne subordonăm presupusului bine al copilului, nici măcar atunci când este vorba despre planuri de mutare în alt oraș: „Nu pot să mă mut, deoarece fiica și fiul meu își vor pierde prietenii din vecini și de la școală..." Este deci mai bine ca părinții să renunțe la fericirea personală pentru a le îndeplini dorințele copiilor? Bineînțeles că fiecare caz este diferit și că decizia trebuie să țină cont de situația particulară a copilului. Atunci când, de exemplu, un adolescent încheie anul școlar, poate fi indicat ca părinții să ia acest lucru în considerare!

Calitatea de părinte și efectele acesteia asupra copilului nu se bazează doar pe prezența cantitativă, ci și pe cea calitativă! Maja îi va putea oferi fiului ei considerabil mai mult ca mamă, chiar și dacă se vor vedea mai rar, deoarece se va raporta la el ca o femeie împlinită în interior și mulțumită. Și nu se va gândi mereu la oportunitatea ratată, din Saxonia Inferioară. Dacă ar rămâne în satul în care locuiește în acest moment, acest lucru ar afecta-o foarte mult.

Este chiar posibil ca într-o astfel de situație ea să înceapă să respingă inconștient sentimentul matern și să se raporteze la copil doar cu nemulțumire: „Oare ce aș fi realizat pe plan profesional dacă nu aș fi avut un copil, dacă..."

Deja îmi dau seama că unii cititori ar putea să se întrebe: „Și cum s-ar fi desfășurat constelația dacă Luka ar fi avut doar cinci sau șase ani?" După douăzeci de ani de experiență legată de constelații, pot spune: „Exact la fel!"

Până la momentul când devin adulți, copiii sunt cei care trebuie să îi „urmeze" pe părinți, nu invers! Așa cum arată numeroase constelații, copiii știu asta în sufletul lor. Dacă tații și mamele fac sacrificii prea mari, acest lucru poate să le creeze copiilor sentimente de nesiguranță. Comportamentul adecvat în viața de zi cu zi vine de la sine pentru părinții care și-au asumat în interior că ei sunt cei „mari" și copiii cei „mici".

Punctul de vedere sistemic în psihoterapia pediatrică

Părinții pot consulta mai mulți specialiști pentru copiii lor și împreună cu aceștia pot apela la pediatri, psihiatri și psihoterapeuți specializați în problemele copilului și ale adolescentului, ergoterapeuți, psihopedagogi speciali și logopezi. Îi pot doar încuraja pe părinți când vine vorba de apelarea la ajutor specializat, în funcție de necesitate. Din fericire, trăim în timpuri în care nu mai este o „rușine“ să căutăm sprijin psihoterapeutic.

Pentru a-i putea ajuta cu succes pe copii, de multe ori este util să ne folosim și de sprijinul oferit de terapia sistemică de familie. Această carte prezintă numeroase exemple care arată felul în care părinții au putut să își ajute copiii rapid și eficient lucrându-le o constelație. În funcție de caz și de circumstanțe, există trei posibilități de a proceda și pe care încerc mereu să le discut cu părinții înainte de a începe:

- Copilul are nevoie de unul dintre tipurile de terapie prezentate mai sus, care sunt în esență centrate pe nevoile lui.
- Este utilă și o altă abordare în paralel: părinții îi lucrează o constelație copilului și, în același timp, acesta primește și sprijin terapeutic individual, din partea unui profesionist.
- Părinții îi lucrează copilului o constelație familială și așteaptă mai întâi să vadă dacă mai este nevoie și de altfel de sprijin. De asemenea, trebuie evaluată și vârsta copilului, în funcție de care poate sau nu să ia parte la un atelier de constelații – de cele mai multe ori, acompaniat de părinți. Tinerii ar trebui

să aibă cel puțin șaptesprezece ani împliniți. Totuși, acest lucru trebuie evaluat în prealabil și în fiecare caz în parte! Cu cei mai mici se poate lucra cu figurine din lemn și coli de hârtie, în cadrul unor ședințe individuale, dar și abordările centrate pe joacă și imaginație s-au dovedit utile.

În cazul unor afecțiuni grave, spre exemplu în cel al psihozelor, este neapărată nevoie de ajutor din partea unui psihiatru specializat în tratamentul copilului și al adolescentului. Felul în care psihiatria tradițională și constelațiile familiale interacționează se poate vedea în capitolul intitulat „Psihoze și schizofrenie". În cadrul grupurilor mele, s-a întâmplat de mai multe ori ca medicul psihiatru curant să apară la seminar împreună cu părinții și copilul. Aceasta este, în mod cert, situația ideală.

Terapia copilului și a adolescentului are succes atunci când nu numai copilul este în centrul atenției, ci și mediul lui înconjurător, respectiv sistemul lui familial. Având în vedere că cei mici sunt membrii mai slabi ai familiei, ei sunt primii care simt de ce anume are nevoie sistemul ca întreg. Deseori, acesta are nevoie ca cei implicați să recunoască unele lucruri dificile întâmplate în trecut și să le acorde atenție. Așa cum această suferință apare în șirul strămoșilor, ea este transmisă și copiilor, prin intermediul părinților.

Rareori va avea loc o schimbare în bine dacă părinții nu sunt pregătiți să vadă dincolo de simptomele manifestate de copii. Totuși, asta nu înseamnă că o terapie care are în centru prezentul și schimbarea comportamentului copilului nu poate aduce alinare sau o lămurire a problemei. În mai multe capitole ale acestei cărți, de exemplu în secțiunea despre enurezis, vom vedea de fapt că, în cazul unor afecțiuni mai puțin severe, o terapie centrată pe copil poate fi suficientă. Însă, tocmai în cazurile mai complicate, sau chiar acolo unde este vorba despre o problemă de viață și de moarte, o perspectivă suplimentară, care să ia în considerare și lovituri ale sorții mai îndepărtate din trecutul familial, poate ajuta.

Cât de importantă este o abordare centrată pe sistemul familial în cazul copiilor bolnavi sau care prezintă tulburări de comportament, o arată experiența psihiatrului francez François Tosquelles, care este și directorul unui spital de psihiatrie. Atunci când simptomele unui copil suferind de psihoză se atenuau – sau chiar când acesta era trimis acasă considerat fiind vindecat – nu dura mult până când un alt copil al aceleiași familii începea să prezinte aceleași simptome, fiind și el adus la spital pentru tratament. Psihologa franceză Anne Ancelin Schützenberger pornește de la observațiile lui Tosquelles și ajunge la concluzia că atunci când noi tratăm doar individul, fără a adopta o perspectivă multigenerațională, nu putem ajunge la rezultate terapeutice notabile.[13] Nu pot decât să îi dau dreptate.

Un psiholog principal de la un cămin german pentru tineri cu tulburări de comportament și, de asemenea, pentru persoane tinere care au încercat să își ia viața, mi-a povestit între patru ochi despre munca lui: în acea instituție, se lucrează mai ales cu metode de terapie comportamentală; se practică oferirea de recompense sau aplicarea de pedepse în funcție de comportamentul în cauză. Statisticile chiar arată rate de vindecare îmbucurătoare. Totuși, psihologul era foarte nemulțumit: „Eu văd în ochii triști ai copiilor «vindecați» că ei încă sunt la fel de nefericiți ca la începutul terapiei. Doar simptomele din cauza cărora au fost trimiși la noi dispar, într-adevăr, după timpul petrecut în cămin". Aici apare întrebarea dacă, pentru a defini conceptul de „vindecare", este suficientă dispariția simptomelor sau dacă nu cumva ar trebui să o înțelegem ca fiind ceva mai cuprinzător de atât.

Uneori, cel care tratează copilul îl vede pe acesta ca ființă individuală, ale cărei drepturi și nevoi trebuie protejate și apărate – chiar și față de părinți. Câteodată, terapeutul încearcă și

---

[13] Anne Ancelin Schützenberger: *The Ancestor Syndrome – Transgenerational Psychotherapy and the Hidden Links in the Family Tree*, Londra, 1989, p. 36.

să se alieze cu cel mic împotriva părinților. O astfel de terapie nu poate, în definitiv, să funcționeze, deoarece, în adâncul lor, copiii sunt *întotdeauna* solidari cu părinții. Tratamentul terapeutic al copilului nu trebuie să se axeze doar pe copil, ci și pe părinții acestuia și pe legătura lor cu sistemul familial.

Felul în care psihoterapia aproape că a ignorat abordarea sistemică până la momentul de față ar trebui să dea de gândit. În urmă cu douăzeci de ani, am avut o pacientă care suferea de o depresie severă. Vizitase deja, timp de mai mulți ani, o serie de psihoterapeuți care i-au oferit consiliere, însă fără o ameliorare a stării ei de sănătate. Părinții acestei femei supraviețuiseră lagărului de concentrare de la Auschwitz, iar unele rude fuseseră ucise. Atunci când am întrebat-o dacă acest istoric familial a fost integrat în consilierea ei terapeutică de până la acel moment, ea a spus că nu. Cei mai mulți terapeuți nici măcar nu se interesaseră de evenimentele din arborele ei genealogic, iar aceia care totuși o întrebaseră despre asta, nu făcuseră legătura cu depresia...

Pentru mine este de neconceput ca astfel de evenimente petrecute în familie să nu-i influențeze pe cei născuți ulterior. Fiecare terapeut care aplică metoda sistemică poate confirma acest lucru. De aceea, oricine oferă consiliere terapeutică unui copil, trebuie să îi cunoască istoricul familial și să caute neapărat colaborarea cu părinții.

Urmează acum povestea lui Peter, care explorează echilibrul delicat dintre abordarea centrată pe copil și cea sistemică.

Ce înseamnă aici „sistemic"? Energia criminală a mamei lui Peter

Peter, în vârstă de paisprezece ani, prezintă o întârziere de limbaj și una în dezvoltare. Numele mamei lui este Bianca. Până în momentul de față, medicii și terapeuții nu au ajuns la un consens în ceea ce privește definirea tulburărilor lui Peter. Un medic a fost de părere că Peter suferă de un ușor handicap mintal.

Totuși, un psihiatru l-a contrazis. Vorbirea înceată și inexactă a lui Peter nu ar reprezenta o dovadă a unui handicap mintal. El a fost de părere că Peter este un băiat cu întârziere în dezvoltare și cu o tulburare de comportament, dar care nu suferă totuși de un astfel de handicap.

În ciuda eforturilor Biancăi, Peter nu a fost acceptat la o școală primară obișnuită. După ce a urmat o școală specială pentru copii cu tulburări de limbaj, a fost mutat la o altă școală specială, pentru copii cu dificultăți de învățare. El a progresat cu greu în ceea ce privește scrisul și vorbitul.

În prima ședință de terapie, Bianca îmi povestește despre anii care au trecut. La vârsta când Peter ar fi trebuit să înceapă să vorbească, soțul Biancăi, pe nume Bruno, devenise din ce în ce mai netolerant și nerăbdător: „Începe odată să vorbești. Ar cam fi vremea!", spunea mereu tatăl. Odată cu trecerea timpului și înarmați cu multă răbdare, părinții au putut să înțeleagă măcar puțin din ceea ce spunea fiul lor, atunci în vârstă de patru ani.

În timpul discuției, Bianca încearcă să arunce vina pentru tulburarea lui Peter asupra soțului ei: „Nerăbdarea lui Bruno i-a provocat un șoc copilului. Acesta este motivul pentru care el a început să învețe și să vorbească atât de târziu". În momentul când încerc, prevăzător, să îi explic mamei că Peter a avut încă de la început probleme cu vorbirea, aceasta reacționează defensiv.

Din expunerea Biancăi reiese că ea aruncă mereu vina pe alții atunci când vine vorba despre problemele lui Peter. După spusele ei, terapeuții care l-au consiliat pe copil până în momentul de față nu l-au sprijinit așa cum trebuie, i-au pus diagnostice greșite și astfel problemele lui Peter doar s-au înrăutățit. De asemenea, băiatul nu a rezistat să fie tratat vreme îndelungată de unul și același psihoterapeut. Capacitatea de concentrare scăzută și agresivitatea lui au dus deseori la întreruperea tratamentului, deoarece, așa cum spune mama, terapeuții nu au avut răbdare cu Peter. Tot ea este de părere că toți terapeuții de până atunci au fost de o „incompetență crasă".

„Și ce așteptări ai acum de la mine?", o întreb eu pe Bianca. „Ești de părere că aș fi mai bun decât ceilalți? Eu sunt doar un terapeut obișnuit, cum sunt și alții".

O cunoștință i-a povestit mamei că în domeniul programării neurolingvistice (NLP) și în cel al kinesiologiei există anumite exerciții care îi pot ajuta pe adulții și mai ales pe copiii cu probleme de scriere, vorbire sau învățare. Totuși, nu se arată deloc interesată de metoda constelațiilor familiale... Ea își dorește ca eu să fac astfel de exerciții psihoterapeutice de scurtă durată împreună cu Peter, fiind de părere că acesta poate, de fapt, să vorbească și să învețe mult mai bine, dar că, pur și simplu nu vrea. Mama l-a observat pe ascuns încă de mic, exersând singur propoziții lipsite de orice greșeală, dar pe care nu îndrăznea să le rostească de față cu părinții sau cu alți oameni.

În continuare, Bianca își dorește ca eu să îl ajut pe fiul ei cu „blocajele din subconștient": agresivitatea trebuie redusă, pentru ca, astfel, comportamentul lui față de alți copii și față de profesori să devină mai social. Tot în această primă ședință de consiliere, încerc să aflu mai multe despre arborele genealogic al familiei. Din discuție reiese că există puține lucruri ieșite din comun: în urmă cu nouă ani Bianca a divorțat de soțul ei, Bruno; Peter a rămas cu ea, dar se vede regulat cu Bruno. Ea nu prea este de acord cu faptul că Bruno a păstrat legătura cu fiul lui, deoarece fostul soț nu este întotdeauna punctual cu plata pensiei alimentare.

Conform Biancăi, totul este „normal" în arborele genealogic al tatălui. El este mezinul dintre șase copii și a crescut într-un mediu protejat. Nu știe să fi existat lovituri ale sorții în familia lui, nici chiar în trecutul mai îndepărtat. Și în cazul ei, totul este „normal", ea fiind născută a treia dintr-un total de cinci copii. Părinții ei s-au căsătorit devreme. Nici părinții și nici ea sau soțul ei nu au avut alți parteneri, doar niște relații superficiale. Nici frații sau surorile mamei și tatălui nu s-au confruntat cu probleme grave. După spusele ei, totul este „normal": nu au existat cazuri de invaliditate, nimeni nu a murit înainte de vreme din cauza vreunei boli și nimeni nu a fost răpus pe câmpul de luptă.

Mie îmi sare în ochi cât de important este pentru Bianca faptul că totul este „cât se poate de normal". Mă miră cât de des folosește ea acest cuvânt, așa încât, după prima ședință, rămân cu impresia că s-ar putea ca ceva esențial să fi fost trecut sub tăcere. Totuși, nici măcar nu intuiesc ce urmează să aflu mai târziu.

Când Bianca își aduce fiul pentru prima dată la cabinet, văd un ștrengar timid, al cărui zâmbet șiret se ascunde în spatele unei atitudini temătoare; comportamentul lui, deseori agresiv, a dispărut deocamdată cu totul. Bianca mă avertizase: „Acest copil le împarte deseori «croșee» profesorilor lui. Să fii foarte atent! Buna lui dispoziție se poate schimba fulgerător, băiatul începând apoi să lovească în toate părțile. Să ai grijă!"

Sunt acum singur cu Peter. Pentru a-i câștiga încrederea, îl întreb despre lucrurile care îi fac plăcere.

„Nimic nu îmi face plăcere", îngaimă el în gol, fără să mă privească.

„Tot așa îmi merge și mie uneori", îi dau eu dreptate, „și eu mă simt copleșit câteodată."

Dintr-odată izbucnește: „Afurisita asta de Tanner. Iarăși m-a enervat astăzi. E o vacă proastă!"

Am dificultăți în a înțelege felul neclar de a vorbi al lui Peter. Deseori repet cuvinte și propoziții pentru a mă asigura că l-am înțeles corect. Iese la iveală că „doamna Tanner" este profesoara lui la școala specială, pentru copii cu dificultăți de învățare. Îmi povestește că aceasta nu este mulțumită de el.

Acum, pentru prima oară, Peter se uită în ochii mei, chiar dacă un pic temător și în expectativă. Mai încerc o dată: „Ce anume îți face plăcere, Peter? Când eram de vârsta ta îmi plăcea foarte mult fotbalul."

De data asta am mai mult noroc. Peter mușcă momeala: „Fotbal, da!" Este fan Werder Bremen. Peter mă întreabă dacă sunt și eu fan al aceleiași echipe. Speră ca nu cumva să fiu fan

Bayern München. „Nu îi suport pe cei de la Bayern!", exclamă el cu înflăcărare.

Îi răspund, fără să mint, că nu mi-a plăcut niciodată Bayern München și că inima mea bate pentru Borussia Mönchengladbach.

„Și ei îmi plac!", admite Peter, după care discutăm despre ce anume ne place la echipele noastre favorite și despre cum au jucat în ultima vreme.

Lui Peter îi plac și animalele: „Iubesc toate animalele!", radiază el. Este pasionat cu precădere de delfini și de șoimi. Acasă are un cobai pe care îl cheamă Pümmi și un papagal al cărui nume nu reușesc să îl pronunț. Repet numele, iar băiatul pufnește în râs, deoarece îl rostesc greșit! El mi-l explică, dar, tot nu îl înțeleg, și Peter începe din nou să râdă zgomotos: se pronunță „Fockter".

Acum a venit timpul ca micul meu pacient să îl cunoască pe Timo. Acesta este un animăluț de pluș „cu experiență" pe care îl țin la cabinet, un koala. Îi arăt lui Peter plușul și el vrea instantaneu să îl ia în brațe. Aproape că mi-l smulge din mână, după care îl strânge cu putere lângă obrazul lui: „E drăguț", spune el un pic trist. Celelalte animale de pluș nu îl interesează deocamdată. După cum îmi povestește, lui Peter îi plac și „competițiile de alergare". La școală, se ia deseori la întrecere cu ceilalți copii.

Sună cineva la ușă. Este Bianca. Prima noastră ședință a trecut mai repede decât mi-am imaginat. Dimineața următoare găsesc un mesaj de la Bianca pe robotul telefonic: „Lui Peter i-a plăcut vizita la cabinet. Se bucură de pe acum că va reveni și săptămâna viitoare." Și eu aștept cu entuziasm următoarea întâlnire cu băiatul.

La a doua ședință, Peter mă salută deja cu oarecare familiaritate. Îmi povestește din nou ce a mai făcut la școală. S-a certat cu un alt băiat, iar „Tanner" i-a dat dreptate celui din urmă: „Vaca proastă..." Peter persistă în atitudinea lui agresivă și nici măcar animalele de pluș nu reușesc să îl îmbuneze; chiar din contră: Peter îl ia în mână pe Timo și mă lovește cu el în cap: „Proasta de Tanner!"

„Dar eu nu sunt doamna Tanner!", protestez eu. „Și nici Timo."

„Nu contează", este de părere Peter, continuând să mă lovească. Cu grijă, încep să opun rezistență loviturilor lui și îl apuc pe Timo ceva mai hotărât, de fiecare dată când băiatul dă cu el în mine. În cele din urmă, totul devine un fel de luptă corp la corp. Peter se distrează. Este evident că îi face plăcere ca cineva să răspundă atacurilor lui cu forță moderată. Dintr-odată, începe să râdă și se oprește. Se uită la mine cu candoare.

„Mama ta își dorește să facem niște exerciții de vorbire împreună. Ea este de părere că ți-ar putea prinde bine", mă folosesc eu de ocazie. „Gândește-te la ele ca la o joacă. Timo o să ne ajute și el".

„Da, Timo, Timo", aprobă băiatul cu vioiciune.

De fiecare dată când Timo rostește ceva, Peter trebuie să repete după el. Mai apoi, acesta începe să scrie pe coli goale de hârtie A4, deoarece are dificultăți cu hârtia liniată. Peter scrie literele cam de șase ori mai mari decât le-ar scrie cineva în mod obișnuit. Eu sunt de-a dreptul uimit de cât de bine merg lucrurile. „Când vreau, nu e atât de rău", spune Peter. În continuare, lucrez cu el niște exerciții ușoare din domeniul NLP-ului și din cel al kinesiologiei.

Ședințele următoare se desfășoară cam la fel. Peter are din ce în ce mai multă încredere în mine, iar când exercițiile de vorbire și cele de scriere i se par prea dificile, începem să desenăm folosind creioane colorate. Cu una dintre ocazii și la propunerea mea, el se desenează pe sine împreună cu părinții lui. Mama este în stânga, tatăl în dreapta, iar Peter este în mijloc, între cei doi. Această poziție apare deseori când părinții sunt divorțați: copilul stă între aceștia.

În timp ce desenul lui Peter îi arată pe părinți ca fiind mici, el s-a desenat pe sine ca fiind dublu față de ei! Această

„poziție-tampon" arată, de multe ori, că cel mic este folosit pe post de „punte" între părinți. Copilul are de îndeplinit un rol care este, la propriu, mult prea mare pentru el. Astfel de copii încearcă să păstreze un echilibru între cei mari, dar prețul sufletesc pentru acest lucru este ridicat; din punct de vedere psihic, ei sunt de cele mai multe ori expuși unui risc.

A venit timpul pentru o altă discuție cu Bianca. Vreau, printre altele, să o întreb și de ce îl disprețuiește Peter atât de mult pe tatăl său. De fiecare dată când vine vorba despre acesta, băiatul se exprimă doar folosind gesturi și cuvinte pline de dispreț.

Când discutăm propriu-zis, Bianca îmi povestește că Peter se simte bine și că e întotdeauna bucuros când trebuie să vină la cabinet. Dintr-odată însă, aceasta cade într-o stare de autocompătimire: „Ah, dacă nu l-aș avea pe Peter, atunci nu aș mai fi de mult pe lumea asta. Viața nu are niciun sens!" Lacrimile i se scurg pe obraji. Bianca lasă impresia că este dezorientată. Îmi povestește că încă îl iubește un pic pe Bruno, dar că acesta va muri cel mai probabil în curând.

„Suferă de o boală incurabilă?", întreb eu.

Bianca spune că nu. Pur și simplu își imaginează că va muri în curând.

„Cum adică va muri?", intervin eu.

Bianca este de părere că ar putea muri într-un accident. Începe apoi să povestească despre căsnicia ei destrămată și iese în evidență faptul că, de fiecare dată când vorbește despre Bruno, râde zgomotos. Îl disprețuiește! Oare îi dorește moartea? Și dacă da, de ce?

Bianca se scarpină jenată la nas: „Ah, știi, trebuie să îți spun ceva... Bruno nu este tatăl adevărat al lui Peter!"

În sfârșit se face lumină! Prin urmare, nu este totul atât de „normal" cum părea să fie prima dată când am discutat. Iar apoi urmează o poveste ieșită din comun.

În timp ce încă era căsătorită, Bianca a început o relație cu șeful ei, care continuă și în prezent. Ea și-a dorit un copil cu acesta, iar el a fost de acord. Deci, conceperea lui Peter nu a fost un eveniment accidental, ci s-a întâmplat cu bună știință! „Am vrut neapărat să am un copil cu el!", spune Bianca. Nu i s-a părut deloc o problemă să îi atribuie pe nedrept soțului său responsabilitatea asupra lui Peter!

Pentru niciunul dintre amanți nu a contat faptul că fiecare era deja căsătorit. Șeful are trei copii cu cea care îi este soție, până în ziua de azi. Totuși, pe lângă cei trei frați vitregi mai în vârstă decât el, pe care nu i-a văzut vreodată, Peter are și un al patrulea frate, tot mai în vârstă: șeful a conceput un copil nelegitim și cu o altă femeie, în afară de Bianca.

Soția șefului nu a aflat niciodată despre Peter sau despre celălalt copil nelegitim. Bruno, fostul soț al Biancăi, nu știe nici el că Peter nu este fiul lui. Bianca a abuzat de buna-credință a soțului ei: nu doar că l-a înșelat; a conceput intenționat un copil cu un alt bărbat și a plănuit *dinainte* să îi impună lui Bruno, pe nedrept, responsabilitatea asupra acestuia! După câțiva ani, a divorțat și de atunci și până în prezent primește, *contrar legii,* pensie alimentară de la fostul ei soț. Aici avem de-a face cu o energie criminală! Bianca și amantul ei trăiesc susținut pe cheltuiala altuia.

Fanteziile Biancăi, cum că Bruno ar putea să moară în curând în urma unui accident, apar acum într-o nouă lumină. Dacă Bruno ar muri, atunci conflictul ei de conștiință ar fi rezolvat; sau cel puțin așa crede ea. Bianca își dorește și așteaptă ca el să moară! Pe lângă asta, și accesele de furie ale lui Peter pot fi acum înțelese. Dacă privim lucrurile cu atenție, devine evident cine are dreptul să fie furios în acest sistem familial: Bruno! El a fost tras pe sfoară, într-un mod foarte grav. Totuși, Peter este solidar cu mama: deoarece aceasta îl vorbește întotdeauna de rău pe fostul ei soț, la fel procedează și copilul, chiar dacă s-ar putea ca, adânc în sufletul lui, să intuiască nedreptatea suferită de tatăl lui vitreg. Soția șefului are, de asemenea, dreptul să fie furioasă, în cadrul aceluiași sistem familial.

Este posibil ca unele lucruri care nu își găsesc locul în sistemul familial să fie canalizate în agresivitatea lui Peter și în problemele lui de învățare și de comportament. Întâlnirile cu tatăl lui adevărat sunt scurte și au loc, în medie, o dată pe lună. Șeful îi este prezentat lui Peter ca „unchi". De când s-a născut și până în prezent, băiatul nu a avut niciodată contact cu tatăl său pentru o perioadă mai lungă de zece minute, fără întreruperi.

Cum ar putea un copil să rămână „normal" într-un sistem familial care ascunde o astfel de înșelăciune? Un copil care a avut de-a face, încă de la naștere, cu atât de multe minciuni, cu o realitate denaturată și care trăiește într-o familie în care adevărul este reprimat cu teamă, *trebuie* să reacționeze în acest sens: cum să poată cel mic să mai aibă încredere în percepțiile lui, într-un astfel de mediu? Spre exemplu, sufletul copilului știe cine este tatăl adevărat, dar cele cinci simțuri ale lui îi spun că acesta este, de fapt, un unchi străin și lipsit de importanță pe care îl vede din când în când, timp de zece minute. Un copil abia poate procesa, în interiorul lui, asemenea informații!

Într-o astfel de situație rămâi fără cuvinte...

Îi explic Biancăi cu tact de ce un astfel de istoric familial nu poate fi omis în tratamentul lui Peter. Vreau ca mama să înțeleagă că eu nu pot accepta să lucrez mai departe cu Peter, în același mod în care am făcut-o până în prezent: ea trebuie să înfrunte urmările sufletești și financiare ale acțiunilor sale și să îi spună lui Bruno adevărul. Poate da dovadă de tărie de caracter, făcând loc realității în viața ei, pas cu pas. În plus, Peter are dreptul să știe cine este tatăl lui adevărat și trebuie, într-o bună zi, să i se dea dreptul să i se adreseze acestuia cu apelativul „tati".

De asemenea, a-și cunoaște frații vitregi mai mari decât el ar reprezenta o posibilitate cu un efect terapeutic asupra lui. Probabil că se simte foarte vinovat față de ei. Cel puțin asta arată constelațiile familiale ale unor cazuri asemănătoare. Atunci când frații vitregi se cunosc între ei, ceva se vindecă, se liniștește în psihicul celor implicați. O las pe Bianca să știe că îmi este clar că asemenea pași nu pot fi făcuți în pripă, ci cu prudență, și că o voi susține și însoți în acest demers.

De asemenea, ar fi oportun ca Bianca să urmeze o terapie în care să acorde atenție și circumstanțelor din familia ei de proveniență. Există bănuiala că, în spatele poveștii încurcate din familia prezentă, se ascunde o altă poveste, nu mai puțin ieșită din comun, a familiei din care provenea.

Reacția Biancăi la cuvintele mele sobre și liniștite este una plină de furie. Ea spune că nu va face niciodată toate aceste lucruri despre care am vorbit! Începe să enumere ce urmări grave ar avea aflarea adevărului. Spre exemplu, Bruno nu ar mai plăti pensia alimentară... și ea își dorește să primească acești bani (contrar legii) în continuare.

„Nu există și alte lucruri de luat în calcul, în afara banilor?", adaug eu. Sunt, de altfel, la curent cu faptul că Bianca are deja suficienți bani și că aceștia reprezintă doar un pretext!

„Nu, nu, asta nu se va întâmpla", continuă ea, găsind mereu noi argumente. Nu ia în considerare că șeful și amantul ei este un om înstărit, care nu a suferit deloc din punct de vedere financiar, până în momentul de față. Îmi atrage mereu atenția cu privire la ce va spune lumea despre ea, atunci când adevăratele circumstanțe vor ieși la iveală. Din vorbele ei reiese că „gura lumii" ar fi mai importantă pentru ea decât sănătatea și soarta propriului fiu.

Reușesc cu greu să întrerup încă o dată potopul de cuvinte: „Nu este cumva mai rău pentru Peter să procedezi și de acum înainte, la fel ca în trecut, în loc să cauți noi posibile soluții? Fiind cel mai slab membru al familiei, Peter trebuie să ducă el totul în spate. Cum pot eu, ca terapeut, să intru în joc și să susțin o realitate denaturată în acest fel? Poți înțelege ce îți spun?"

Bianca tace și scutură din cap cu dezaprobare.

O întreb: „Dacă privești în viitor – ce lucruri consideri că ar fi importante pentru tine peste cinci ani? Chestiunile financiare sau ca Peter să fie fericit și lipsit de griji? Cum vor evolua lucrurile peste cinci ani, dacă lași totul așa cum este acum? Și cum s-ar schimba situația familială și cea a lui Peter, dacă ai da acum cărțile pe față?"

Bianca nu vrea să răspundă, doar scutură din cap. Apoi, mă roagă să îi dau timp de gândire, câteva zile. „O să te contactez", spunea ea înainte de plecare.

Tot în aceeași săptămână vine și Peter la cabinet. Bănuiesc că asta va fi ultima noastră întâlnire. Ședința decurge bine și este deosebit de intensă.

„Pe săptămâna viitoare!", îmi spune Peter surâzând, la despărțire.

Și eu spun: „Pe săptămâna viitoare", pentru că orice altceva ar fi o încălcare a drepturilor mele de îndrumător terapeutic și o violare a rolului de mamă al Biancăi. Ea este importantă pentru el, eu, pe de altă parte, sunt absolut neimportant. Bineînțeles că nu am voie să îi spun lui Peter că probabil nu ne vom mai revedea, deși îmi pare rău de acest lucru. În plus, îmi este clar că prin asta Peter va suferi o altă decepție traumatizantă și încep acum să înțeleg de ce au dat greș toți acei terapeuți care l-au tratat înaintea mea. Bianca este singura responsabilă să dea explicații, nimeni altcineva.

Câteva zile mai târziu, primesc un telefon de la Bianca. Încearcă să mă flateze: „Peter vine cu așa de mare plăcere la tine! Abia dacă poate aștepta până la următoarea ședință. I-ar plăcea să vină, de fapt, de două ori pe săptămână." Urmează o pauză. „Doar n-o să întrerupi terapia, așa, pur și simplu! Nu poți să îi faci așa ceva copilului! A făcut progrese atât de frumoase de când merge la tine."

Peter a făcut, într-adevăr, progrese. Totuși, îi explic Biancăi în cuvinte măsurate că nu îi pot face așa ceva copilului și că nu m-aș simți împăcat nici față de mine, dacă ar fi să lucrez în continuare tot ca până acum, cu această minciună pe conștiință.

„Deci Peter nu mai poate să vină? Sau? Ar fi o crimă față de copil, dacă ai pune punct acum", insistă Bianca, de parcă nu ar fi înțeles ceea ce tocmai i-am spus. Îi explic încă o dată, fără echivoc, care este, de fapt, problema în această situație și că, dacă vrea, putem să mai discutăm din nou, în liniște, despre ea. După această convorbire nu am mai primit vreodată vreo veste, nici de la Peter, nici de la Bianca.

După părerea mea, un terapeut care s-ar concentra într-o astfel de situație doar asupra copilului ar pierde din vedere esențialul. Oricine vrea să le ofere ajutor unor copii în situații de viață dificile nu are voie să excludă din ecuație sistemul familial căruia aceștia îi aparțin.

Teoretic, aici ar fi fost posibilă și o altă soluție. Aș fi putut să refuz una dintre „însărcinările" pe care Bianca mi le-a dat, făcând astfel în continuare exerciții de vorbire cu Peter: însărcinările mele priveau în primul rând îmbunătățirea scrierii, vorbitului și cititului și, în al doilea rând, reducerea agresivității lui Peter și dezvoltarea abilităților lui sociale. Totuși, interdependența problemelor lui Peter a fost pentru mine prea evidentă încât să cedez în fața unei astfel de „soluții". Multe dintre studiile de caz care urmează vor arăta că este important să ne îndreptăm privirea asupra întregului sistem familial, dacă vrem să-i ajutăm cu adevărat pe copii. Un terapeut care trece cu vederea minciunile familiei trădează copilul.

Probleme sociale

Furie extremă

Există nenumărate motive din cauza cărora copiii se pot înfuria. În cele ce urmează, voi prezenta unele cauze pe care le-am întâlnit realizând constelații familiale.

De multe ori, furia copiilor are legătură cu dinamica dintre părinți și viața lor „anterioară". După cum vom vedea și în secțiunile dedicate dermatitei atopice, astmului și alergiilor, deseori, copiii care formează o legătură cu un fost partener al unuia dintre părinți nu se pot deschide în totalitate părintelui de același sex. Dacă, de exemplu, un bărbat a lăsat-o însărcinată pe fosta lui iubită, după care a părăsit-o, se întâmplă des ca unul dintre copiii acestuia (dintr-o relație ulterioară) să preia tocmai această furie a femeii necunoscute și să o exprime față de părinți. Furia dispare atunci când tatăl înfruntă problema și preia responsabilitatea asupra relației anterioare. După aceea, copilul nu mai simte nevoia de a exprima furia fostei iubite a tatălui.

Un bărbat i-a lucrat o constelație fiului său în vârstă de nouă ani, care era întotdeauna extrem de agresiv. În imaginea inițială, mama acestuia s-a simțit „observată pe ascuns" de către ceilalți. A ieșit la iveală că bărbatul avusese înainte alte patru soții, care, imediat după ce au fost incluse în constelație, au dat frâu liber furiei lor, deoarece se simțeau amăgite de către acesta. Începând cu acest moment, furia copilului, pe care el încă o simțea în imaginea inițială, s-a risipit instantaneu.

Foarte des, furia copilului reprezintă un protest împotriva faptului de a fi confundat. O femeie ducea lupte grele pentru putere cu fiica sa în vârstă de unsprezece ani. Mamă singură, se despărțise de soțul ei în urmă cu mai mulți ani, punând punct contactului dintre tată și fiică. Ea proiecta acum întreaga sa furie față de bărbat asupra fiicei. Copilul nu protesta doar împotriva transferului de identitate, ci și din cauza tatălui „furat". În al treilea rând, fetița purta cu ea și furia tatălui față de mamă, deoarece aceasta îl trăsese pe sfoară din punct de vedere juridic, așa încât el să nu poată să își vadă fiica decât foarte rar. Ce copil nu ar „exploda" – pe bună dreptate – într-o astfel de situație? Într-un alt caz, tot o mamă singură îi dorea moartea fostului soț. Fiica ei, în vârstă de șapte ani și extrem de gălăgioasă, formase o legătură cu această energie. Ea nu putea să permită moartea tatălui... nici măcar în gândurile mamei.

Prin agresivitatea lor, copiii reflectă față de tată sau mamă și probleme nerezolvate pe care aceștia le au, la rândul lor, în relația cu propriii părinți. Un băiat, în cazul căruia existau mereu conflicte de autoritate și certuri duse la extrem, era pus în situația de a-l înlocui pe tatăl mamei lui, în loc să i se permită să fie copil. În imaginea inițială, mama a început să se alinte pe lângă fiul său, ca și când acesta ar fi fost tatăl ei. După o serie de întrebări, a ieșit la iveală că femeia era mereu furioasă pe tatăl său, deoarece acesta era cu greu capabil să exprime afecțiune. I-ar fi plăcut foarte mult să aibă un tată care să o alinte. Tatăl (bunicul copilului) supraviețuise cu dificultate unui lagăr de concentrare și era complet traumatizat.

Într-o altă constelație, un băiat „exploziv" în vârstă de opt ani a proiectat față de tatăl său relația celui din urmă cu propriul tată. Bărbatul își ura tatăl, deoarece acesta îl bătuse foarte des pe vremea când era copil. Prin furia fiului său, tatăl a primit un indiciu cu privire la problemele care necesitau atenție din punct de vedere psihoterapeutic.

Nu de puține ori, furia este legată de preluarea unui sentiment de vinovăție: un băiat în vârstă de patru ani, mereu agresiv și sfidător, a format în constelație o legătură cu nenumărate victime furioase ale bunicului său, care fusese pilot de bombardier pe timpul războiului. O fetiță, de asemenea în vârstă de patru ani, era mereu gălăgioasă și făcea „crize de nervi" în mod regulat. „Își iese constant din fire!", a spus mama. Când au fost incluși în constelație și trei copii pe care mama îi avortase, provenind din trei relații anterioare ale acesteia, furia fetiței s-a risipit de îndată.

După cum am spus, copiii își doresc părinți puternici, care să știe să stabilească limite, deoarece limitele conferă siguranță. Dacă în loc de asta, așa cum observăm deseori în ziua de azi, părinții li se subordonează copiilor, le împlinesc pe loc orice dorință și îi lasă să ia singuri decizii în ceea ce privește familia, atunci cei mici se vor confrunta cu incertitudine psihică. Când copiii își pot permite orice, la școală și acasă, și când nu trebuie să suporte nicio consecință, ca răspuns la comportamente problematice, ei vor „pune la încercare" limitele părinților din ce în ce mai intens și mai „brutal". Furia lor este, pur și simplu, un strigăt de ajutor, care exprimă dorința de a avea în sfârșit niște părinți puternici.

În constelația care urmează, furia funcționează raportându-se la relația dintre părinți, dar are, mai ales, un fond sistemic.

Thilo, în vârstă de 17 ani, și-a snopit tatăl în bătaie

Thilo nu lasă pe nimeni să îi spună ce să facă. De fiecare dată când părinţii lui se ceartă, el îi ţine partea mamei sale, Renate, împotriva tatălui său, Winfried. Băiatul s-a manifestat deja cu violenţă faţă de tatăl său de mai multe ori. Cu una dintre ocazii, cel din urmă s-a ales chiar şi cu o fractură de claviculă!

Renate şi Winfried îşi doresc cu ardoare ca după atât de mulţi ani de „război" în familia lor, să se aştearnă în sfârşit pacea. Se lucrează o constelaţie pentru Thilo şi părinţii lui. Suplimentar, facilitatorul alege un bărbat anonim pe care îl aşază în constelaţie.

Acest bărbat se îndreaptă imediat către Renate şi se poziţionează lângă ea.

Facilitatorul: „Acest necunoscut reprezintă furia teribilă a lui Thilo".

Renate este surprinsă. În arborele ei genealogic nu există nimic ieşit din comun.

Reprezentantul furiei indică un loc îndepărtat în spatele mamei: „Este ceva acolo în spate de care mă simt legat..."

Facilitatorul alege cinci femei din grup, care se poziţionează una după alta în spatele Renatei. Fiecare femeie reprezintă câte o generaţie din arborele genealogic al Renatei, pe linie maternă.

„Furia" se deplasează de-a lungul întregului şir, format din cele şase generaţii de femei. Când reprezentantul ajunge în dreptul ultimei dintre ele, îşi încleştează pumnii: „Aşa îmi vine să îi trag una peste bot", exclamă el involuntar.

Totuşi, Renate nu este la curent cu niciun fel de evenimente negative din arborele genealogic al mamei, care să se fi petrecut cu atât de mult timp în urmă.

Predecesoarea îşi apucă burta: „Mi-e rău. Abia dacă mă pot ţine pe picioare". Câteva momente mai târziu, cade în genunchi. Reprezentantul furiei lui Thilo se lasă şi el pe podea, dar furia lui se potoleşte.

Renate îşi preia propriul rol în constelaţie. Ţinând mâna în dreptul inimii, ea se apleacă, aşa cum îi este indicat, în faţa predecesoarei şi a furiei, care reprezintă bineînţeles o persoană reală: „Am respect pentru răul care s-a petrecut. Nu voi încerca să aflu ce anume a fost... Fiţi, vă rog, binevoitori faţă de copiii[14] mei şi faţă de mine".

Furia şi predecesoarea reacţionează cu uşurare. După aceea, aceştia se întind pe podea unul lângă altul şi se privesc concentraţi.

---

[14] Thilo mai are încă două surori mai în vârstă, care intenţionat nu au fost incluse în constelaţie.

Thilo a privit cu atenţie. El spune: „Atunci când mama s-a lăsat la pământ, ceva în mine a plesnit, ca un abces... Mă simt mult mai liber. Şi îmi doresc o mamă în sfârşit mai puternică".

Renate se întoarce înapoi la soţul ei şi la Thilo. Ea îi spune copilului: „Mă port cu tine cum pot eu mai bine. Te rog să nu te mai amesteci, atunci când eu şi tati ne certăm. Nu te priveşte!"

Thilo dă din cap aprobator: „Da, simt o mare uşurare! Acum nu mai trebuie să îi ţin partea mamei".

Facilitatorul, către Winfried şi Renate: „Ceea ce i-a fost transmis lui Thilo pe linie maternă este ceva cumplit. Atunci când voi v-aţi certat, Thilo a asimilat această faptă de violenţă străveche din arborele genealogic al mamei. El se răzbună pentru ceva îngrozitor. Însă răzbunarea nu îl vizează pe Winfried, ci vizează acel lucru înfiorător care i s-a întâmplat predecesoarei Renatei".

Între timp, şi Winfried şi-a preluat propriul rol. Acum el îi spune fiului său: „Ai fost foarte agresiv faţă de mine, dar îmi dau seama că, de fapt, nu a fost ceva personal. Ai făcut totul din dragoste pentru mama ta!"

Lui Thilo îi dau lacrimile. Dintr-odată, el îi cuprinde umerii tatălui său şi îl îmbrăţişează prelung. Apoi îi spune acestuia: „Îmi pare rău!"

Un an mai târziu, aflu de la Winfried că relaţia lui cu Thilo s-a îmbunătăţit considerabil şi că furia acestuia s-a mai potolit. Ambii părinţi sunt de părere că relaţia cu fiul lor se va detensiona în continuare.

Izolare socială

Atunci când copiii devin victimele hărțuirii emoționale la școală, circumstanțele acestora în familia de proveniență variază. Una dintre situațiile cel mai des întâlnite este cea a copilului care „mediază" relația dintre părinți. În acest fel, el devine „mare" și se transformă într-un „arbitru". În schimb, la grădiniță și la școală, copilului i se arată, cu rapiditate și într-un mod deloc plăcut, faptul că aici nu mai poate să le spună tuturor ce să facă...

„Medierea" relației dintre părinți îl suprasolicită pe copil și îl determină să își asume un rol greșit. Părinții trebuie să își rezolve problemele singuri sau cu sprijinul unui profesionist, nu cu ajutorul copilului.

Dar, dincolo de hărțuirea emoțională, copiii pot să se izoleze din punct de vedere social și pentru că așa vor ei, așa cum o arată următorul exemplu.

Fabienne, în vârstă de 15 ani, este mereu singură și nu are prieteni

Selma vine singură la un atelier, dorindu-şi să îşi ajute cel mai tânăr dintre copii, pe fiica ei, Fabienne. De ceva vreme, este îngrijorată de faptul că adolescenta s-a retras din viaţa socială. În imaginea iniţială, se poate vedea cum tatăl stă şi priveşte un punct fix de pe podea, în timp ce simptomul lui Fabienne (reprezentat de către o femeie) se poziţionează lângă Selma.

„Ai pierdut vreodată un copil?", întreabă facilitatorul.

„Da, a fost vorba despre un copil care a murit la naştere, înainte de Fabienne".

„Se poate vedea că tu nu îţi doreşti deloc să priveşti către acest mormânt, însă soţul tău, da!"

Facilitatorul alege o femeie din grup şi o roagă să se întindă pe podea.

Tatăl se îndreaptă încet către copilul mort şi îngenunchează lângă acesta. Selma le întoarce spatele în mod demonstrativ, atât soţului ei, cât şi copilului. Apoi merge la Fabienne şi se poziţionează lângă ea.

Fabienne devine agitată şi începe să se scarpine. Se poate vedea că ea suportă cu greu apropierea mamei.

Facilitatorul se adresează Selmei (aşezată pe un scaun): „Ştii de ce fiica ta se scarpină şi abia dacă poate să suporte prezenţa ta?"

Selma neagă scuturând din cap.

Facilitatorul i se adresează acum celei care o reprezintă în constelaţie pe Fabienne: „Priveşte-o pe mama ta şi spune-i: «Nu sunt prietena ta, ci doar un copil. Am nevoie de o mamă puternică. Iar fratele meu mort are şi el nevoie de tine!»"

După ce Fabienne face acest lucru, facilitatorul îi spune Selmei: „În loc să îţi înfrunţi durerea, tu te fereşti de ea căutând compania fiicei tale şi prefăcându-te că nimic nu s-ar fi întâmplat!"

La auzul acestor cuvinte, soţul încuviinţează energic, dând din cap. El adaugă: „Soţia mea îmi lipseşte! Aştept ca ea să îl plângă pe copil împreună cu mine."

Selmei îi dau acum lacrimile: „Am crezut că totul este rezolvat în această privinţă..."

Facilitatorul o roagă pe Selma să îşi preia propriul loc în constelaţie şi să meargă după aceea direct la copilul ei mort. Urmează apoi un ritual ceva mai lung, în cadrul căruia Selma şi soţul ei îi fac loc copilului în inima lor. Selma reuşeşte în sfârşit să lase durerea să se manifeste, în timp ce soţul îi oferă sprijin.

Selma, emoţionată, îi spune fiicei sale: „Surioara ta moartă nu se mai simte singură! Iar acum, nici tu nu mai trebuie să fii singură".

Fabienne se simte eliberată. Reprezentanta izolării lui Fabienne afirmă: „Acum vreau să dispar. Simt că nu mai este nevoie de mine".

Izolarea socială a lui Fabienne oglindea izolarea copilului mort. În afară de asta, Fabienne era „consolatoarea" mamei sale şi nu putea astfel să se transpună în rolul copilului, ceea ce îi crea probleme în grupurile de copii de aceeaşi vârstă cu ea. După nouă luni, Selma mă anunţă că Fabienne şi-a făcut în sfârşit prieteni şi că s-a integrat din punct de vedere social.

Întreruperea contactului

Nu de puține ori, copiii deveniți adulți întrerup contactul cu părinții, atunci când aceștia i-au abuzat sexual sau „energetic". Când spun „abuz energetic", mă refer la împrejurarea în care părinții folosesc copilul pe post de „înlocuitor al partenerului" sau în care își definesc stima de sine prin intermediul copilului.

De asemenea, copiii se distanțează de părinți și când aceștia au avut un comportament violent față de ei sau când unul dintre părinți le-a limitat contactul cu celălalt părinte. Ceea ce se întâmplă când părinții își tratează copiii ca pe un „bun personal" am văzut deja în cazul Janinei, în capitolul „Copiii își aparțin lor înșiși – părinții la fel".

Totuși, atunci când copiii au decis să își urască părinții și să le dorească moartea, cei din urmă trebuie să păstreze distanța. Tot ce pot face este să accepte decizia voluntară a copiilor, indiferent de cât de dureros este acest lucru. Tot așa trebuie procedat și în cazul în care părinții sunt șantajați de către copii sau dacă aceștia au pretenții nejustificate, ca în cazul lui Kilian.

Copiii întrerup contactul cu părinții și când aceștia s-au amestecat prea mult în viața lor și dacă nu îi pot ierta pentru un anumit lucru. O fiică a întrerupt contactul la vârsta de nouăsprezece ani, deoarece nu își putea ierta părinții care o forțaseră să facă un avort, pe când avea șaptesprezece ani.

Isolde și Luca: răzbunarea

Au trecut mulţi ani de când Isolde nu şi-a mai văzut fiul devenit adult. Şi-ar dori să ştie de ce acesta a întrerupt contactul cu ea. De la vârsta de un an, Luca a fost crescut doar de mama sa, deoarece părinţii se despărţiseră.

Isolde lucrează o constelaţie pentru ea şi pentru fiul său. Facilitatorul alege un bărbat anonim şi îl include în constelaţie. Fiul se îndreaptă imediat către bărbat şi îl priveşte radiind.

„Ştii cine este acest bărbat?", întreabă facilitatorul.

„N-am nicio idee", răspunde Isolde.

„Este tatăl lui Luca".

Isolde dă din umeri.

Luca încă îşi priveşte tatăl cu fascinaţie: „M-am răzbunat pe mama! Nu m-a lăsat să îl văd pe tata!"

Facilitatorul către Isolde: „Ce ai de spus despre asta?"

Isolde: „Nu am o afinitate faţă de tatăl lui Luca... Şi eu am crescut tot fără tată. Nu am avut nici măcar o poză cu el".

Facilitatorul îi include în constelaţie pe părinţii Isoldei.

Isolde îşi preia acum propriul rol. La propunerea facilitatorului, ea îi spune lui Luca: „Te-am crescut aşa cum şi mama mea m-a crescut pe mine!".

Luca dă din cap aprobator, dar lasă să se înţeleagă că locul lui este doar lângă tatăl său.

Într-o scenă înduioşătoare, Isolde reia legătura cu tatăl său şi dă frâu liber durerii ei din copilărie.

După constelaţie, facilitatorul îi spune Isoldei: „Când te vei mai gândi la Luca pe viitor, imaginează-ţi, te rog, în sinea ta, că tatăl tău se află în spatele tău, iar tatăl lui Luca în spatele fiului tău. Aşteaptă apoi şi vezi ce se întâmplă".

Isolde este pregătită să încerce.

Elias şi Irmtraud: întreruperea oricărui contact în urmă cu 15 ani

Irmtraud are patru copii adulţi. Al treilea dintre ei, Elias, trăieşte în Australia şi nu vrea să aibă niciun fel de contact cu părinţii. El păstrează totuşi legătura cu fraţii săi.

Se lucrează o constelaţie pentru Elias, pentru mama şi pentru tatăl său. Mama este atrasă către un punct îndepărtat al camerei. Tremură. Elias îi taie calea, vrând să o oprească.

„Ce s-a întâmplat?”, întreabă facilitatorul.

Irmtraud povesteşte despre două avorturi. Fusese bolnavă în cazul ambelor sarcini, aşa încât doctorii i-au dat o alegere: „Ea sau copilul?” Irmtraud îşi ura soţul pentru faptul că el a pledat, de două ori chiar, în faţa doctorilor pentru viaţa ei în detrimentul celei a copilului.

La auzul acestora, reprezentanta lui Irmtraud încuviinţează din cap. În paralel cu asta, Elias se îndreaptă către cei doi copii avortaţi, o femeie şi un bărbat, care au fost între timp incluşi în constelaţie, şi se poziţionează lângă ei. El îi spune mamei: „Fac asta pentru tine!”

Tatăl abia dacă mai rezistă. El se îndreaptă către fiu şi îi întinde mâinile ca să se ridice. Elias îl lasă pe tatăl său să îl ajute. În continuare, Irmtraud îi spune soţului ei printre lacrimi: „Ţi-l las pe Elias. Are nevoie de forţa ta!” Irmtraud îşi preia propriul rol şi repetă cele spuse.

Tatăl îl ia pe fiul său şi se poziţionează împreună cu acesta într-un colţ îndepărtat al camerei, în timp ce Irmtraud se dedică unui ritual pentru copiii ei morţi. Deşi cei doi copii morţi îşi doresc ca Irmtraud să se întoarcă înapoi la soţul ei, aceasta îşi doreşte să rămână alături de ei.

La final, facilitatorul îi sugerează lui Irmtraud să îi povestească soţului ei despre constelaţie.

Feedbackul a urmat la fix două zile după atelier. Fără ca Elias să fi avut vreo idee, oricât de îndepărtată, cu privire la constelaţie, a sunat-o pe una dintre surorile lui şi a rugat-o: „Spontan, am decis să reiau contactul cu mama şi cu tata. Te rog, pune-mi o vorbă bună!” Şi aşa s-a şi întâmplat...

Exemplul arată cât se poate de clar că, atunci când un membru al familiei lucrează o constelaţie, acest lucru are efect şi asupra celorlalţi membri ai familiei!

Lina și Jolanda: aprobarea

Jolanda are o fiică, iar aceasta a întrerupt contactul cu părinţii în urmă cu mulţi ani. Nici mama, nici soţul ei nu înţeleg motivele.

Se lucrează o constelaţie pentru tată, mamă şi fiică, Lina. Este evident că mama tremură în faţa Linei.

Facilitatorul i se adresează Jolandei: „Atunci când unul dintre părinţi se teme de copil şi tremură, înseamnă că s-a întâmplat ceva ieşit din comun. Vreau să fac un test".

Facilitatorul alege o femeie din grup şi o include în constelaţie. Fiica o priveşte de îndată cu entuziasm şi se poziţionează lângă ea.

Facilitatorul: „Străina înseamnă: «Îi doresc moartea mamei mele, atât de mult o urăsc.» Legătura dintre cele două este evidentă".

Jolanda este consternată. Şi tatăl ezită. El îi spune Linei, pe neaşteptate: „Nu sunt la dispoziţia ta, ca tată!" El o ia de mână pe soţia sa. Ambii le întorc spatele Linei şi străinei, aşa încât să nu le mai vadă. Părinţii răsuflă uşuraţi, deoarece se simt acum mai bine din punct de vedere fizic; vor să se îndepărteze. Jolanda aprobă această „rezolvare" dificilă.

Acum Jolanda intră în propriul rol. Altfel decât reprezentanta sa, ea începe să plângă.

Facilitatorul către Jolanda: „Reprezentanta ta era deja cu un pas în viitor: de aceea se simţea bine. Tu trebuie încă să te îndrepţi către acest viitor şi să accepţi această rezolvare, chiar dacă nu este tocmai uşor".

Jolanda: „Nu îmi rămâne altceva de făcut... Dar de ce a întrerupt contactul?"

Facilitatorul: „Asta nu are nicio importanţă în momentul de faţă. Atunci când cineva le doreşte moartea părinţilor, nu se poate face nimic din punct de vedere terapeutic! Un câine nu muşcă mâna care l-a hrănit! Asta nu are nici un sens".

Niklas şi Kilian: şantajul

Kilian vine la mine la cabinet, deoarece el şi soţia lui nu ştiu cum să reacţioneze faţă de pretenţiile celui mai mic fiu al lor. Acesta le-a dat un ultimatum: „Ori îmi plătiţi moştenirea, ori întrerup contactul cu voi!"

Stând în faţa oglinzii, Kilian rosteşte două propoziţii, făcând totuşi o pauză între ele: „Îţi voi plăti moştenirea". Şi: „Doar noi ca părinţi decidem când să îţi plătim moştenirea, nu tu, şi acceptăm consecinţele acestui fapt!"

Kilian abia poate rosti prima propoziţie. Se bâlbâie şi scutură capul a dezaprobare. În cazul celei de-a doua propoziţii, îi cade greu, dar poate totuşi să o rostească cu voce normală.

Comentariul lui Kilian: „Observ că nu trebuie să ne lăsăm şantajaţi. Dacă vrea să întrerupă contactul, nu are decât!"

Nu mai am nimic de adăugat la asta. Părinţii nu trebuie niciodată să se lase şantajaţi de copii! Dacă părinţii cedează la şantaj, atunci copilul va deveni şi mai îndrăzneţ, iar relaţia părinte-copil se va degrada şi mai mult! Cel puţin aşa am observat eu că se întâmplă.

Când copiii „se agață"

În cazul în care copiii se agață ca pietrele de moară de gâtul părinților, sunt zgomotoși și țipă atunci când mama și tata ies din casă, acesta este aproape întotdeauna un semnal de alarmă! Constelațiile arată de regulă că cel mic se teme în legătură cu părintele în cauză: îi este frică să nu fie părăsit. Din punctul de vedere al copilului, doar teroarea emoțională ajută pentru a-l menține în viața sa pe cel drag.

Johannes, în vârstă de 17 ani, nu îi dă pace mamei

Deşi nu mai este un copil mic, Johannes se agaţă de mama sa: „Se lipeşte de mine ca guma de mestecat!", se plânge Mathilde în cadrul unui atelier. Soţul acesteia, Lauritz, confirmă cele spuse. Dându-şi ochii peste cap, el spune că acest lucru se întâmplă deja de mulţi ani.

În prima imagine a constelaţiei, se poate vedea ceea ce nu e deloc neobişnuit în astfel de cazuri: mama vrea să „dispară", dar fiul îi taie calea.

Facilitatorul către Mathilde: „Nu ai ochi nici pentru soţul tău, nici pentru copil. Vrei doar să pleci... Încotro?"

Mathilde: „Am fost întotdeauna fata tatei. În urmă cu şase ani tatăl meu a murit, chinuit de o boală necruţătoare. Despre asta să fie vorba?"

Acum este inclus în constelaţie un bărbat, care să îl reprezinte pe tatăl Mathildei şi care se întinde pe podea. Fără să ezite, Johannes se aşază lângă bunicul său şi îi zâmbeşte.

Stând pe scaunul său, Lauritz devine din ce în ce mai nervos: „Pot acum să îmi preiau propriul rol în constelaţie?", izbucneşte el.

Facilitatorul: „Desigur! Vino!"

Lauritz îşi preia rolul şi se îndreaptă de îndată către fiul său, îşi întinde braţele şi vrea să îl ajute să se ridice. Ezitând, Johannes îşi îndreaptă privirea către mama şi către bunicul său.

Mathilde îşi încurajează fiul: „Mergi la tati. Bunicul mă aşteaptă pe mine, nu pe tine!"

Mathilde îşi preia propriul rol şi repetă aceste propoziţii. În cele din urmă, Johannes se lasă ajutat să se ridice. Apoi, tatăl şi fiul privesc la cele ce se întâmplă de la patru metri depărtare. Reiese că nu este deloc uşor pentru Mathilde să se desprindă de tatăl său. Încă nu a prelucrat moartea lui. Deşi a găsit o soluţie pentru fiul său, ea nu a descoperit una şi pentru ea însăşi.

Constelaţia se încheie în acest punct. Facilitatorul îi spune Mathildei: „Dacă eşti de acord, mâine vom lucra o constelaţie pentru mama şi pentru tatăl tău. Atunci vei putea merge cu un pas mai departe decât astăzi!"

Mathilde încuviinţează. În următoarea zi de atelier, are loc o constelaţie intensă, legată de moartea tatălui, în care ambii îşi găsesc liniştea.

Şase luni mai târziu, Mathilde mă informează că fiul nu se mai agaţă de ea. Pe lângă asta, lui i s-a vindecat şi astmul, pe care părinţii nici măcar nu îl menţionaseră în cadrul atelierului. După cum vom vedea în capitolul „Astm", această boală se poate declanşa atunci când drumul către unul dintre părinţi este blocat. Pentru Johannes, drumul către tată a devenit în sfârşit liber!

Într-o poveste foarte asemănătoare, o fată în vârstă de șaisprezece ani putea să doarmă doar în același pat cu mama ei. Soțului nu îi rămânea altceva de făcut decât să accepte situația, deoarece orice încercare de a schimba starea de fapt a lucrurilor se termina cu „teroare". În acest caz, copilul funcționa literalmente ca un „tampon" între părinți: fiica o „proteja" pe mamă nu doar de pretențiile tatălui. După cum a arătat constelația, din dragoste față de mamă, copilul formase o legătură cu cele două avorturi ale acesteia, dintr-o relație anterioară.

Nele, în vârstă de 4 ani, plânge când mama iese din casă

Vroni îşi doreşte să lucreze o constelaţie pentru teama ei de abandon şi pentru relaţia cu propria mamă. Când facilitatorul o întreabă dacă este căsătorită şi dacă are copii, aceasta confirmă. „Este totul în regulă cu cei mici?", întreabă facilitatorul.

Vroni povesteşte că fiica sa, Nele, în vârstă de patru ani, are aceleaşi simptome de panică precum ale ei: „De aceea sunt sigură că a moştenit ceva de la mine". În afară de asta, ea plânge de fiecare dată când mama pleacă de acasă. „De fiecare dată când plec, este o tragedie. Şi nu poate sta deloc singură", oftează Vroni. Totuşi, femeia nu doreşte să lucreze o constelaţie pentru fiica ei, ci pentru relaţia cu propria mamă.

Facilitatorul intervine însă: „Inima mea bate pentru copii şi pentru problemele lor. Şi eu am doi... De aceea, te sfătuiesc să o alegi pe fiica ta ca temă. Celălalt subiect îl vei putea lucra mai târziu. De asemenea, se poate întâmpla ca cele două teme să fie strâns legate una de alta şi ca mama ta să apară totuşi în constelaţie".

Vroni strâmbă din nas. Nu pare să fie foarte entuziasmată.

„Nu vreau să insist! Doar tu hotărăşti, dar cum am spus: Atunci când putem face ceva pentru copii, ar trebui să o facem!"

„Bine!", acceptă Vroni în cele din urmă. „Voi lucra o constelaţie pentru Nele!"

Sunt aşezaţi în constelaţie Vroni, soţul ei şi copilul. Nele deschide gura şi lasă să îi scape un ţipăt. Atunci când facilitatorul o întreabă ce s-a întâmplat, ea spune: „Mă doare ceva în inima mea!"

Întrebată dacă a pierdut vreun copil sau dacă i s-a întâmplat ceva ieşit din comun, Vroni scutură capul a dezaprobare. Totuşi, după o scurtă pauză, povesteşte despre o fiică cu handicap pe care a trebuit să o avorteze, cu mult după a treia lună de sarcină.

În timp ce Vroni vorbea, Nele s-a mai liniştit puţin. Atunci când sora cu handicap, care a murit, este inclusă în constelaţie, Nele se calmează cu totul: „În sfârşit!", exclamă ea.

Desfăşurarea ulterioară a constelaţiei va fi doar schiţată în cele ce urmează: Nele îşi doreşte să preia asupra ei grija faţă de copilul avortat, dar Vroni nu este de acord. Vroni îşi preia propriul rol în constelaţie şi reuşeşte să formeze o legătură profundă şi candidă cu copilul mort. În imaginea finală, Nele stă faţă în faţă cu părinţii ei. În cele din urmă, tuturor din familie le merge bine, inclusiv copilului mort.

La şase luni după constelaţie, primesc un e-mail mai lung, cu feedback de la Vroni. Înainte de toate, trebuie să menţionez că fratele mai mare al lui Nele, în viaţă, nu a fost deloc inclus în constelaţie – ne-am concentrat intenţionat doar pe problemele lui Vroni şi ale lui Nele. Totuşi, răspunsul lui Vroni arată încă o dată cum constelaţiile au un efect pozitiv şi asupra unor membri ai familiei care nu au fost incluşi:

„În urmă cu şase luni ţi-am făcut o vizită pentru a lucra, de fapt, o constelaţie legată de teama mea de abandon şi de relaţia cu mama. În schimb, m-ai sfătuit să lucrez o constelaţie pentru fiica mea, deoarece aceasta avea deseori stări de panică. În timpul seminarului am fost împotriva acestui lucru, deoarece îmi doream să lucrez o constelaţie pentru mama. Eram de-a dreptul furioasă, deoarece credeam că am prelucrat cu bine moartea copilului meu bolnav.

În cele din urmă (...) am lucrat o constelaţie pentru Nele. Încă de când m-am întors acasă după constelaţie, copiii mei au început să se poarte altfel: erau mult mai fericiţi şi mai relaxaţi. Micile noastre «despărţiri» funcţionau din ce în ce mai bine, iar fiica mea a început chiar să meargă singură la grădiniţă (fără să se mai agaţe de mine sau să mă ţină strâns!). În săptămâna ce a urmat constelaţiei, fiul meu a mers, pentru prima oară fără mine, la ora de sport şi am fost cu toţii infinit uşuraţi.

Abia când copiii mei s-au desprins de mine, mi-am dat seama cât de puţin loc aveam în inima mea, de la momentul avortului. Din pură frică şi din îngrijorare că ceva s-ar putea întâmpla copiilor mei, i-am ţinut, inconştient, atât de aproape de mine, încât nu mai puteau să îmi dea drumul.

Acum suntem cu toţii liberi. (...) Este atât de frumos să vezi cât de siguri pe ei şi de lipsiţi de griji se simt copiii mei acum. Şi am găsit din nou spaţiu şi pentru mine. (...) Fiica mea are mai multă încredere în ea – ca niciodată înainte!! Totul este atât de bine şi complet schimbat!"

Copii cu părinți divorțați

Mă îngrozesc în mod repetat de frecvența încălcării următoarelor două reguli de bază atunci când vine vorba de separarea părinților:

1. Nu te certa niciodată cu voce tare cu partenerul în fața copiilor tăi.
2. Nu îl vorbi niciodată de rău pe părintele absent atunci când copiii sunt prezenți.

Deoarece constelațiile familiale au arătat cât de legați sunt copiii de gândurile părinților, vreau să adaug următoarea regulă:

3. Nu te gândi niciodată cu dispreț la părintele absent. Dacă totuși se întâmplă, spune-i copilului tău în sinea ta: „Eu am probleme cu tatăl/mama ta, dar tu poți să te comporți față de el cum îți place." Îi poți spune chiar și în realitate copilului această ultimă frază, când se ivește o ocazie propice!

Am discutat detaliat despre problemele pe care le întâmpină copiii părinților care s-au separat, în capitolul „Furie extremă". Atunci când părinții se despart, ei trebuie să știe: copiii se simt întotdeauna vinovați pentru despărțire. De aceea, ei trebuie să îi asigure: „Nu sunteți vinovați pentru separarea noastră! Nu ne despărțim din cauza voastră, ci din cauza faptului că nu mai reușim să ne înțelegem în cuplu. Puteți să vă bazați în continuare pe noi ca mamă și tată." Am afla deja ce se întâmplă cu cei mici atunci când, în cazul unei separări, celălalt partener este denigrat.

În cazul părinților separați, se pune cu regularitate întrebarea la care dintre parteneri va rămâne copilul pentru a fi crescut de acesta. Din punct de vedere pragmatic, acest lucru poate fi evaluat în cadrul unei constelații. În determinarea răspunsului contează foarte mult și alături de care dintre părinți copiii se simt mai protejați.

Când constelația oferă un răspuns clar la această întrebare, *nu* avem voie să acționăm în niciun caz orbește! În astfel de cazuri, trebuie precizat clar: constelațiile familiale nu reprezintă instrucțiuni nemijlocite! Trebuie să lăsăm imaginile sufletești să acționeze mai întâi pentru o vreme, iar mai târziu, în sinea noastră, să le verificăm cu inima; doar atunci avem voie să acționăm.

Spre exemplu, mamă singură, Ute i-a lucrat o constelație fiului ei în vârstă de cinci ani, Benjamin. Acesta purta povara unui destin familial potrivnic, din Germania nazistă, pe linie maternă. Locul în care copilul se simțea bine era alături de tată. Totuși, încă nu este stabilit ca băiatul să meargă la tatăl său. După cum am spus, este bine ca cel care realizează o constelație să lase imaginea de rezoluție rezultată să acționeze pentru o vreme și, provizoriu, să nu ia încă o decizie. La un moment dat, din interacțiunea dintre suflet și imaginea de rezoluție va rezulta un imbold la acțiune. Nu este obligatoriu ca modul de acțiune să corespundă cu imaginea de rezoluție. Prin confruntarea interioară cu aceasta, lucrurile deja s-au dezvoltat într-o anumită direcție.

Ce se întâmplă, spre exemplu, atunci când mama nu îi poate lăsa copilul tatălui, deoarece acesta este prea solicitat din punct de vedere profesional, ceea ce ar însemna că nu ar avea cine să aibă grijă de copil, cât timp acesta este la locul de muncă? Sau când tatăl locuiește în Norvegia, așa cum este cazul în următoarea poveste, cea a lui Adrian? Bineînțeles că mama va păstra copilul alături de ea. Și ce efect va avea în acest caz imaginea de rezoluție? Într-o astfel de situație, mama știe că oportunitatea de a păstra copilul alături de ea reprezintă o binecuvântare. Ea va purta un respect deosebit și față de tatăl copilului și se va asigura că tatăl și copilul păstrează o legătură strânsă unul cu altul. Atunci când mama îl respectă pe tată în inima ei, protecția acestuia asupra copilului este valabilă și atunci când copilul crește alături de mamă!

Unele mame protestează, așa cum a făcut și Ute, dacă imaginea de rezoluție a familiei actuale arată că cei mici trebuie să rămână alături de tată: „Fiul meu, Tobias, nu își iubește tatăl!

Nu îi place deloc de tatăl său. Nu se simte niciodată bine atunci când îl vizitează la sfârșit de săptămână. Vrea întotdeauna să se întoarcă înapoi la mine, cât mai repede. Cum ar trebui să mă raportez acum la asta?"

În astfel de cazuri, reiese că cel mic are curajul să se „apropie" de tatăl său și să meargă la el doar atunci când mama începe să îl respecte pe tată și când aceasta îi spune copilului în sinea ei: „Sunt de acord ca tu să fii apropiat și de tatăl tău, nu doar de mine. Mă bucur atunci când mergi la tatăl tău, deoarece acolo ești mai protejat decât cu mine." Atunci când fiul în vârstă de cincisprezece ani s-a mutat și în viața reală cu tatăl său, s-a simțit într-adevăr un pic mai bine, dar tot părea uneori că îl apasă ceva. Doar atunci când Ute a început să își respecte soțul ca tată al copilului pe care îl aveau împreună, teama de abandon a lui Tobias a dispărut.

S-a ajuns la acest deznodământ abia după ce Ute l-a adus pe băiat la mine la cabinet și am lucrat toți trei împreună o constelație cu ajutorul colilor de hârtie. Ea s-a cutremurat când Tobias – stând pe o coală de hârtie – i-a spus: „Mama, cum pot eu să te las singură cu durerea ta?" A fost evident că Tobias s-a pus în calea mamei sale, deoarece aceasta a vrut să ia legătura cu mai multe rude decedate în circumstanțe tragice. Ute și-a șters lacrimile, și-a privit fiul în ochi și i-a spus acestuia urmând indicațiile terapeutului: „Tu ești cel mic. Mama se descurcă și singură. Chiar și dacă vei merge acum la tatăl tău, eu voi rămâne mereu mama ta! Cu el ești mai protejat, iar noi doi vom rămâne în continuare mamă și fiu." Tobias a respirat adânc și s-a poziționat lângă tatăl său, alături de care îi era mai bine.

Mai târziu, Ute a mai venit la un atelier, dorind să rezolve o altă problemă. Într-o pauză, mi-a povestit că, după constelația pe care am lucrat-o împreună cu ajutorul colilor de hârtie, fiul se simte în sfârșit bine alături de tatăl său și că pare a fi mult mai liber. Pe vremea aceea, ea se întrebase: „Oare am eșuat ca mamă? Sunt o mamă rea?" Totuși și-a dat curând seama că aici este vorba doar de un singur lucru: alături de care dintre părinți este copilul mai protejat? Prin faptul că a acceptat, cu inimă grea, ca Tobias să meargă la tatăl său, ea a fost, de fapt, o mamă mai grijulie! Pe lângă asta, ea îl vede regulat pe Tobias și discută tot ceea ce este important legat de educația băiatului cu fostul ei soț. Un alt aspect important este și acela că un tânăr băiat poate să își însușească forța masculină doar de la tată, nu de la mamă.

Cât de repede poate avea urmări pozitive schimbarea atitudinii față de partener, o arată următorul exemplu: o femeie divorțată mi-a telefonat și s-a plâns de faptul că soțul ei se comportă cu ostilitate și cooperează doar foarte puțin, legat de toate problemele care îl privesc pe copilul pe care cei doi îl au împreună. Când se întâlnesc la Direcția pentru Protecția Copilului, acesta nici măcar nu îi strânge mâna. Ea povestește că lucrurile se petrec așa deja de multă vreme și că îi este greu să suporte mai ales agresiunile lui.

Era clar că, în subconștientul ei, ea îl disprețuia pe bărbat. Am sfătuit-o să realizeze următorul exercițiu, în liniște: să se încline în fața bărbatului și să îi facă loc în inima ei ca tată al copilului.

Femeia mi-a urmat sfatul și mi-a scris după doar câteva zile că exercițiul a funcționat imediat: la următoarea întâlnire de la Direcția pentru Protecția Copilului, bărbatul a privit-o cu prietenie și i-a strâns pentru prima dată mâna. Pentru prima dată după o lungă perioadă, a putut să discute cu bărbatul, într-o atmosferă armonioasă, despre nevoile copilului. Comportamentul acestuia față de ea s-a schimbat în bine, în cel mai scurt timp – și asta, deși femeia și-a schimbat doar gândirea, în liniște, fără ca măcar să ia legătura cu el în vreun fel! Reorientarea unei atitudini interioare are deseori urmări uimitoare. De o astfel de schimbare profită, în exemplul de față, mai ales copilul: ambii părinți au acum șansa să își unească puterile, în toate problemele care îl privesc pe copil, spre binele acestuia.

Avem de-a face cu un caz special, atunci când părinții nu doar că sunt despărțiți, ci nici nu au trăit vreodată împreună, iar cel mic a locuit încă de la bun început doar cu unul dintre aceștia. Dacă părintele exclus este denigrat, acest lucru are urmări pentru copil, deoarece în inima lui, el suferă împreună cu părintele în cauză. Când o mamă singură îl respinge pe tatăl biologic al copilului, acestuia îi lipsește forța părintelui absent. Dacă cel mic este un băiat și este crescut de mamă, va avea probleme în a-și găsi forța masculină și în a se apăra în viață. Reciproca este valabilă pentru fetele care sunt crescute de către tații lor. Exemplul „Adrian" va lămuri mai bine această problematică.

Din povestea lui Boris, aflăm cât de multă disciplină interioară este necesară unui tată singur, atunci când copilul duce o povară, din iubire pentru părintele absent. În cazul lui Clemens, ne aruncăm privirea asupra problemelor pe care le au părinții vitregi.

Adrian, în vârstă de 9 ani, nu are niciun fel de contact cu tatăl biologic din Norvegia

Fiul lui Wencke, Adrian, simte că nu aparţine niciunui loc. Şi Wencke se simte exact la fel. Pe lângă asta, ea reclamă că nu este capabilă să creeze niciun fel de apropiere emoţională faţă de fiul său. După spusele ei, Adrian aproape că nu şi-a văzut tatăl deloc până acum.

Wencke îşi doreşte să lucreze o constelaţie pentru familia ei actuală. În prima imagine, toţi trei privesc în aceeaşi direcţie. După câteva secunde, Adrian se prăbuşeşte, ca şi când ar fi fost împuşcat.

Facilitatorul către Wencke (stând pe un scaun): „O nebunie... E ca şi cum Adrian ar fi fost împuşcat. Ce s-a întâmplat?"

Wencke este de părere că nu este vorba despre o împuşcătură, ci despre fabrica de muniţie a bunicului ei, care a avut un „rol central" în timpul războiului. Bunicul este acum inclus în constelaţie, iar Wencke îşi preia propriul rol. Cu toţii se uită către podea, unde se află mai mulţi morţi decât se pot vedea cu ochii...

Facilitatorul: „Pentru ca acest lucru să fie mai clar, trebuie să alegem câţiva participanţi din grup, în calitate de victime, şi să îi punem să se întindă pe podea".

Cinci persoane se întind pe podea, în faţa bunicului.

Wencke îşi ia fiul de mână şi se apleacă împreună cu el în faţa victimelor. Se poate vedea că victimele îi privesc cu prietenie pe Adrian şi pe Wencke. De asemenea, este clar că Wencke îşi urăşte bunicul. Ea nu este pregătită să se aplece către el şi să îi spună: „Nu mă amestec în vina ta. Aceasta este prea mare pentru mine. Te respect ca fiind bunicul meu şi te rog: priveşte-l cu bunăvoinţă pe strănepotul tău, Adrian, pentru ca el să se simtă eliberat de toate acestea".

Facilitatorul către Wencke: „Tu şi fiul tău vă veţi găsi pacea doar dacă făptaşul îşi poate păstra demnitatea umană. Numai aşa poate să îşi admită vina şi să o poarte el singur şi doar aşa vă veţi elibera de ea".

Wencke: „Este posibil să fie aşa... Am avut dintotdeauna în capul meu imagini cu arme de foc de toate felurile. E ca un gând obsesiv".

Facilitatorul: „Exact! Prin faptul că îl condamni pe bunicul tău, tu preiei povara lui – iar fiul tău preia povara ta... Dacă tu îl vei respecta pe bunicul tău în calitatea pe care o are, împreună cu vina pe care o poartă, dacă vei renunţa la ură, voi veţi deveni liberi, iar bunicul va purta singur această povară!"

Wencke a înţeles tot ce este important, dar inima ei este încuiată. În timp ce ea scutură din cap, Adrian se desprinde energic de mamă şi fuge la tată. El se agaţă de tată ca şi când s-ar îneca! Tatăl îl ţine în braţe şi îl consolează.

Adrian spune dintr-odată: „Sunt un norvegian! Rămân acum cu tati!"

Wencke este devastată. Acesta este ultimul lucru la care se aştepta.

Facilitatorul către Wencke: „Ce ar trebui să fac acum? Tot ce era important a ieşit la lumină. Tu ai ceva împotriva bunicului tău, iar pe tatăl fiului tău trebuie să îl accepţi în cele din urmă".

Wencke ridică din umeri: „N-am idee... cred că asta a fost. Să lăsăm lucrurile aşa cum sunt acum", spune ea îmbufnată. Având în vedere că facilitatorul nu doreşte niciodată mai mult decât îşi doreşte clientul, el este de acord.

Se întâmplă deseori să nu primesc nicio veste după o constelație. Unele persoane îmi scriu însă chiar și la două zile după finalul atelierului, despre cât de mult s-au schimbat copiii în bine, după o constelație, așa cum a făcut și Bettina:

> *„Totul s-a schimbat – incredibil. Copiii sunt rareori atât de liniștiți. Pot să savurez timpul petrecut alături de ei mai mult ca niciodată. Fiul meu cel mic strânge vasele din mașina de spălat vase, de bunăvoie – pentru prima oară în viața lui! Atunci când apar neînțelegeri, acestea se rezolvă foarte repede."*

În constelația respectivă, Bettina reușise să o accepte în inima ei pe sora geamănă care murise în pântecul mamei, așa încât copiii s-au eliberat de această povară.

După nouă (!) ani, primesc veşti de la Wencke, legate de ce s-a întâmplat după atelier. De aici se poate vedea foarte clar că nu putem trage concluzii, luându-ne după un final „bun" sau presupus „rău" al unei constelaţii. Totul se reduce mereu la felul în care imaginile rezultate îşi fac efectul în interiorul individului şi cât de mult îşi poate deschide cineva inima faţă de ele. Din fericire, Wencke a putut să îşi deschidă inima foarte larg pentru aceste imagini:

„În urmă cu nouă ani, am luat parte la unul dintre seminarele tale. Tema pe care am ales-o atunci a fost relaţia cu tatăl copilului meu. Pe vremea aceea, Adrian avea nouă ani şi nu păstram legătura cu tatăl său. Asta se întâmpla nu pentru că tatăl nu ar fi vrut, el chiar şi-a dorit contactul, ci pentru că nu voiam eu. Constelaţia mi-a deschis ochii cu privire la felul în care îl afecta comportamentul meu pe Adrian, dar mai ales pe tatăl său, şi cu privire la nepotrivirea (nu îmi vine în minte alt cuvânt) atitudinii mele distante, care ar fi trebuit să fie de domeniul trecutului îndepărtat. Probabil mi-am dat seama şi de faptul că asta era problema mea personală şi că nu are sub nicio formă voie să devină problema celor doi.

Constelaţia a „mişcat" ceva în mine, pentru că, după trei zile, sentimentele mele faţă de Sören (tatăl lui Adrian) – cum să mă exprim? – erau aşa cum trebuiau să fie. Şi imaginează-ţi că fiul meu, care înainte nici măcar nu îl menţiona pe tatăl lui, probabil din afecţiune faţă de mine, mi-a spus, cam la paisprezece zile după constelaţie: «Vreau acum să îl întâlnesc pe tati!»

Având în vedere că nu ştiam cât de mult va dura căutarea, eu începusem între timp să încerc să dau de Sören, fără să îl anunţ pe fiul meu cu privire la asta. După ce am făcut rost de adresa lui, i-am scris o scrisoare, în care i-am explicat ce rău îmi pare de ceea ce i-am făcut şi în care i-am spus că poate decide cum să procedăm în continuare şi că voi face tot posibilul să dau curs dorinţelor sale.

La o săptămână după ce i-am trimis scrisoarea, Sören m-a sunat şi nu îţi poţi imagina cât era de fericit! Am discutat despre toate problemele noastre şi nu mai eram doi adulţi supăraţi unul pe altul, care aveau în urma lor o relaţie eşuată, ci părinţi! Ce sentiment!

De atunci, Adrian păstrează legătura cu tatăl său în mod regulat, la telefon, şi îl vizitează cel puţin o dată pe an în Norvegia. Odată cu tatăl lui, Adrian a câştigat şi o bunică, trei unchi şi multe alte rude, care l-au acceptat în familie fără alte întrebări. Multe mulţumiri!

Aveam însă o presimţire, că mai am ceva de aflat. Nu îmi dădeam pe atunci prea bine seama despre ce ar putea fi vorba, dar ştiam: mai există ceva. La câteva luni după constelaţie, a reieşit că presimţirea mea era justificată. Mama mi-a spus că tata nu este, de fapt, tatăl meu biologic! Pentru mine, era clar că acest adevăr pe care mama mea l-a purtat cu sine timp de patruzeci de ani nu ar fi ieşit niciodată la lumină fără constelaţia pe care am lucrat-o pentru Sören şi Adrian. Nu ştiu ce anume a fost mai dificil pentru mama mea: anii în care nu mi-a spus nimic sau faptul că mi-a spus.

De atunci, s-au întâmplat multe în familia mea de provenienţă. Această constelaţie a pus lucrurile în mişcare pentru atât de mulţi oameni. E o poveste prea lungă pentru a o scrie aici. Am totuşi certitudinea: pentru părinţii mei a fost o binecuvântare, chiar dacă una obţinută cu greu. Lucrurile între părinţii mei s-au lămurit acum!

Ai toată dreptatea: atunci când nu punem lucrurile în «ordine», din punct de vedere sufletesc, totul se repetă... Eu nu i-am povestit nimic lui Adrian despre tatăl său biologic, iar mama mea a procedat la fel faţă de mine. Scumpul meu fiu nu va mai fi nevoit să poarte această moştenire cu sine."

Se poate vedea foarte clar aici ce efect profund poate avea o constelație asupra atât de multor oameni, din două familii diferite. Acest lucru nu era neapărat de așteptat, având în vedere finalul în principal „slab din punct de vedere energetic" al constelației. Și reciproca este valabilă: atunci când o constelație are un final foarte optimist, nu înseamnă că acest lucru se va oglindi și în viața de după aceea. Decisiv întotdeauna este dacă ne lăsăm călăuziți de imaginile de rezoluție ale constelației și dacă le dăm șansa să pătrundă în inima noastră.

Torsten, în vârstă de 17 ani, victimă repetată a violenței

Torsten a fost atacat brutal de către mai mulţi bărbaţi, într-o zonă pietonală. Având în vedere că el a fost deseori victima unor altercaţii violente între adolescenţi, Sibylle, mama sa, doreşte să îl ajute. Ea reclamă că Torsten adoptă de multe ori poziţia unei victime şi că nu se apără niciodată. Torsten nu îşi cunoaşte tatăl. Fără forţa masculină paternă în spatele lor, băieţii sunt deseori slabi şi lipsiţi de ajutor.

În timpul seminarului, Sibylle a primit roluri de reprezentant în interpretarea cărora a respins bărbaţii în mod profund. Atunci când, în cele din urmă, anunţă că vrea să lucreze ea însăşi o constelaţie şi se aşază lângă facilitator, apare acelaşi comportament. Când vorbeşte despre bărbaţi, devine evident un dispreţ profund faţă de celălalt sex. O rog să lucreze o constelaţie pentru Torsten, tatăl biologic al acestuia, şi pentru ea însăşi.

Sibylle îl priveşte pe facilitator mirată: „Vrei să spui că ar trebui să lucrez o constelaţie pentru tatăl social al lui Torsten, adică pentru prietenul meu, cel care l-a crescut pe băiat împreună cu mine, încă de la început?"

„Nu!", răspunde facilitatorul clar şi fără ezitare. „Mai întâi ar trebui să lucrezi o constelaţie pentru tatăl biologic!"

Sibylle se opune vehement, având în vedere că acesta este „doar" nouăzeci la sută sigur tatăl adevărat. În cele din urmă, este totuşi de acord să-i lucreze o constelaţie.

Sibylle alege trei reprezentanţi şi îi aşază în constelaţie. Reiese că reprezentanţilor le lipseşte cu desăvârşire concentrarea. Tatăl spune iritat: „Ceva nu este în regulă aici!"

Facilitatorul o priveşte pe Sibylle şi o întreabă, în timp ce arată către tată: „Cine este acesta?"

Sibylle răspunde: „El este Michael şi este foarte grijuliu faţă de Torsten".

Întrebată cu privire la acest lucru, Sibylle spune că Michael este partenerul ei de viaţă şi, astfel, „tatăl social" al băiatului.

Ea se justifică în grabă: „În ultimul moment, m-am hotărât să nu îi lucrez o constelaţie tatălui biologic. În interiorul meu, l-am ales pe Michael, deoarece doar el poate juca rolul de tată pentru Torsten..."

Facilitatorul întrerupe constelaţia cu următoarele cuvinte: „Ai abuzat de încrederea grupului şi de a mea. De aceea voi întrerupe constelaţia".

Sibylle este indignată, dar în asemenea cazuri este bine să nu stai la discuţii.

La ceva vreme după seminar, Sibylle îmi adresează o scrisoare foarte lungă. Îmi mulţumeşte pentru că am întrerupt constelaţia şi scrie:

„Între timp mi-am dat seama de ce a trebuit să întrerupi constelaţia. Până la acel moment, pentru mine, doar tatăl social a fost important, cel biologic fiindu-mi total indiferent. Îţi sunt foarte recunoscătoare că tu faci referire atât de clar în cărţile tale la paternitatea biologică. Prin asta mă simt forţată să mă confrunt cu acest aspect".

Sibylle şi-a luat inima în dinţi şi l-a rugat pe pretinsul tată biologic să facă un test de paternitate, aşa încât toţi cei implicaţi să afle adevărul. Exact asta recomand şi eu în astfel de situaţii. Realitatea poate face mult bine! Mi se ridică părul în cap, atunci când un client îmi spune: „Îmi puteţi facilita o constelaţie în care să testez cine este tatăl biologic?" Atunci de ce mai există testele genetice?

Sibylle scrie că Torsten îşi va serba în curând ziua de naştere, cu ocazia împlinirii vârstei de optsprezece ani, întrebarea referitoare la paternitate apărând astfel într-un moment special. În a doua parte a scrisorii, ea descrie cum ura ei profundă faţă de părinţii săi, care a durat ani de zile, s-a transformat încet în regret şi iubire. Chiar şi din poziţia de spectator la seminar, şi prin intermediul rolurilor de reprezentant pe care le-a interpretat, ea a învăţat să îşi vadă într-o nouă lumină şi familia de provenienţă.

După un test de paternitate, constelațiile pot duce la soluții surprinzătoare. Nu știu care a fost rezultatul testului de paternitate în cazul lui Torsten, deoarece nu m-am interesat ulterior de acest aspect. Solicitarea de informații din partea terapeutului sau a facilitatorului poate fi recomandabilă, din motive științifice, dar, după cum am spus, prefer să las dezvoltarea interioară a clienților mei să își urmeze cursul, fără să intervin.

În multe cazuri, atunci când copiii sunt crescuți doar de unul dintre părinți, mai devreme sau mai târziu va apărea o situație care implică și un părinte vitreg. În aceste cazuri, copiii trebuie deseori să se confrunte cu sentimente de respingere și de gelozie.

Boris, în vârstă de 8 ani, se îndepărtează de mamă

După separarea mamei sale de soţ, Boris s-a retras în carapacea sa. Mama lui, Dagmar, spune: „Nu mai pot ajunge la el. Este deschis doar faţă de tatăl său".

Se lucrează o constelaţie pentru Boris, sora lui mai în vârstă, tată şi mamă. Ambii copii locuiesc cu mama lor. În imaginea iniţială, tatăl priveşte către podea.

„Ştii la mormântul cui priveşte?", o întreabă facilitatorul pe Dagmar.

„Nu", răspunde aceasta, în timp ce Boris şi sora lui se poziţionează lângă tată, fără a-i mai da atenţie mamei.

Facilitatorul: „În orice caz, nu avem voie să lucrăm mai departe pe conţinutul imaginii, deoarece fostul tău soţ nu este prezent aici cu noi şi nici nu şi-a dat permisiunea. Totuşi, este evident că atât fiul, cât şi fiica poartă ceva în spate care vine de la el!"

Facilitatorul o roagă pe Dagmar să îi privească pe copii şi să le spună: „Respect faptul că voi purtaţi ceva cu voi, pentru propriul tată. Totuşi, trebuie să staţi alături de mine, mama voastră. Lângă mine sunteţi protejaţi".

După ce mama spune aceste cuvinte, fiica vine la ea. Dagmar o cuprinde în braţe şi îi spune: „Chiar dacă rămâi cu mine, îl poţi iubi în continuare şi pe tatăl tău". Fiica rămâne cu mama ei.

Din păcate, Boris nu arată aceeaşi disponibilitate. Lui Dagmar nu îi rămâne nimic altceva de făcut decât să îl asigure: „Respect decizia pe care ai luat-o. Te rog să îţi aminteşti întotdeauna că poţi veni oricând la mine. Sunt mereu aici pentru tine!"

După ce s-a aplecat puţin în faţa mormântului invizibil, Dagmar îi spune fostului soţ: „Te rog! Te rog fă ceva pentru fiul nostru".

Într-un final, pare că bărbatul s-a trezit dintr-o adâncă întunecare a minţii. Spontan, el se îndreaptă către Dagmar şi o ia în braţe.

În acest caz, imaginea de rezoluţie nu poate oferi decât o soluţie intermediară, deoarece locul potrivit pentru ambii copii este alături de mamă: Dagmar se întoarce cu spatele, împreună cu fiica sa. Ele privesc singure către viitor. Boris nu poate fi convins nicicum să îşi părăsească tatăl. El este profund solidar cu acesta, indiferent de potenţialele urmări.

Este de înţeles că Dagmar e neliniştită. Ea întreabă ce ar mai putea face. Facilitatorul o roagă să îl privească pe Boris şi să îi spună: „Am încredere în sufletul tău."

Dagmar are opţiunea ca, la un anumit moment după constelaţie, să îi povestească soţului său despre conţinutul acesteia, *în mod obiectiv* şi *fără a-l critica*, pentru ca el să poată acţiona cumva, în funcţie de posibilităţi.

Şi Boris poate, atunci când va fi un pic mai în vârstă, să lucreze o constelaţie la cabinet, cu ajutorul substitutelor, îndrumat de către un terapeut sau, bineînţeles, mai târziu, să participe într-un grup, ca adult.

Dagmar e pusă în faţa sarcinii dificile de a respecta decizia fiului ei în vârstă de opt ani. Aici este vorba despre lucruri care se află dincolo de orice fel de pedagogie! Cine poate să înţeleagă ce se petrece în adâncul sufletului unui copil? Tot de aici, avem şi de învăţat: părinţii pot face pentru copiii lor doar atât cât le permite situaţia şi nu sunt responsabili pentru tot, cu atât mai mult nu pentru deciziile pe care copiii le iau autonom, în adâncul lor. Oricum, este o împrejurare fericită că ambii copii cresc alături de Dagmar şi nu alături de tatăl lor!

Clemens, în vârstă de 14 ani, suferă deoarece este respins de către tatăl vitreg

Ellen este căsătorită a doua oară, cu Max. Ei au împreună un fiu, Michael, în vârstă de doisprezece ani. Fiul cel mai în vârstă, Clemens, provine din prima căsătorie a lui Ellen, iar tatăl Max nu doar că îl respinge profund, dar îl şi ignoră cu totul.

„Max se comportă deseori ca şi când Clemens nici nu ar exista", spune Ellen. „În alte situaţii, Michael se aşază înaintea fratelui său vitreg mai în vârstă, pentru a-l apăra de Max. În astfel de împrejurări, Clemens îi spune tatălui său vitreg: «Când o să împlinesc optsprezece ani, o să scapi în sfârşit de mine.» Ca mamă, nu mai pot să suport toate acestea", oftează ea. „De ce nu poate cel de-al doilea soţ al meu să îl respecte pe fiul meu cel mare? Dacă lucrurile continuă aşa, mă văd nevoită să pun punct mariajului".

În imaginea iniţială din cadrul grupului de constelaţii, Ellen stă foarte aproape de Clemens, ca şi când acesta ar fi soţul ei şi nu Max, care stă, de asemenea, lângă ea. Se poate observa că Max este gelos pe Clemens. Max stă de partea cealaltă a lui Ellen, dar la o distanţă mai mare.

Iar reprezentanta lui Ellen confirmă: „Pentru mine, soţul meu se află în plan secundar!" În afară de asta, fratele vitreg al lui Clemens nu o poate percepe pe Ellen ca pe o mamă: „Am crezut că îmi este soră", spune el. Într-adevăr, Ellen pare a fi mai mult un copil decât o mamă.

Mai izolat faţă de toţi ceilalţi, se află primul soţ, tatăl lui Clemens. Acesta spune: „Ei sunt de părere că se poate ajunge la o soluţie fără mine. Nu pot decât să zâmbesc pe sub mustaţă când mă gândesc la asta. Mă simt foarte puternic şi aştept mai întâi să văd ce se întâmplă".

La propunerea facilitatorului, Clemens pleacă de lângă mama sa şi se poziţionează lângă tatăl biologic. Aici se simte mai bine decât împreună cu mama, iar tatăl este şi el bucuros că fiul său îi e alături.

Mai departe, părinţii lui Ellen sunt şi ei incluşi în constelaţie, deoarece Ellen a simţit un disconfort venind din spatele corpului ei. S-a simţit ca şi când tatăl ar vrea să o înjunghie cu un cuţit în spate. Întrebată cu privire la acest lucru, Ellen mărturiseşte printre lacrimi că tatăl a abuzat-o sexual pe vremea când era doar un copil. Acum devine clar că băiatul cel mare, Clemens, oglindeşte problema nerezolvată cu tatăl lui Ellen şi că, în cele din urmă, ambii ei soţi s-au confruntat cu o problemă pe care nu aveau cum să o rezolve. Atunci când i se cere părerea, Ellen răspunde de pe scaunul ei: „Da, a trebuit ca ambii să sufere din cauza mea". La aceste cuvinte, reprezentantul primului soţ încuviinţează din cap şi respiră adânc.

Prin intermediul mai multor etape, Ellen poate acum să fie din nou copil faţă de părinţii săi şi să lase asupra lor urmările evenimentelor de atunci şi, de asemenea, vina pentru abuzul sexual. Nu doar tatăl, care nu îşi mai poate privi fiica în ochi, se simte vinovat, ci şi mama. Aceasta îl respinsese pe tată, iar Ellen încercase să compenseze acest lucru. La finalul paşilor parcurşi, tatăl îi spune lui Ellen: „M-aş bucura dacă viaţa ta, alături de familia pe care o ai, ar fi una bună de acum încolo". În timp ce tatăl spune aceste lucruri, mama respiră adânc. Tatăl a vorbit şi pentru ea.

Acum, Ellen poate în sfârşit să se poziţioneze aproape de cel de-al doilea soţ al ei, Max. Ea râde chiar: „În sfârşit îl pot privi. Mă bucur că este alături de mine!"

Şi Max se simte bine. El merge acum la primul soţ al lui Ellen şi la Clemens şi se înclină un pic în faţa amândurora, având în vedere că amândoi au fost parte a sistemului familial înaintea lui. Îi mai spune lui Clemens: „Respect faptul că tu vei fi mereu mai aproape de inima mamei tale decât voi fi eu vreodată".

Clemens este atât de mişcat, încât trebuie să plângă. În sfârşit a fost luat în considerare ce era esenţial pentru el. Pentru Ellen mai este important să-i arate recunoştinţă lui Max, deoarece el trebuie să le acorde atenţie atât ei, cât şi fiului ei. În imaginea finală, Michael stă alături de părinţii săi, în timp ce Clemens a rămas alături de tatăl lui biologic, deoarece acolo se simte cel mai bine.

Ulterior, în cadrul seminarului, Ellen povesteşte că a avut întotdeauna sentimentul că băiatului ei, Clemens, i-ar fi mai bine alături de tatăl său. Totuşi, acesta şi-a dat prea puţin interesul. Când Ellen termină de vorbit, reprezentantul tatălui lui Clemens din grup cere să ia cuvântul: „În rolul meu am simţit foarte clar: acum că sunt în sfârşit respectat şi când toată lumea recunoaşte cât sunt de important, voi deveni foarte repede cooperant. Trebuie doar să fiu rugat, nu neglijat. Atunci voi da şi eu o mână de ajutor".

Atunci când părinţii divorţează, este important ca măcar relaţia părinte-copil să fie salvată. Acest lucru reuşeşte dacă ambii parteneri îşi înfruntă durerea cauzată de separare. După aceea, lucrurile care trebuie rezolvate ulterior pot fi abordate, de cele mai multe ori, în bună înţelegere, iar părinţii au capacitatea să se pună de acord în ceea ce priveşte educaţia copilului, spre exemplu alegerea şcolii, în ciuda separării. Părinţii vitregi nu au voie să se amestece în astfel de situaţii. De asemenea, nu trebuie să insiste ca cel mic să li se adreseze cu „mami" sau „tati", deoarece, în caz contrar, ia naştere o confuzie în ceea ce priveşte rolurile.

De multe ori, nu este nevoie de o constelație familială pentru a adopta atitudinea potrivită în interior. De exemplu, un tată vitreg mi-a povestit că a întâmpinat probleme în relația cu fiul său vitreg. Cel din urmă era mereu agresiv față de el și existau inclusiv tensiuni în relația dintre tatăl biologic al copilului și el ca tată vitreg. Certurile porneau mai ales de la regulile de vizitare.

În urmă cu doi ani, tatăl vitreg citise într-o carte despre constelațiile familiale că nu este indicat ca părintele vitreg să încerce să preia rolul părintelui adevărat. El mi-a povestit ce efect a avut această informație asupra lui:

„Când am citit asta, parcă mi-a căzut un văl de pe ochi. Nu eram deloc responsabil pentru notele fiului meu vitreg! Nici pentru comportamentul lui și nici pentru multe alte lucruri nu eram responsabil. Într-un fel, eu am crezut întotdeauna că sunt tatăl lui adevărat și că ar trebui să am grijă de tot, dar de absolut tot! Am crezut că ar trebui să devin un tată «sută la sută» pentru el: dacă ceva nu era în regulă cu el, atunci era doar vina mea!

A fost ca o lovitură de trăsnet pentru mine când mi-am dat seama că toate astea se bazau pe o iluzie. În decursul câtorva zile, mi-am reajustat atitudinea interioară față de fiul vitreg și de adevăratul tată al acestuia. Rezultatul a venit surprinzător de repede: nu mai am nicio problemă cu cel mic, cu tatăl lui este, de asemenea, totul în ordine și sunt sigur că noua mea atitudine mi-a salvat și căsnicia. Asta deoarece ne aflam pe atunci într-un impas ca pereche, dar după aceea nu am mai avut niciun fel de problemă unul cu altul!

Al doilea copil împreună cu soția mea a venit pe lume recent – și chiar și acest lucru este, din punctul meu de vedere, o urmare a schimbării mele de atitudine!“

Cazurile de adopție

Mai ales copiii născuți în afara căsătoriei sunt dați spre adopție. Când tații sau mamele refuză responsabilitatea pe care o au față de noua viață, aceștia își pierd, în multe cazuri, drepturile parentale. Constelațiile arată întotdeauna că renunțarea la copii este considerată a fi o faptă rea – sau cel puțin așa se simte în sufletul persoanei care renunță la copil. De multe ori, și alți membri ai familiei simt la fel.

Atunci când cineva își părăsește familia făcând un gest nechibzuit și spunând, de exemplu, că dorește „să își atingă adevăratul potențial", se poate întâmpla ca un copil să moară sau să se îmbolnăvească de o boală gravă. În mod ciudat, astfel de părinți aleg uneori drumuri „ezoterice". La ce binecuvântare se poate totuși ajunge pe un drum spiritual al cărui început a fost de așa natură?

Copiii lăsați singuri sunt deseori preluați de către asistenți maternali sau de către părinți adoptivi. Totuși, copiilor în cauză le este greu să aprecieze acest dar. Ei speră, în secret, că părinții lor biologici se vor întoarce.

Pentru acești copii, poate fi adecvat ca, într-o constelație familială, să accepte și să mulțumească pentru viața pe care au primit-o de la părinți, pentru ca mai apoi, într-o a doua etapă, să îi lase pe mama și tata să se desprindă de inima lor: „Vă las să mergeți mai departe cu toată iubirea mea. Renunț la voi pentru totdeauna!" Acest lucru aduce cu sine o durere profundă, având în vedere că despărțirea este una permanentă. În sufletul copilului se simte ca și cum părinții ar fi acum morți. După aceea, copilul poate să se apropie mai mult de părinții adoptivi sau de asistenții maternali: „Locul meu este acum alături de voi! O să accept în dar tot ceea ce aveți să-mi oferiți."

În cazul unei adopții reușite, se întâmplă deseori în constelație ca o mamă biologică să îi spună, spre exemplu, copilului ei: „M-aș bucura atât de mult dacă ai începe să îi vezi pe părinții adoptivi ca pe adevărații tăi părinți. Eu nu am putut atunci... Îndrăznește!“ Se întâmplă deseori ca, după astfel de constelații, copiii adoptivi să își deschidă în sfârșit inima față de „noii“ părinți.

În aceste circumstanțe, este important pentru copilul adoptiv ca el să fie cel mai tânăr dintre frați, având în vedere că nu este copilul biologic, respectiv natural, al noilor săi părinți. Aceasta nu este o teorie științifică, ci doar o observație, derivată din experiența mea legată de constelații. Pentru un copil adoptiv, poate fi foarte dureros dacă nu se întâmplă așa. Dacă, de exemplu, fiul adoptiv are paisprezece ani, iar părinții adoptivi mai au încă doi copii, în vârstă de doi și de patru ani, cel de paisprezece ani trebuie să accepte că frații mai tineri au anumite prerogative față de el, deoarece sunt copii naturali. Bineînțeles că din punct de vedere pedagogic, nu este înțelept să dezavantajezi copilul mai în vârstă, deoarece situația lui este și așa suficient de dificilă! În asemenea situații, se cere mult tact!

De îndată ce un copil adoptiv atinge vârsta maturității, acesta începe deseori să îi caute pe părinții săi biologici. El nutrește speranța, fără să o verbalizeze și, de multe ori, fără să o conștientizeze, că adopția ar putea fi dată cumva înapoi. În practică, acest lucru se întâmplă doar rareori, deoarece părinții se simt vinovați. Când copilul apare brusc, de nicăieri și sunt puși față în față cu el, ei își amintesc de vina lor. Unii părinți refuză orice legătură la interfonul casei sau la telefon, spunând clar și răspicat: „Nu doresc niciun fel de contact!“

Dacă totuși se ajunge la o apropiere între copil și părinte, vina trebuie să rămână la părinte! De multe ori, părinții înfrumusețează lucrurile și se prezintă pe ei înșiși ca fiind cei care au suferit și cei care sunt nevinovați. Din dragoste pentru părinți, copilul se simte din nou vinovat, deși nu are, de fapt, nicio vină.

Din punctul de vedere al efectului sistemic, renunțarea la un copil este, de cele mai multe ori, asemănătoare cu un avort.

Copilul trebuie să accepte că s-a renunțat la el pentru totdeauna. Deși este dureros, dacă el ține seama de acest lucru, va deveni mai puternic.

Am observat excepții, printre altele, la mame care erau extrem de tinere, fiind astfel ele însele copii. Deoarece nu au mijloacele de a se întreține pe cont propriu și deoarece părinții lor și ai tânărului tată le supun unei presiuni enorme sau le șantajează, efectul adopției nu este pentru aceste mame la fel de intens cum am descris mai sus. Uneori, copilul poate să stabilească mai târziu o bună relație cu mama. Și în cazul taților care sunt încă adolescenți nu este exclus ca, după un timp, să construiască o legătură durabilă cu cel mic. Și există și acele cazuri, spre exemplu în India, în care copiii le-au fost luați părinților în circumstanțe extrem de dubioase, parțial cu forța. Bineînțeles, nici acești părinți nu își pierd drepturile parentale!

Atunci când un copil nu poate rămâne alături de părinți deoarece sunt ei înșiși copii, un loc potrivit pentru acesta ar fi alături de bunici. Și mătușile și unchii pot fi luați în considerare. Astfel, copilul nu doar că poate să formeze o legătură cu părinții săi, ci se află și într-o poziție din care este cel mai probabil să se întoarcă în grija acestora, la un moment dat. În cazul în care niciuna dintre variantele de mai sus nu este posibilă, atunci se poate apela la un asistent maternal.

Asistenții maternali nu preiau poziția părinților biologici, ci stau în plan secundar: ei sunt doar înlocuitorii părinților biologici. Din această poziție, pot face mult bine. Avantajul unor asistenți maternali este faptul că, în cele mai multe cazuri, copilul poate să se întoarcă la familia de proveniență, fără prea multă birocrație. Tocmai datorită faptului că asistenții maternali îi respectă pe părinții biologici, copilul are încredere să accepte lucrurile bune pe care le primește de la aceștia.

Este întotdeauna o problemă atunci când asistenții maternali sau părinții adoptivi îi consideră pe părinții biologici ai copilului ca fiind inferiori, văzându-se doar pe ei înșiși într-o lumină bună. De obicei, copilul se solidarizează cu părinții nedreptățiți și este supărat pe asistenții maternali sau pe părinții adoptivi. Copiii la care părinții naturali au renunțat sunt deseori furioși pe aceștia. Dacă asistenții maternali sau părinții adoptivi se simt acum superiori din punct de vedere moral, furia copilului se va îndrepta asupra lor!

În cazul adopțiilor ar trebui ca, în semn de apreciere față de părinții biologici, cuplul care dorește să adopte să verifice circumstanțele exacte ale copilului. Nu ar exista cumva posibilitatea ca acest demers al adopției, care de cele mai multe ori nu poate fi dat înapoi, să fie împiedicat? Unde, în cadrul familiei, s-ar putea găsi totuși un loc potrivit pentru copil și nu ar fi poate mai bine pentru acesta să fie plasat în grija temporară a unor asistenți maternali, decât să fie dat spre adopție?

Nu este suficient să te bazezi doar pe informațiile primite de la instituțiile abilitate. Trebuie luat aici în considerare că direcțiile pentru protecția copilului tind să acționeze mai mult în interesul celor care își doresc să adopte, decât în interesul copilului și al familiei sale de proveniență. Atunci când un copil este „intermediat" cu succes, Direcția pentru Protecția Copilului nu mai trebuie să se ocupe de acel caz și are astfel o grijă mai puțin. Așa cum am fost asigurat în mod convingător, într-o discuție cu un angajat cu vechime al unei direcții pentru protecția copilului, la locul lui de muncă, plasarea în responsabilitatea unei familii adoptive a unui copil se consideră a fi în general un „eveniment fericit".

Este un avantaj pentru toți cei implicați ca, înainte de adopție, aceștia să ia legătura unii cu alții. Tocmai prin faptul că un cuplu dornic să adopte ia legătura din proprie inițiativă cu cei afectați de procesul adopției, acesta arată că acționează având în vedere binele copilului și nu doar propriile interese.

Dacă o adopție este realizată într-un mod superficial, acest lucru are consecințe. Atunci când, spre exemplu, cuplurile dornice să adopte își urmăresc interesele, lipsite de scrupule, împiedicând astfel găsirea de soluții în cadrul familiei, se poate întâmpla ca perechea să fie afectată de o dorință inconștientă de ispășire: astfel, este posibil ca relația de cuplu să eșueze sau se mai întâmplă ca mama adoptivă să rămână în curând însărcinată și să piardă sarcina.

De asemenea, părinții dornici să adopte ar trebui ca, înainte de adopție, să fie conștienți de motivele lor. Iată și un exemplu în acest sens.

Marisa și Gert doresc să lucreze o constelație pentru familia lor actuală, care include și două fete adoptate în urmă cu niște ani, pentru a fi cu toții mai uniți. Imaginea inițială este uluitoare: cei doi soți pur și simplu nu îi văd pe copiii adoptivi... Familia pare să fie una fără părinți! Atunci când facilitatorul întreabă ce s-a întâmplat, Gert povestește despre fiica lor biologică în vârstă de nouă ani, care a murit în urmă cu mai mult timp din cauza unei boli necruțătoare. În timp ce el povestește acest lucru, în constelație, copiii adoptivi oftează. Aceștia le spun părinților adoptivi: „Noi nu vă putem înlocui copilul pe care l-ați pierdut!" Marisa și Gert pot să își îndeplinească rolul de părinți adoptivi abia după ce dau cu adevărat frâu liber durerii cauzate de moartea copilului!

Dar după cum am stabilit deja, locul potrivit pentru copiii adoptați este de multe ori alături de noii părinți. Se poate observa că, uneori, copiii adoptivi formează o legătură cu evenimente nefaste petrecute în familia părinților lor biologici, deși abia dacă îi cunosc. Deseori, această legătură dăunătoare dispare când copiii adoptivi îi acceptă în totalitate ca părinți pe părinții lor adoptivi și caută să fie protejați de către aceștia.

Următorul caz, cel al lui Bernadette, care a fost adoptată, este cu totul altfel, deoarece aici lucrurile stau exact pe dos.

Bernadette, în vârstă de 12 ani, exprimă în mod repetat intenţii suicidare

Hildegard povesteşte, în runda introductivă de discuţii a unui atelier, că tema pe care vrea să o lucreze în constelaţie este familia ei de provenienţă. Ea spune că se simte marginalizată în cadrul acesteia şi că îşi doreşte să „se ocupe acum" de această problemă. Când facilitatorul o întreabă dacă este căsătorită şi dacă are copii, Hildegard povesteşte că o are pe Bernadette, o fiică în vârstă de doisprezece ani, pe care a adoptat-o împreună cu soţul său. După ce facilitatorul întreabă cum îi merge copilului, Hildegard rămâne pe gânduri, deoarece fiica adoptivă a vorbit despre suicid deja de mai multe ori. Având în vedere că situaţia din familia actuală are, fără îndoială, întâietate faţă de cea din familia de provenienţă, Hildegard este de acord să lucreze o constelaţie pentru familia actuală, în cadrul seminarului. În imaginea iniţială a constelaţiei, Bernadette se uită fix către podea. Doreşte să se întindă acolo. Este evident că vrea să fie alături de o persoană care a murit. În locul de pe podea către care ea priveşte se întinde un bărbat, pe care facilitatorul l-a ales din grup special pentru asta. Reprezentanta lui Hildegard este electrizată de îndată. Vrea să se aşeze ea lângă persoana care a murit, în locul lui Bernadette.

În pasul următor, sunt incluşi şi părinţii biologici ai lui Bernadette. Reacţia acesteia este intensă: „Vreau să merg la părinţii mei adevăraţi!" Când ajunge să stea lângă aceştia, ea radiază.

După cum povesteşte Hildegard, se presupune că tatăl lui Bernadette era violent. Mama era încă foarte tânără şi a dat copilul spre adopţie. Nimeni nu a verificat dacă nu cumva s-ar fi putut ca Bernadette să fie crescută de rude. Hildegard a dat prea puţină atenţie contextului în care a avut loc adopţia. Ar fi putut copilul să crească alături de alte rude? Prin faptul că Hildegard a acceptat adopţia, este posibil să aibă şi ea o vină aici. Cine adoptă trebuie să verifice situaţia copilului.

În constelaţie, Bernadette oftează: „În sfârşit sunt în siguranţă. Aici, alături de părinţii mei adevăraţi, sunt protejată în totalitate. Cel care a murit acolo nu mă mai atrage către el! Acum nu mai sunt interesată nici câtuşi de puţin de el!"

Hildegard pare afectată.

Reprezentanta ei îi spune copilului: „Ai voie să păstrezi ceea ce ai primit de la mine şi de la tatăl tău adoptiv. Te vom ajuta acum să îţi găseşti rădăcinile".

Pentru prima dată în cadrul constelaţiei, Bernadette poate să îşi privească părinţii adoptivi cu prietenie. Şi tatăl adoptiv a repetat propoziţiile soţiei sale, fiind de acord cu ele.

Acum, iese la iveală şi cine e persoana decedată, întinsă pe podea: este vorba despre un frate al lui Hildegard care a murit de tânăr, pe care fiica adoptivă l-a reprezentat pentru ea.

Din păcate, se ajunge uneori la adopții, atât în situația în care acestea ar fi total *de prisos,* dar și când se petrec exclusiv dintr-o pretinsă „necesitate socială". Iată un exemplu: un băiat crește până la vârsta de zece ani alături de părinții lui. După aceea, părinții divorțează. Tatăl aduce copilul cu el în noua sa căsnicie și își dorește ca soția sa să devină mama „de drept" a băiatului. Fosta soție nu stă pe gânduri, ci semnează de bunăvoie actele de adopție.

Și o astfel de adopție are consecințe pentru toți cei implicați: o constelație a arătat că fosta soție era doar puțin interesată de fiu, iar prin semnătura dată atât de ușor, a rupt definitiv legătura interioară față de copil.

Corect ar fi fost ca prima soție să își asume răspunderea parentală, împreună cu fostul soț. În timpul acesta, noua soție nu ar fi trebuit să se implice în educația fiului vitreg.

Adopțiile dintr-o presupusă „necesitate socială" sunt deseori motivate prin vechiul „nume de familie deranjant", care ar trebui, chipurile, schimbat cât mai repede posibil. Iată un alt exemplu: după divorț, copilul în cauză rămâne alături de mama sa, care are apoi, mai mulți copii împreună cu noul soț. Pentru ca și copilul din prima căsătorie să poarte același nume de familie și pentru a nu se simți „exclus", trebuie ca el să primească rapid numele tatălui vitreg. Mulți tați se lasă repede convinși prin forța și presupusa logică a argumentelor. Dar tocmai faptul că acest copil din prima căsătorie ajunge să poarte același nume ca frații lui vitregi, de pe o zi pe alta, face ca cineva să fie exclus: tatăl biologic al copilului! Doar pentru că el s-a dat la o parte, a fost posibilă o nouă căsătorie, din care s-au născut apoi și ceilalți copii; acest bărbat are dreptul să aparțină sistemului.

În special atunci când mamele îl disprețuiesc pe tatăl biologic al copilului lor, ele se descotorosesc de o presupusă problemă în doi timpi și trei mișcări, schimbând numele copilului.

În continuare, urmează un exemplu extrem, în care tatăl biologic nu a fost de acord să își dea copilul spre adopție din „motive sociale". Totuși, mama nu a fost mulțumită de răspunsul fostului ei soț. Ea avea multe relații cu persoane influente din justiție și din administrație. Prin intermediul anumitor expertize, ea a reușit, pe cale judiciară, să îi revoce fostului soț atribuțiile parentale, forțând adopția de către cel de-al doilea soț al ei, printr-o decizie judecătorească! Constelația familială a arătat fără echivoc, în acest caz, că anularea adopției ar fi fost, de fapt, decizia corectă. Această imagine s-a arătat a fi vindecătoare și pentru psihicul fiului biologic. De-a lungul anilor, fiul îi spusese mamei sale, în mod repetat: „Mama, urăsc noul meu nume de familie!" Totuși, acest lucru îi era total indiferent mamei.

În cadrul constelației, femeia i-a spus fostului ei soț printre lacrimi: „Îmi pare rău! Nu aș fi avut voie să fac așa ceva. Fiul nostru nu are nicio vină. Te rog, nu îl face să plătească pentru asta". După adopție, se ajunsese la o înstrăinare între tată și fiu. Bărbatul își pierduse interesul pentru copilul său. Aceasta este deseori răzbunarea taților, atunci când se simt prea puțin luați în considerare și excluși.

Și într-un alt caz, anularea adopției s-a dovedit a fi alegerea corectă. Un bărbat fusese deja căsătorit de două ori și nu se simțea împlinit nici în relația sa actuală. El a povestit că în ultima sa căsătorie adoptase o fiică din prima căsătorie a soției. Atunci când l-am întrebat cum s-a ajuns la această decizie și cine a avut inițiativa, el mi-a spus: „S-a întâmplat deoarece eram foarte entuziasmat de perspectiva de a-mi asuma răspunderea. Mi-am dorit neapărat să am un copil al meu".

În cadrul constelației nu a existat niciun contact între el și fiică. Aceasta era total indiferentă față de bărbat. Abia când a fost inclus și tatăl biologic, iar tatăl adoptiv s-a aplecat în fața lui și i-a arătat respect, fiica a început să îl bage în seamă și pe părintele adoptiv. El i-a spus acesteia: „Nu aș fi avut voie să te adopt. Tu aparții nu doar mamei tale, ci și tatălui tău." Auzind acestea, fiica a zâmbit, iar bărbatul a oftat adânc.

După cum am mai spus deja, locul potrivit pentru copil este alături de părinții lui adoptivi. Să ne îndreptăm atenția în cele ce urmează către un exemplu tipic de constelație legată de adopție.

Davina, care are opt ani, este extrem de închisă în sine

Georg şi Jasmin îşi fac griji pentru fiica lor adoptivă, Davina, care a fost dată spre adopţie imediat după ce s-a născut, în India. Ea vorbeşte limba germană fără accent. În ciuda tuturor eforturilor, Davina s-a închis în ea însăşi, atât la grădiniţă, cât şi mai târziu, la şcoală. Această lipsă interioară a rădăcinilor şi, de asemenea, lipsa încrederii de bază, sunt tipice pentru copiii adoptaţi. Având în vedere că, până acum, terapia pentru copiii cu nevoi speciale şi testele efectuate de un terapeut specializat în psihologie pediatrică au adus puţine rezultate, cei doi vor să verifice dacă nu cumva există „ceva care îl apasă pe copil din punct de vedere sistemic", aşa cum formulează Jasmin.

În cadrul unui atelier, se lucrează o constelaţie pentru Georg şi Jasmin, fiul lor biologic în vârstă de doisprezece ani şi pentru Davina. Fiica fuge de îndată într-un loc situat la marginea camerei. Ea creează impresia că vrea să se facă nevăzută. Acum, sunt incluşi în constelaţie şi părinţii ei biologici. Când îşi vede fiica, mama din India îşi pune mâinile la faţă.

Ea se întoarce rapid cu spatele şi spune: „Nu pot să o privesc. Mă simt vinovată!"

Tatăl nu este interesat de nimic. El priveşte către un punct fix de pe podea. După o vreme îngenunchează.

Facilitatorul, către cuplu (pe scaune): „Ce ştiţi despre părinţii biologici?"

Georg: „Despre mamă nu ni s-a spus absolut nimic. Despre tată s-a zvonit că ar fi căutat pentru omor".

Facilitatorul alege un bărbat din grup şi îl pune să se întindă în faţa tatălui biologic.

Bărbatul de pe podea se întoarce cu spatele la tată. „Nu vreau să îl văd!", spune el încleştându-şi pumnii.

Facilitatorul către grup: „Este posibil ca bărbatul de pe podea să fie victima unui omor".

În paralel, pare că Davina s-a trezit din somnul ei de frumoasă din pădurea adormită. Fără să ezite, ea se îndreaptă către bărbatul de pe podea şi se întinde lângă el. Îl priveşte radiind chiar!

Mama biologică abia dacă rezistă să fie martoră la aşa ceva! Merge la copilul ei şi îl imploră: „La mine nu poţi să vii, din păcate! Eu te-am pierdut... Dar te rog să mergi la părinţii tăi adoptivi! Te rog! Te rog!"

Mama plânge. Într-adevăr, Davina se ridică. Mama şi fiica se îmbrăţişează vreme îndelungată.

După aceea, mama îi spune: „Îţi va fi bine alături de ei – serios!"

Tatăl din India îşi priveşte fiica: „Mama are dreptate! Mergi la părinţii tăi adoptivi! Ei sunt cei potriviţi pentru tine! Doar eu trebuie să îmi fac griji pentru acest mort, tu nu!"

Georg şi Jasmin stau pe scaune şi plâng şi ei. Sunt cutremuraţi de faptul că mica lor Davina vrea să se sacrifice pentru tatăl ei biologic, pe care nici măcar nu îl cunoaşte!

După ce şi-au preluat propriile roluri, o primesc pe Davina la ei cu braţele deschise. Davina le zâmbeşte, pentru prima dată, părinţilor ei adoptivi. Cei trei se ţin în braţe mult timp. Mama biologică stă la trei metri depărtare. Se poate vedea că i se rupe inima: pe de-o parte îşi doreşte ca fiica ei să se simtă bine în străinătate, dar pe de altă parte, abia poate să se despartă de ea. Jasmin vede această dramă din ochii mamei din India. Pe neaşteptate, se îndreaptă către aceasta. Cele două femei se ţin de mâini vreme îndelungată, fără a spune nimic. După câteva minute, femeia din India spune: „Mulţumesc! Mulţumesc!"

Jasmin spune, de asemenea: „Mulţumesc!"

Şi Georg este copleşit. Merge şi el la mama Davinei, o îmbrăţişează scurt şi îi spune: „Mulţumesc!"

Tatăl din India s-a aplecat între timp cu totul asupra celui mort. El stă lângă el şi îl ţine de mână.

În imaginea de rezoluţie, Georg şi Jasmin stau faţă în faţă cu cei doi copii ai lor. Ambilor le merge bine. Davina le zâmbeşte cu încredere părinţilor ei adoptivi.

În următorii şapte ani, am mai interacţionat deseori cu această familie, legat de alte subiecte. După constelaţie, Davina a ieşit treptat din carapacea ei. Între timp, a devenit o adolescentă „cât se poate de normală". Într-o discuţie cu mine, Jasmin a pus accentul pe cât de important a fost pentru ea să conştientizeze situaţia extremă în care s-au aflat părinţii biologici. După momentul constelaţiei, i-a avut mereu în inima ei pe părinţii din India, iar astfel până şi educarea Davinei a fost o sarcină mult mai uşoară decât era înainte de constelaţie.

Frați gemeni decedați

Cine a pierdut un frate geamăn are, de cele mai multe ori, impresia că în viața lui lipsește cineva. Experiența îmi spune că efectul apropierii fizice și psihice din pântecul mamei nu trebuie subestimat. Nu de puține ori, pentru un frate geamăn, celălalt frate este la fel de important sau poate chiar mai important din punct de vedere sufletesc decât sunt mama și tatăl – cel puțin asta arată constelațiile familiale. De aceea, faptul că unul dintre gemeni moare în pântecul mamei sau la naștere are urmări serioase pentru fratele care supraviețuiește.

Adulții cărora le-a murit un frate geamăn povestesc mereu lucruri asemănătoare despre copilăria și adolescența lor: totul trebuie făcut sau cumpărat de două ori. Mai târziu, este greu să te decizi între două profesii, două femei/doi bărbați, două domicilii și așa mai departe. Abia după ce geamănul mort își găsește locul în inima ta va înceta această necesitate de a dubla.

Chiar și atunci când ambii gemeni sunt în viață, trebuie avut în vedere că până și în familiile „normale" apar regrete, atunci când unul este într-o situație deosebită, de exemplu, o boală necruțătoare, iar celălalt, nu. Un geamăn se raportează cu mai multă intensitate la celălalt, când acesta are un handicap, iar el însuși, nu. Geamănul sănătos se simte mereu „vinovat" față de cel bolnav, deși nu are nicio vină. Este nevoie de mult curaj pentru a-l privi în ochi, într-o constelație, pe geamănul care are un handicap și a-i spune: „Pentru ca suferința ta să nu fie în van, eu am încrederea să fac să iasă ceva bun din sănătatea mea".

Sunt surprins în mod repetat de profunda cunoaștere interioară reciprocă a copiilor gemeni. Recent, doi soți au lucrat o constelație într-un grup, pentru fiul lor în vârstă de opt ani. Geamănul mort al băiatului a fost foarte fericit atunci când fratele său care încă trăia a reușit „să se întoarcă la viață". Acest lucru a fost posibil abia după ce părinții au dat frâu liber durerii de a fi pierdut copilul în cea de-a patra lună de sarcină.

După constelație, mama a povestit: „Fiul nostru nu a aflat niciodată că a avut un frate geamăn! Nu i-am povestit niciodată nimic. Am fost cu atât mai șocați atunci când a venit la noi în urmă cu un an și ne-a spus: «Nu-i așa, mami, că tu ai avut un copil mort în burtă? A fost vina mea! Eu i-am adus moartea celuilalt copil!»".

Eu am pledat întotdeauna pentru ca părinții să le spună copiilor despre existența unor frați care s-au născut morți. Tonul folosit pentru a face o astfel de dezvăluire trebuie să fie cât mai natural. Acest mod de a proceda este mult mai bun pentru dezvoltarea psihică a copilului, decât dacă nu i-am spune nimic. În cazul avorturilor, lucrurile stau cu totul altfel: în acest caz, adulții ar trebui să se confrunte singuri cu problema, fără să îi împovăreze pe copii, deoarece aici este vorba și despre o vină personală, în care copiii nu trebuie să se amestece.

Anna-Lena, în vârstă de 3 ani, este tristă aproape mereu

Atunci când unul dintre gemeni a murit, cel în viaţă poartă, nu de puţine ori, două prenume, ca Anna-Lena. Părinţii ei, Paul şi Gerda, participă la un grup de constelaţii, deoarece fiica este tristă mai mereu.

Încă înainte de constelaţie, părinţii povestesc despre o soră geamănă a Annei-Lena, care a murit în pântecul mamei în a cincea lună de sarcină. Într-o primă fază, se lucrează o constelaţie pentru Paul, Gerda, pentru tristeţea copilului în viaţă (simptom, femeie) şi, în cele din urmă, pentru Anna-Lena. O tristeţe adâncă planează deasupra întregii familii, fiind aproape palpabilă.

În constelaţie este inclusă şi o altă femeie din grup, care o reprezintă pe sora geamănă moartă. Mai întâi, părinţii, care şi-au preluat acum propriile roluri, îngenunchează lângă copilul mort şi îi urează bun venit în familie. În tot acest timp, varsă multe lacrimi. Ambii părinţi îi spun copilului că aparţine familiei şi că îşi amintesc de el. Acum şi Anna-Lena vrea să meargă la sora ei. Ea este uimită de faptul că aceasta se simte bine.

Sora cea moartă o priveşte radiind pe cea în viaţă şi îi spune: „Îmi doresc ca şi tu să fii fericită".

Părinţii îi spun şi ei fiicei lor în viaţă: „Sora ta moartă are locul ei în familia noastră! Nu trebuie să o înlocuieşti! Ai grijă de tine!".

În paralel, reprezentanta tristeţii se retrage din ce în ce mai departe, în fundal.

Lui Julius, în vârstă de 16 ani, îi lipseşte complet încrederea de sine

Julius vine la cabinet însoţit de părinţii lui, pentru a lucra o constelaţie cu figurine din lemn. Părinţii povestesc că Julius a fost cumva afectat de un film despre gemeni pe care l-a văzut la cinema. De când a văzut filmul, se simte şi mai nesigur pe el decât se simţea înainte. În completare, Julius povesteşte că a dus dorul unui alt copil din familie, de aceeaşi vârstă cu el – şi asta se întâmplă încă de când era mic, deşi el nu ştia pe atunci de sora lui geamănă, care a murit în cea de-a cincea lună de sarcină. El s-a simţit dintotdeauna singur şi, ca mulţi care au pierdut un frate geamăn, face multe lucruri de două ori în viaţa sa – le face inconştient, pentru sora lui.

Bineînţeles, o constelaţie în cadrul grupului este mult mai intensă decât una care face uz de substitute, însă şi ancorele spaţiale reprezintă o oportunitate. După ce fiecare dintre cei trei membri ai familiei şi-a preluat rolul, durerea pentru copilul care lipseşte îşi face simţită prezenţa.

La finalul unui ritual mai lung, Julius le spune părinţilor săi: „Eu port cu mine durerea pentru sora mea geamănă şi respect faptul că şi voi sunteţi îndoliaţi. Ea ne lipseşte tuturor". După aceea, mai realizez împreună cu Julius un ritual imaginativ legat de sora moartă.

După această şedinţă, Julius devine mai sigur pe el. Patru ani mai târziu, chiar înainte să dau la tipar această carte, Julius participă la un grup, deoarece îşi doreşte să lucreze o constelaţie pentru familia lui de provenienţă. În imaginea finală, el priveşte radiind către viitor, iar pe sora lui geamănă o poartă în inimă.

Probleme la școală

În cazul problemelor de învățare și al celor legate de școală, reiese, nu de puține ori, că orele de meditații și atenția suplimentară acordată copiilor nu sunt suficiente. Copiii care au probleme serioase la școală vor să atragă atenția asupra unor circumstanțe care se află în spatele acestor dificultăți.

Câteva dintre aceste probleme de fond, pe care le-am putut observa până acum, sunt (de exemplu): copilul suferă după separarea părinților, și-a pierdut prietenii în urma mutării în alt oraș, unul dintre părinți este afectat de o boală gravă sau copilul are un frate geamăn care a murit. Se solidarizează inconștient cu un frate sau o soră cu handicap, o rudă apropiată s-a sinucis sau un părinte singur îi „refuză" orice legătură cu celălalt părinte. Vei găsi și alte exemple în cele ce urmează.

În funcție de problemă, trebuie să verificăm întotdeauna dacă nu cumva ar fi cazul să cerem ajutorul unui psiholog școlar, psihopedagog special, ergoterapeut sau al unui psiholog specializat în problemele copilului și adolescentului, pentru a ne asigura că nu este vorba despre altceva (probleme motorii, ADHD și altele).

Mașei, în vârstă de 12 ani, îi este frică de școală

Maşa vine împreună cu mama ei la cabinet, deoarece are o frică inexplicabilă faţă de şcoală. Ea simte această frică şi

fiica purta o povară legată de familia tatălui și că doar alături de mamă era protejată. În plus, tatăl nu putea să renunțe la fiică, dar pentru asta s-a ajuns la o soluție în cadrul constelației.

În dimineața celei de-a doua zile a atelierului, tatăl a povestit: „Sunt de-a dreptul uluit de ceea ce am visat azi-noapte: fiica mea a venit radiind la mine și mi-a spus pe un ton cât se poate de natural: «Tati, voi face ceva cu talentele mele! Nu îți face griji...»".

Nina, în vârstă de 13 ani, are dificultăți de învățare și este foarte introvertită

Monika vine împreună cu soţul ei, Karl, la un seminar de constelaţii, deoarece îşi face griji cu privire la performanţele şcolare ale fiicei ei, Nina. Aceasta face totul pe cont propriu şi are doar puţini prieteni. Profesorii le spun deseori părinţilor că fiica lor este izolată din punct de vedere social. De asemenea, ea trebuie să dedice mult mai mult timp învăţatului decât colegii ei, pentru a rămâne la acelaşi nivel cu aceştia. Karl şi Monika îşi fac griji mai ales cu privire la caracterul introvertit al fiicei lor. De cele mai multe ori, ea dă impresia că nu are chef de nimic, este lipsită de iniţiativă şi este mult prea serioasă pentru vârsta ei.

În runda introductivă de discuţii din cadrul seminarului, Monika oftează: „Ea este tocmai opusul primului nostru fiu, Michael, care a murit subit la vârsta de unsprezece luni". O cuprinde un acces de plâns, după care ea continuă: „Michael era tocmai opusul Ninei: activ şi întotdeauna vesel. Mereu îi compar pe cei doi şi mă gândesc: «De ce nu poate şi Nina să fie aşa ca Michael?»" Femeia plânge din nou, în timp ce soţul ei o cuprinde cu braţul fără să spună nimic.

În a doua zi a seminarului, atunci când vine rândul Monikăi şi al lui Karl, femeia îşi pierde cumpătul: „Întotdeauna când vorbeşti", o arată pe Sibylle, o altă participantă la seminar, „mă simt împinsă să adopt o atitudine agresivă faţă de tine, deoarece îmi aduci aminte de moarte".

Sibylle chiar aduce cu moartea. Ea este îmbrăcată complet în negru, la fel ca în ziua precedentă. Într-adevăr, reiese că femeia se îmbracă doar în negru de câteva decenii. Orice spectator, fie el şi imparţial, ar spune că seamănă cu o întruchipare a morţii.

„Sunt atât de furioasă pe moarte", continuă Monika plângând cu suspine, „deoarece ea mi-a răpit copilul – fiul meu a murit la unsprezece luni din cauza unei infecţii".

Monika este ultima din grup care a luat cuvântul în runda de discuţii şi pare adecvat ca ea să înceapă şirul constelaţiilor care urmează a fi lucrate în această zi. Femeia povesteşte că, după moartea copilului, nu şi-a acordat timp să proceseze durerea: „Erau atât de multe formalităţi de rezolvat şi eram mult prea ocupată ca să mă confrunt cu durerea. Pur şi simplu mi-am spus: «Viaţa merge înainte.» Iniţial, aşa şi părea, că viaţa îşi urmează cursul în mod normal. Eu şi soţul meu ne-am dorit ca eu să rămân gravidă din nou, cât mai repede cu putinţă, pentru a înlocui copilul care a murit".

Facilitatorul o întrerupe: „Un copil mort nu poate fi înlocuit. Fiecare om este unic şi de neînlocuit – este evident cine este cea care reprezintă, până în ziua de azi, în cadrul familiei, durerea care nu a fost procesată".

Monika nu înţelege pe loc, dar până la urmă îşi dă seama. „Nina?" întreabă ea.

Ea povesteşte mai departe: „Imediat după moartea lui Michael, am pus toate fotografiile cu el într-o cutie pe care am aşezat-o în pivniţă. Nu ne-am mai uitat niciodată la ele. Abia când am început să mă interesez de constelaţiile familiale şi să citesc cărţi despre ele am observat că asta nu are cum să fie normal. Anul trecut am mers în pivniţă şi am scos o poză ca să o duc înapoi în casă. Am aşezat-o astfel încât Nina să poată să o vadă mereu. Ea a reacţionat foarte pozitiv faţă de acest lucru".

Monika mai adaugă că a rămas gravidă din nou, imediat după moartea lui Michael. Totuşi, femeia a pierdut copilul între a şaptea şi a opta lună de sarcină, ceea ce ar fi putut să o dea cu totul peste cap. Ea a rămas însă gravidă din nou, la puţin timp după pierderea sarcinii. Aşa s-a născut Nina. Părinţii şi-au pus acum toate speranţele în ea.

Atât Karl, cât şi Monika lucrează, pe rând, o imagine iniţială a familiei lor. Deoarece imaginea lui Karl este cea mai serioasă dintre cele două, ea este aleasă ca punct de pornire pentru constelaţie. Toţi reprezentanţii membrilor familiei se simt rău. Fratele şi sora nu se văd unul pe altul. Când Michael vine în faţă, devenind vizibil pentru Nina, aceasta începe de îndată să tremure şi să plângă. Cei doi fraţi vor să fie împreună. Nina merge la fratele mort şi îl îmbrăţişează.

Totuşi, este de la sine înţeles că şi părinţii trebuie să ia contact cu fiul lor mort şi că acest lucru nu trebuie să îi rămână rezervat doar Ninei. Prin urmare, copiii stau în faţa părinţilor, privindu-i. Atât Karl, cât şi Monika îşi preiau acum propriile roluri, iar reprezentanţii se aşază.

Monika refuză să îşi privească fiul mort în ochi. Atunci când facilitatorul o îndeamnă să îl privească pur şi simplu pe Michael şi să aştepte să vadă ce se întâmplă, întreg trupul i se cutremură. Michael îngenunchează pe podea şi îşi priveşte mama cu multă prietenie, sperând parcă ceva. El aşteaptă ca ea să fie pregătită. Când facilitatorul îi indică „Uită-te doar cât de prietenos te priveşte", Monika îşi face în sfârşit curaj, apoi, într-o clipită, închide din nou ochii.

„Este atât de greu", spune ea pierzându-şi cumpătul.

Închiderea ochilor reprezintă aici un mecanism de apărare faţă de realitate. În loc să se confrunte cu cele întâmplate atunci şi să facă loc durerii, Monika preferă să se lase în voia propriilor fantezii cu privire la evenimentele din trecut. Totuşi, în acest mod nu va putea niciodată să îl vadă pe copil cu adevărat.

Când femeia cade în genunchi pe neaşteptate, Karl îşi aşază braţul pe spatele ei. Facilitatorul o roagă însă, cu blândeţe, să se ridice şi pur şi simplu să-şi privească liniştită copilul, deoarece acesta are nevoie de o mamă puternică: „Spune-i: «Eu sunt mama ta»".

Monica îşi învinge reticenţa şi rosteşte cuvintele. Ochii lui Michael strălucesc de bucurie.

Iar Karl spune: „Eu sunt tatăl tău."

În timp ce Monika îşi priveşte din nou fiul decedat, ea îşi întoarce încă o dată privirea, pe neaşteptate: „Mă simt vinovată ca mamă. De ce a murit? Cu siguranţă am făcut ceva greşit".

Michael se încruntă: „Nu înţeleg nimic din ce spui. Ce anume?"

Facilitatorul repetă vorbele mamei.

Michael scutură încet din cap, a dezaprobare: „Nimeni nu este de vină, nici tu, nici tata. Pur şi simplu aşa a fost! A fost frumos pentru mine să mă aflu acolo. M-am simţit bine!"

Monika abia dacă poate să creadă. Încet, un zâmbet îi înfloreşte pe figură. După aceea, urmează mai multe etape, în cadrul cărora părinţii dau frâu liber întregii lor dureri, asigurându-se că o poartă împreună. În tot acest timp, se poate auzi cum Nina răsuflă uşurată.

Acum este inclus în constelaţie şi copilul avortat spontan, pentru care Monika alege o femeie din grup. Reprezentanta îşi face ordine în gânduri şi spune: „Locul meu este aici!"

Când ea se află faţă în faţă cu părinţii, Monika trebuie să plângă din nou. Ea îi spune copilului mort: „Mi-a fost greu să mă împac cu moartea ta!"

„Mie, nu!", răspunde copilul mort, vorbind liniştit şi zâmbindu-i cu prietenie mamei.

Monika şi Karl simt nevoia să atingă copilul şi să îl ţină în braţe. Ei îl asigură că viaţa a mers înainte cu bine după moartea lui. După aceea, îl îndeamnă să îşi ocupe locul, cel din mijloc, între fraţii lui.

Odată întâmplate toate acestea, cei trei copii se privesc reciproc, cu intensitate. Se poate observa cum copiii se acceptă unul pe altul, ca fraţi, şi cum îşi confirmă unul altuia locul în constelaţia fraţilor şi a surorilor. Se privesc, fericiţi şi liniştiţi, şi se poate simţi cum se petrece ceva profund cu ei. Din punct de vedere temporal, acest moment este relativ scurt; totuşi, tuturor li se pare a fi unul lung, ca şi când procesul care s-a pus în mişcare nu ar mai putea fi întrerupt de nimic pe lumea asta. Încet-încet, căpşoarele şi privirile se despart, ca şi când copiii s-ar fi vorbit între ei, după care aceştia îşi privesc părinţii cu prietenie.

Acum, Karl spune: „Voi sunteţi cei trei copii ai mei, iar tu, Nina, tu eşti a treia".

Monika îi spune Ninei: „Acum voi rămâne şi, de asemenea, poţi rămâne şi tu".

Nina încuviinţează şi zâmbeşte.

Facilitatorul îi încurajează pe părinţi să îi povestească Ninei despre Michael şi despre cealaltă soră care a murit.

Cu ocazia unei întâlniri după câteva luni, Monika mi-a povestit că Nina a făcut mari progrese după constelaţie şi că iese din ce în ce mai des din carapacea ei, atât în viaţa de zi cu zi, cât şi la şcoală.

Diferite afecțiuni și simptomele lor

Enurezis și encoprezis

Deseori, enurezisul și encoprezisul reprezintă reacții ale copilului față de o tensiune considerabilă în cadrul familiei. În multe cazuri, cel mic simte un conflict puternic între părinți. La toate acestea, voi reveni însă, mai târziu.

Nu de puține ori, tensiunea psihică pe care o resimte copilul poate avea și alte cauze: spre exemplu, copilul și-a pierdut toți prietenii din cauza mutării într-un alt oraș și este lipsit de orientare. Și alte nesiguranțe sociale, la școală sau la grădiniță, se pot face simțite uneori prin prezența enurezisului sau a encoprezisului. Deseori, copiii care au fost afectați de enurezis declanșat de schimbări ale mediului social și care au reușit să se vindece deja de un an sau doi, pot avea din nou probleme cu incontinența, pe neașteptate, de exemplu, în cazul mutării într-un oraș străin. De cele mai multe ori, în cazul unor astfel de factori declanșatori, nu este nevoie de o constelație familială, deoarece cauzele legate de sistemul familial nu joacă aici niciun rol.

În orice caz, enurezisul apare și ca simptom suplimentar la copii, însoțind deseori și unele tulburări de comportament. În astfel de situații, constelațiile familiale sunt utile. Mai întâi însă, voi prezenta aici metode terapeutice de scurtă durată care au avut succes în tratamentul enurezisului.

În general, se poate constata că, în cazul lucrurilor față de care copiii se rușinează, s-a dovedit utilă renunțarea la presiuni. Astfel, copiii se simt mai respectați. Din hipnoterapia după

Milton Erickson și din multe alte terapii moderne de scurtă durată, se poate învăța că cei mici trebuie tratați cu respect. De multe ori, este suficient să le spunem o poveste care să conțină metaforele potrivite, pentru ca în interiorul copilului să se pună în mișcare procesele potrivite de căutare a soluțiilor.

Terapeuții Joyce Mills și Richard Crowley[15] au povestit despre cazul lui John. Băiatului în vârstă de opt ani, care suferea de enurezis, i s-a spus să ude în fiecare seară grădina părinților săi. Făcând asta, el trebuia să poarte un ceas și să respecte un anumit program: la început să ude timp de trei minute, ulterior să întrerupă udatul un minut, iar apoi să mai ude încă opt minute, înainte să termine de udat cu totul. Acest program ciudat i-a fost „explicat" băiatului prin faptul că plantele au nevoi de irigare diferite. Scopul acestui exercițiu era ca John să dezvolte un sentiment bine definit, de control complet, asupra faptului că apa curge sau nu. În acest exemplu au fost folosite „metafore aplicate", respectiv metafore care conțin acțiuni ce pot fi duse la îndeplinire în viața de zi cu zi și care inițiază astfel procese psihice de căutare.

În tratamentul copiilor ce sufereau de enurezis, Milton Erickson a folosit metode dintre cele mai variate. Ca și în exemplul precedent, el încerca aproape întotdeauna să îi transmită copilului, la nivelul subconștientului, că poate el însuși să exercite control asupra funcțiilor propriului organism.

Astfel, copilului i se poate explica despre ce este vorba și prin faptul că i se dau informații detaliate despre alte funcții ale organismului. Spre exemplu, Milton Erickson a lucrat la un moment dat cu un copil de 10 ani care suferea de enurezis: după un discurs puțin mai lung despre felul în care ochii, mâinile și mușchii interacționează unii cu alții, Erickson a întrebat: „Te-ai întrebat vreodată ce face pupila ochiului tău atunci când pui săgeata în arc și îl tensionezi? Ea se închide". El i-a explicat că există mușchi

---

[15] J. Mills und R. Crowley: *Therapeutic Metaphors for Children and the Child within*, New York, 1986, p. 157.

scurți, plați, lungi și în formă de inel, așa „ca cel de jos din burta ta, care, atunci când mănânci ceva, se închide, apoi elimină mâncarea, după care se închide din nou, așteptând următoarea masă: gândește-te doar unde se întâmplă toate astea – jos în burta ta, încă de pe vremea când erai doar un copil mic. Este jos de tot“[16].

Ei au vorbit încă o oră despre aceste lucruri. Enurezisul nu a fost menționat nici măcar printr-un cuvânt! Totuși, băiatul s-a vindecat în curând.

Erickson nu a făcut nimic altceva decât să vorbească despre „mușchiul de jos de tot din burtă, care se închide și care blochează conținutul acolo până când vrea să îl golească“. Băiatul știa prea bine care alt mușchi exercită funcții asemănătoare cu cele ale sfincterului anal. Nu a fost nevoie să i se explice expres.

Original a fost și modul paradoxal în care Erickson a lucrat cu micul Robert. Erickson i-a povestit băiatului că nu are voie să își dezamăgească tot timpul părinții:

> *„Părinții tăi știu foarte bine că ai accidente nocturne. Ei sunt absolut convinși de acest lucru și nimic nu le poate schimba părerea. Ei îți vor arăta asta în mod repetat! Ce vreau eu acum de la tine nu este nemaipomenit de plăcut, dar este necesar. Azi este 3 decembrie; de ce n-am alege ziua de 13 decembrie? Să alegem deci data de 13 decembrie. Asta ar fi o zi potrivită! Numărul treisprezece este considerat oricum a fi un număr cu ghinion. Deci: în noaptea de 13 decembrie vei face pur și simplu pipi în pat; chiar dacă îți cade greu, fă în pat. Nu îți dezamăgi părinții. Ei știu prea bine că tu faci așa ceva, dar asta nu înseamnă că trebuie să o faci în fiecare noapte. În regulă – alege noaptea asta ca să o faci!“*[17]

[16] Jay Haley: *Die Psychotherapie Milton H. Ericksons*, München, 2010, p. 203.
[17] Jay Haley (coord.): *Conversations with Milton H. Erickson, M.D., vol. 3, Changing Children and Families* (s.l.), 2014, pp. 131 și urm.

Erickson i-a transmis copilului că nimeni altcineva decât el însuși nu deține controlul, chiar dacă el nu știe asta. Când Robert alege data de 13 decembrie, el își arată sieși cine este stăpân. Băiatul îi va povesti doctorului Erickson cât de greu i-a fost să facă pipi în pat intenționat, pentru a nu-și dezamăgi părinții. Erickson îi va răspunde: „Da, a fost dificil. Dar a meritat efortul, de dragul mamei tale! În ceea ce privește ziua de 13: cred că pentru data viitoare am putea aștepta până pe 13 ianuarie, sau februarie, sau martie..." Din experiența lui Erickson reiese că, deseori, sunt suficiente două sau trei „accidente" nocturne intenționate pentru un tratament de succes.

În cabinetul meu, eu îi încurajez mereu pe părinți ca seara, la ritualul de culcare, să le povestească celor mici „povești cu tâlc", menite să acționeze asupra inconștientului copiilor. Spre exemplu, următoarea poveste este minunată pentru copiii care suferă de enurezis:[18]

S-a întâmplat odată ca Urs Mic să vină la grădina zoologică (unde lucra ca îngrijitor) și să fie întâmpinat de babuinul Fips, care tocmai ieșea din Casa Elefanților în mare agitație: „Urs Mic, Urs Mic, imaginează-ți numai că la noi în Casa Elefanților picură de sus! Și miroase și un pic ciudat".

În ultimele câteva zile plouase mult. Urs Mic a luat repede o scară și a urcat pe acoperiș. Nu i-a plăcut deloc ce a văzut: acoperișul era acoperit peste tot cu mușchi des, iar în unele locuri avea într-adevăr și mici găuri.

Urs Mic nici nu a coborât bine de pe acoperiș, că Fips l-a și întrebat ce a văzut acolo sus. Urs mic i-a răspuns: „Nici nu e de mirare că apa care picură de sus miroase un pic ciudat. Sus este mult mușchi. Ar trebui răzuit de acolo, iar găurile ar trebui astupate".

[18] Thomas Schäfer: *So wird Ihr Kind bärenstark*, München, 2009, pp. 104 și urm.

„Și când facem asta?“, a întrebat Fips.

Astăzi soarele strălucea puternic deasupra Orașului Urșilor și, bineînțeles, și deasupra grădinii zoologice.

„Ah, știi“, a răspuns Urs Mic, „astăzi nu prea am timp. Sunt atât de multe lucruri de făcut! O să mă ocup de asta zilele următoare“.

Fips nu a avut nicio obiecție cu privire la acest lucru și a primit de la Urs Mic trei banane și câteva boabe de fistic.

Și ziua următoare soarele strălucea deasupra Orașului Urșilor. În a treia zi era înnorat. După-amiaza s-au format chiar niște nori grei și întunecați, dar de plouat, încă nu ploua. Noaptea însă, a plouat cu găleata.

Ziua următoare, Urs Mic a venit la grădina zoologică mergând printr-o ploaie deasă și s-a grăbit către Casa Elefanților, care îi era atât de dragă. Când a ajuns acolo, a fost pus în fața unei scene amuzante: pe acoperișul Casei Elefanților stătea Fips, cu o umbrelă portocalie în mână. Cu cealaltă mână mânca o banană. Imaginea era oarecum simpatică, iar astfel, câțiva copii s-au strâns în fața Casei Elefanților, arătând cu degetele spre acoperiș.

Urs Mic i-a făcut semn lui Fips să se dea jos și a intrat în casă. Nu mirosea deloc bine și, deși de sus nu mai picura aproape deloc, jos se formase un lac imens. După cinci minute, ca și când cineva ar fi apăsat pe un buton în cer, ploaia s-a oprit. Fips a venit cu umbrela sa portocalie și a început să se vaite: „Știi oare de când stau eu acolo sus ca să țin ploaia? Mi-a înțepenit brațul de la ținutul umbrelei...“

„Of, săracul de tine“, a spus Urs Mic plin de compasiune. „Pentru asta vei primi o porție în plus de fistic și de arahide. Astăzi chiar trebuie să facem ceva acolo sus, pentru că avem într-adevăr o problemă.“

„Și cum rezolvăm această problemă?“, a întrebat Fips curios.

„Dacă vrei", a spus Urs Mic, „îți voi da un șpaclu pentru a răzui mușchiul și, pe lângă asta, îți voi da și ceva asemănător cu ce apare în basmul «Fântâna fermecată».“

„Te referi la basmul despre fata cea harnică și fata cea leneșă?“

„Exact", a încuviințat Urs Mic, „la final, peste cea leneșă este turnată smoală. Asta este o chestie neagră și vâscoasă. Astfel de găuri pot fi astupate de minune cu smoală!“

„Ce-o să mă mai distrez!", a exclamat Fips cu entuziasm. „Mi se pare foarte distractiv să astup găuri! Asta înseamnă că vom scăpa în sfârșit de umezeală și, bineînțeles, nici nu va mai mirosi așa urât.“

Urs Mic s-a dus la dulgheria grădinii zoologice, unde existau tot felul de materiale de construcții. De acolo, a adus o pastă neagră, aburindă. Din fericire nu mai ploua, iar astfel, Fips a putut să se urce de îndată pe acoperiș, să răzuiască mușchiul cu un șpaclu și să astupe conștiincios toate găurile. Când totul a fost gata, a apărut chiar și soarele pentru o clipă.

„Dumnezeu ne are în paza sa", a glumit Fips. „A mai dat un pic de căldură pentru ca acoperișul nostru să se usuce bine.“

Anne, doamna Elefant, nu doar că era un elefant destul de deștept, ci îi plăcea să asculte și radioul. Deseori, Urs Mic trebuia să îi pornească radioul în Casa Elefanților, pentru ca ea să fie la curent cu ultimele noutăți. Bineînțeles, Anne a ascultat astăzi în special prognoza meteo. Ea povestea oricui intra în casă că în noaptea următoare va ploua foarte tare.

„Oare o să țină acoperișul?", a oftat Fips. „Abia am astupat totul – oare va funcționa atât de repede...?“

Urs Mic a spus rânjind: „Nu ai avea chef să te așezi în noaptea asta pe acoperiș împreună cu umbrela ta minunată – așa, ca prevenție?“

Fips a lovit scaunul cu coada: „Nu, am încredere în munca mea de bună calitate. Știu că am lucrat bine".

După terminarea programului de lucru, Urs Mic a plecat acasă. La puțin timp după aceea, a luat cina. Subit, o ploaie violentă a început să bată în fereastra de la bucătărie.

„O, vai!", a mormăit Urs Mic privind-o cu teamă pe sora sa, Anja. „Oare o să țină acoperișul pe care l-am reparat?"

Bineînțeles că Anja nu știa despre ce era vorba. Urs Mic i-a povestit Anjei despre ce se întâmplase recent în Casa Elefanților.

În ziua următoare, Urs Mic a ajuns la grădina zoologică cu jacheta picurând. Încă ploua. El s-a strecurat temător în Casa Elefanților, dar totul era în regulă! Fips își găsise un locșor confortabil și călduros și spărgea nuci. El rânji: „Totul este uscat. Am făcut, totuși, treabă bună!"

„Ai dreptate, Fips!", a confirmat Urs Mic, luându-și și el o mână plină cu fistic. Da, era adevărat: acoperișul Casei Elefanților a făcut față tuturor rafalelor de ploaie care au urmat.

Părinților care au copii cu encoprezis, le recomand să le povestească acestora următoarea poveste despre grădina zoologică, ea putând fi desigur „împodobită", precum cea de mai sus:

Babuinul Fips căra într-o zi un sac greu în spate. Deoarece sacul i s-a părut prea greu, el l-a lovit intenționat de o bordură a zidului care împrejmuia zona rezervată elefanților. Fips s-a bucurat că sacul devenise acum atât de ușor... Când Urs Mic l-a văzut pe Fips, i-a povestit că sacul fusese plin cu fistic. Ah, cât s-a mai supărat Fips, deoarece pierduse fisticul fără să verifice măcar ce era în sac! Fips și-a propus ca data viitoare să care sacul ceva mai multă vreme, chiar și dacă l-ar incomoda puțin.

Terapeuții specializați în terapii de scurtă durată, cum este și Steve de Shazer[19], au atras atenția asupra importanței respectării rușinii copilului. Poveștile cum sunt cele de mai sus respectă rușinea copilului, deoarece ele abordează doar *indirect* adevărata problemă.

De Shazer recomandă, de asemenea, ca terapeutul să caute excepțiile: este descrierea problemei, făcută de părinți, una corectă? „Fiul meu face în pat în fiecare noapte!", spune, spre exemplu, o mamă într-o ședință de consiliere. Aici, terapeutul poate să întrebe: „Spuneți că fiul dumneavoastră a făcut în pat literalmente în *fiecare* noapte din ultimele opt săptămâni?" În cazul în care reiese că există excepții – și ele există aproape întotdeauna –, el poate întreba: „Care sunt circumstanțele în care fiul dumneavoastră nu face în pat? Ce se întâmplă în seara precedentă? Ce faceți împreună cu familia sau cu ce se ocupă băiatul în astfel de seri?" Dacă, spre exemplu, reiese că în respectivele situații băiatul a fost ocupat cu ceva anume, atunci i se poate „prescrie" acea activitate, atât timp cât nu există motive care să împiedice acest lucru.

De Shazer îi informează pe părinții care reacționează exagerat, cu privire la copiii cu enurezis, că percepția lor este inexactă și că, prin asta, nu fac decât să agraveze problema: în cazul fiecărui copil, există din când în când „zile uscate" sau unele în care pantalonii rămân curați. Totuși, părinții păstrează o percepție îngustă a realității: „Copilul meu face pipi în pat în fiecare noapte." Sau: „Copilul meu face caca pe el în fiecare zi." Percepерea conștientă a excepției, în defavoarea regulii, poate totuși să aducă o schimbare. Părinții nu percep excepțiile de la regulă, deoarece ei le consideră a fi insignifiante. Pentru ei, acestea reprezintă diferențe a căror prezență se face simțită fără „artificii" și prea lent. Terapeutul evaluează însă exact aceste particularități

---

[19] Cele ce urmează sunt bazate pe terapiile lui Steve de Shazer: *Wege der erfolgreichen Kurzzeittherapie*, München, 2012.

neglijate: care sunt modelele și circumstanțele asociate „patului uscat" și care sunt modelele și circumstanțele asociate „patului umed"? Folosind aceste informații, terapeutul poate apoi să întocmească un plan individual de tratament.

De Shazer îi sfătuiește pe părinții încercați de enurezisul copiilor lor să facă un experiment și să ignore, o dată, faptul că patul copilului este uscat. Un pat uscat este ceva cât se poate de normal pentru un băiat în vârstă de doisprezece ani! De ce să folosim atunci cuvinte de laudă? Atunci când lăudăm un copil în această situație, este posibil ca rezultatele să fie contrare celor la care ne așteptam: lui i se semnalizează că faptul că nu a făcut în pat în noaptea precedentă nu este ceva complet normal, ci că este ceva ieșit din comun. Dar copilului ar trebui să îi fie transmis exact opusul!

O altă posibilitate de a relaxa concepțiile rigide ale celor implicați ar putea fi următoarea: terapeutul să îi roage, pe părinți și pe copil, ca seară de seară să facă o previziune, pe care fiecare să o țină pentru el, prin care să estimeze dacă patul va rămâne sau nu uscat. Și în acest mod, concepția că cel mic face „întotdeauna" în pat, poate fi pusă sub semnul întrebării. Și părinții copiilor cu encoprezis pot lucra cu aceștia în mod asemănător. De la schimbarea modului de gândire la schimbarea comportamentului nu este un drum foarte lung.

În cazul sfaturilor pe care părinții le dau copiilor lor, trebuie avut în vedere încă un aspect important: când o mamă îi spune fiului său: „Nu face în pantaloni", ea obține exact opusul, dintr-un alt motiv decât cele menționate până acum. Procedeele terapeutice de scurtă durată moderne, cum ar fi spre exemplu programarea neurolingvistică sau hipnoterapia, sugerează întotdeauna și pe bună dreptate că inconștientul nu cunoaște negația. De aceea, și fosta campanie de informare a guvernului german, „Nu da putere drogurilor!", este total inadecvată. Tot ce ajunge în mintea adolescenților este: „Dă putere drogurilor!" Cine nu mă crede pe cuvânt, este liber să facă următorul experiment:

te rog ca pentru un minut să *nu* te gândești la o broscuță care poartă o pereche mare de ochelari de soare! Ce ai văzut cu ochii minții și la ce te-ai gândit timp de un minut?

Înainte să vorbești cu cel mic, ar trebui să faci o pauză și să verifici dacă nu ai putea să reformulezi eventualele negații: în loc de „Să nu mănânci atât de multe dulciuri pe drum, pentru că te vei balona!", ai putea spune și: „Mănâncă merele și bananele pe care ți le-am pus la pachet, pentru că sunt sănătoase." Și în loc să îl avertizezi pe un adolescent: „Fii atent să nu te lovești cu toporul în picior!", ai putea să spui: „Ai grijă cum umbli cu toporul!"

În acest context, pentru a interioriza sfatul primit, copiilor mai în vârstă li se pot spune povești care s-au întâmplat în viața reală, cum ar fi: un tânăr s-a rănit în timp ce spărgea lemne. Când tatăl l-a întrebat cum de s-a întâmplat asta, el a răspuns: „Nu mi-am dat seama cât de periculos este toporul – nu am luat primejdia în serios."

Totuși, atunci când copiii cu enurezis sau cu encoprezis sunt predispuși la suicid sau prezintă tulburări grave de comportament, metodele terapeutice de scurtă durată menționate mai sus nu produc de obicei rezultate. Pentru astfel de cazuri dificile, constelațiile familiale pot reprezenta o măsură adecvată. Din punct de vedere sistemic, copilul cu enurezis reacționează, deseori, la o tensiune considerabilă din cadrul familiei. În multe cazuri, se poate observa că cel mic simte un conflict puternic între părinți, față de care nu știe cum altfel să reacționeze – spre exemplu atunci când părinții se despart.

În povestea care urmează acum, cea a lui Christiano, furia constantă a mamei se află în spatele simptomului fiului. În cazul lui Florian, o serie de sinucideri în familia tatălui au marcat profund atmosfera familiei actuale și i-au dezbinat pe părinți. În cazul Leei, este vorba despre o soră a mamei care a fost avortată, iar în cazul lui Lars părinții s-au separat pe fondul unui avort.

Christiano, în vârstă de 10 ani, suferă de ceva vreme de encoprezis

Bärbel şi Wolfgang lucrează o constelaţie pentru fiul lor. În imaginea iniţială, devine evident că mama „stă să dea pe-afară". Femeia este extrem de furioasă, iar Christiano suferă alături de ea. Rugată să detalieze, Bärbel povesteşte că nu şi-a cunoscut tatăl biologic nici până în prezent. Mama ei refuză să îi dea orice informaţie şi, de aceea, ea este foarte furioasă pe aceasta.

După ce mama lui Bärbel este inclusă în constelaţie, cea din urmă lasă întreaga sa furie să iasă la suprafaţă: „O viaţă întreagă ai refuzat să mă laşi să îmi contactez tatăl! Mi-ai răpit astfel o parte din propria identitate!"

În paralel, se poate vedea cum toată tensiunea adunată de Christiano se risipeşte. El este vizibil uşurat că mama lui „a dat pe-afară" în cele din urmă.

La cererea facilitatorului, Bärbel, care îşi preia acum propriul rol, îi spune fiului: „Asta este durerea mea! Ea trebuie să mă preocupe doar pe mine!"

Mama lui Bärbel priveşte totul fără să dea vreun semn de implicare.

În imaginea de rezoluţie, părinţii stau faţă în faţă cu fiul şi cu sora mai în vârstă a acestuia, care a fost şi ea inclusă în constelaţie. Ambii copii se simt foarte bine, stând faţă în faţă cu părinţii.

Bärbel încă trebuie să rezolve problema legată de identitatea ei. Pentru asta are nevoie de ajutor terapeutic. În plus, ea îmi povesteşte, la două luni după constelaţie, că encoprezisul lui Christiano s-a vindecat în totalitate. Boala reprezenta aici „furia obturantă" pe care fiul o preluase de la mama lui.

Leei, care are 4 ani, îi este groaznic de frică să facă „treaba mare"

Lea, fiica lui Doris, intră în panică atunci când trebuie să meargă la toaletă. Doris mai are şi un fiu mai în vârstă. Constelaţia arată că cei mici suferă pentru Doris. Femeia ar vrea, de fapt, să evadeze. După ce părinţii lui Doris sunt şi ei incluşi în constelaţie, ea se uită doar la mama ei, care dă impresia că suferă.

„Care este problema cu mama ta?", întreabă facilitatorul.

Doris: „Înainte să mă nasc eu, mama mea a avortat un copil."

Doris alege o femeie care să reprezinte copilul avortat. Aceasta se aşază lângă mamă. Pe neaşteptate, şi Lea se aşază tot acolo. Dar bunica nu vrea acest lucru. Ea scutură din cap şi îi spune nepoatei: „Nu ai ce căuta aici, alături de noi, cei morţi!"

Totuşi, Lea nu dă semne că ar vrea să se ridice. În schimb, îşi priveşte mama.

Între timp, Doris şi-a preluat propriul rol. Ea îşi şterge o lacrimă: „Lea, bunica are dreptate. Mă ocup eu de asta!"

Acum, Lea se ridică. Doris îngenunchează spontan lângă mama sa şi lângă sora ei moartă, privindu-le pe amândouă.

Din spate, se apropie tatăl lui Doris. El o roagă să se ridice. Mama lui Doris îl susţine: „Mă ocup eu de copil – tu mergi la tata!"

În imaginea de rezoluţie, Doris stă lângă soţul ei, sprijinindu-şi tatăl. În faţa lor stă Lea, împreună cu fratele ei. Toţi participanţii la constelaţie se simt bine.

La o lună după constelaţie, Doris îmi scrie un e-mail: „Fiicei noastre îi merge bine! După două zile de la atelier problema s-a rezolvat! Acum merge cu plăcere (!) la toaletă. Abia dacă ne-a venit să credem!"

O constelație care s-a desfășurat asemănător are de-a face cu fiul în vârstă de nouă ani, bolnav de enurezis, al unui cuplu.

În acest caz, fiul suferea și din empatie pentru un frate mort al unuia dintre părinți (tatăl). Copilul se născuse fără viață. Tatăl era atât de legat de acest frate, încât literalmente nu își mai vedea soția în cadrul constelației: „Lângă cine?", a întrebat el, când facilitatorul l-a rugat să se poziționeze lângă soția sa! Apropierea psihică față de unchiul mort avea un efect nefast asupra căsătoriei, iar fiul oglindea starea acesteia prin enurezisul său.

La nouă luni de la constelație, i-am văzut pe părinți din nou: după atelier, enurezisul fiului s-a vindecat complet, deoarece fratele mort al tatălui își găsise locul în inima bărbatului.

Florian, în vârstă de 10 ani, suferă de enurezis

Waltraud a venit la un grup, deoarece a constatat că sinuciderile din familia soţului ei le-au cauzat tuturor o depresie adâncă. Ea simţea că mariajul său era în pericol. Totuşi, femeia nu a menţionat deloc faptul că fiul ei, Florian, suferea de enurezis. Având în vedere toate celelalte greutăţi, enurezisul fiului juca doar un rol secundar pentru mamă.

Florian este copilul mijlociu al familiei, dar şi cel mai mare dintre copii, o fiică, suferă de mai multe tulburări psihosomatice. Al treilea copil este un fiu.

S-a ajuns la o constelaţie intensă şi foarte lungă, despre care voi povesti în cele ce urmează, doar parţial. A devenit foarte repede vizibil că atât Florian, cât şi fiica voiau să părăsească familia actuală, în locul tatălui. Soţul lui Waltraud îşi pierduse tatăl la vârsta de trei ani, deoarece acesta s-a sinucis. Şi fratele tatălui, unchiul soţului lui Waltraud, şi-a luat viaţa, precum şi mama acestora (bunica soţului lui Waltraud).

Când a fost inclusă în constelaţie, femeia cu pricina a avut o influenţă înspăimântătoare asupra tuturor celor implicaţi. Întrebată cu privire la acest lucru, ea a povestit că, atunci când şi-a luat viaţa, a încercat să îşi ucidă şi cei doi fii. Copiii abia au putut fi salvaţi. După cum s-a discutat deja, cei doi fii au ales mai târziu, de bunăvoie, acelaşi mod de a părăsi viaţa pe care îl alesese şi mama lor.

După multe etape individuale în cadrul constelaţiei, punctul decisiv a fost când femeia, care a vrut ca fiii ei să moară odată cu ea, s-a distanţat spaţial de familie. Abia atunci au putut toţi reprezentanţii să se relaxeze. Totuşi, soţul lui Waltraud nu a fost capabil să proceseze moartea timpurie a tatălui său, care a părăsit această viaţă de bunăvoie. El a rămas lângă tată, în timp ce Waltraud s-a poziţionat în faţa copiilor săi, pentru a-i proteja. Atracţia bărbatului înspre familia lui de provenienţă domina imaginea.

Bărbatul nu fusese pregătit să o însoţească pe Waltraud la seminar, dar îşi dăduse aprobarea pentru constelaţie. Ca să se ajungă aici la o soluţie pentru soţ şi familia actuală, ar fi fost avantajos să fie şi el prezent, având în vedere că problema lui acută îi afectează atât de grav pe copii şi pe soţie. Respectul pentru partener prevede însă ca problemele sale să nu fie prelucrate terapeutic în absenţa sa. Orice altceva ar fi de rău augur, deoarece un partener nu are dreptul să devină terapeutul celuilalt.

Waltraud nu poate face altceva aici decât să îi povestească soţului ei despre cele văzute. Dacă el va dori, va putea să se confrunte cu cele întâmplate, să acorde mai multă atenţie familiei lui de provenienţă şi să caute soluţii pentru sine. Altfel, soţiei nu îi rămâne altceva de făcut decât să privească spre această legătură familială problematică a partenerului, cu iubire şi cu respect. Cine se căsătoreşte nu se leagă doar de omul iubit, ci de întreaga sa familie!

Nouă luni mai târziu, am văzut-o pe Waltraud din nou. Abia acum mi-a povestit că, atunci când ea a venit la atelier, Florian suferea de enurezis: „Când am venit înapoi acasă de la seminarul de constelaţii, duminică seara, sigur s-a întâmplat ceva cu Florian. Începând cu acea zi, enurezisul său s-a vindecat ca prin minune – de atunci încolo, el nu a mai făcut pe el nici măcar o dată!"

Mai mult, Waltraud mi-a povestit că şi căsnicia ei a devenit mai bună după constelaţie. După ce constelaţia a adus la lumină faptul că, din motive de siguranţă, copiii trebuie să rămână alături de ea, tensiunea psihică a acestora s-a dis pat.

Lars, în vârstă de 17 ani, suferă de enurezis din copilăria timpurie

Lars vine la unul dintre grupurile mele, deoarece vrea să lucreze o constelaţie pentru enurezisul său. El nu a împlinit încă optsprezece ani, dar este însoţit de tatăl său. Mai întâi, îi spun că îi admir curajul. Nu a mai participat până acum la un astfel de grup şi, pe lângă asta, el s-a încumetat să îşi expună deschis şi fără ruşine suferinţa. Acesta este un lucru ieşit din comun.

Tatăl şi fiul îşi zâmbesc unul altuia. Se înţeleg bine şi acesta este probabil şi secretul pentru care Lars este atât de curajos. Un adolescent poate muta şi munţii, dacă are în spate susţinerea tatălui.

Lars lucrează o constelaţie pentru enurezisul său, pentru care alege ca reprezentant un bărbat, şi pentru el însuşi. Lars priveşte pe rând, mutându-şi încontinuu privirea de la unul la altul, două puncte de pe podea.

Facilitatorul se adresează lui Lars, cel de pe scaun: „Ale cui sunt cele două morminte spre care priveşti?"

„Unul dintre ele ar putea fi tatăl mamei mele, care a murit de tânăr, iar celălalt ar putea fi un copil avortat al părinţilor mei", spune Lars.

Reiese că în special copilul avortat reprezintă o povară foarte grea pentru Lars. După ce a reuşit să le transmită responsabilitatea asupra copilului mort mamei şi tatălui, care au fost incluşi în constelaţie, el se simte bine. În acest punct, Lars îşi preia propriul rol. Sunt incluse şi alte trei surori ale lui Lars.

Toate surorile vor să se îndepărteze de părinţi. Se iau de mâini şi formează un cerc.

Lars încă ezită se li se alăture. El simte că înainte de asta îşi doreşte să meargă şi la bunicul său. Băiatul îngenunchează în faţa mormântului pentru a-şi lua rămas-bun: „Cu siguranţă i-ai lipsit foarte mult mamei!", spune el, înainte să se alăture surorilor lui în cerc. Sora cea mai în vârstă le spune celorlalte surori şi fratelui: „Avem încredere că totul va fi bine pentru noi. Le lăsăm părinţilor greutăţile!"

Acum tuturor le merge bine, atât celor morţi şi celor doi părinţi, cât şi copiilor. În tot acest timp, reprezentantul enurezisului se apropie încet, din ce în ce mai mult, de părinţi. La final, stă fix în spatele părinţilor şi confirmă că acesta este, de fapt, locul lui.

Ar mai fi de adăugat că, din dorinţa lui Lars, tatăl acestuia a părăsit încăperea pe timpul constelaţiei. După aceea, tatăl a lucrat şi el o constelaţie, în cadrul aceluiaşi atelier. La cinci luni după această întâlnire, tatăl lui Lars revine cu următorul mesaj: „Lars a mai făcut doar o singură dată în pat, în ziua următoare atelierului. După aceea, problema s-a rezolvat definitiv."

Putem vedea de aici că metoda constelaţiilor familiale poate avea un efect pozitiv, chiar şi în cazurile în care enurezisul s-a întins pe o perioadă de mai mulţi ani.

Dermatită atopică

Dermatita atopică se află deja de mult timp în atenția terapeuților care lucrează după metoda sistemică. Fără îndoială, aceasta este o boală a pielii destul de comună. Este vorba aici despre un anumit tip de eczemă. Afecțiunea în sine se instalează încă din copilărie, dar se poate ca ea să debuteze și la vârsta maturității. Boala se manifestă prin formarea de focare cât podul palmei sau de formă alungită, care sunt uneori înconjurate de o zonă maronie. Deseori afectate sunt fața, gâtul și extremitățile. Cei care suferă de această boală se plâng mai ales de mâncărimi ale pielii, precum și de faptul că aceasta se descuamează și supurează. Bolnavul suferă și din punct de vedere social, deoarece înroșirea pielii îl face să se simtă ca un „lepros“.

În manualele de medicină psihosomatică se spune deseori că agresivitatea refulată ar juca un rol în dezvoltarea dermatitei atopice. Această afirmație se confirmă și din punct de vedere sistemic; totuși, nu este vorba doar despre propria agresivitate, ci mai ales despre furia preluată de la un fost partener al unuia dintre părinți. Cei care suferă de această afecțiune au de multe ori nevoie de binecuvântare din partea acestui fost partener. Nu de puține ori, binecuvântarea vine din partea unei prietene sau a unei logodnice a tatălui. Se întâmplă des ca fosta parteneră a tatălui să fi fost tratată necorespunzător, deși uneori poate fi vorba și despre fostul partener al mamei.

În unul dintre cazurile pe care le-am întâlnit, o femeie avea trei fiice, dintre care una cu dermatită atopică. În constelația familială, acest copil nu și-a îndreptat atenția nici asupra tatălui, nici asupra mamei, ci asupra unui fost partener al clientei. Copilul era solidar cu el, deoarece, în urmă cu mulți ani, femeia avortase împotriva voinței acestuia și îl părăsise fără să se gândească de două ori. Copilul purta acum durerea acestui bărbat. Până la constelație, femeia nici nu era conștientă de faptul că se făcuse vinovată față de bărbat. Am sfătuit-o să îl contacteze, să își recunoască greșeala și să îi spună că îi pare rău. El locuia însă în străinătate, foarte departe, iar femeia nu a reușit să îi găsească adresa. De aceea, ea s-a confruntat în interiorul ei cu aceste evenimente petrecute în urmă cu mult timp. După câteva luni, mi-a povestit că dermatita atopică a fiicei sale s-a ameliorat considerabil.

Totuși, experiența mi-a arătat că nu este întotdeauna vorba despre foști parteneri ai părinților, ci uneori chiar despre dinamica relației părinților înșiși.

O femeie avea o fiică în vârstă de doar nouă luni, care suferea de dermatită atopică. Prin încercările ei susținute de a înțelege boala, femeia a reușit să își dea seama de una singură că aceasta era legată de furia ei față de tatăl copilului. Se despărțise de bărbat și încă era supărată pe el. Cu cât era mai furioasă din cauza lui, cu atât se deteriora pielea copilului ei. Când și-a dat seama de efectul nefast al furiei ei și când și-a asumat partea ei de vină față de partener, dermatita atopică a fiicei a dispărut!

În unele cazuri, dermatita atopică este legată și de intervenirea în viața amoroasă a părinților. În familia unei fiice în vârstă de douăzeci de ani, care suferea de dermatită atopică, tatăl a părăsit-o pe mamă deoarece aceasta avea un iubit. La rândul ei, fiica i-a suflat iubitul mamei, dar nu pentru că îl iubea, ci din devotament față de propriul tată! Constelația a arătat că tânăra femeie formase o legătură cu furia tatălui față de mamă. Totuși, ea nu era conștientă de acest devotament față de tată.

Așa cum arată aceste exemple, rivalitatea și gelozia par, nu de puține ori, să joace un rol în familiile celor cu dermatită atopică. Și Franz Ruppert[20] a observat ceva similar: această afecțiune poate apărea atunci când copiii se amestecă în furia și în gelozia părinților.

Etiologia dermatitei atopice pe care o voi prezenta în următorul exemplu este cea pe care am văzut-o cel mai des în cei douăzeci de ani în care am lucrat cu constelațiile familiale: formarea unei legături cu o fostă parteneră a tatălui. Nu de puține ori, fetelor și băieților care formează o legătură cu o fostă iubită a tatălui le place basmul „Frumoasa din pădurea adormită". Și nu este o coincidență, deoarece, în basm, „ursitoarele" sunt reprezentări ale partenerelor dinaintea relației actuale a bărbatului. A treisprezecea ursitoare, care nu a fost invitată, „se răzbună" apoi pe fiica regelui...[21]

---

[20] Franz Ruppert: *Verwirrte Seelen*, München, 2002, pp. 204 şi urm.

[21] Despre interpretarea acestui basm şi a altora, poţi citi mai pe larg în Thomas Schäfer: *Wenn Dornröschen nicht mehr aufwacht*, München, 2008.

Patricia, în vârstă de 3 ani, suferă de dermatită atopică

Anne a venit neînsoţită de soţul ei la un atelier ca să lucreze o constelaţie pentru boala de piele a fiicei ei. Constelaţia arată, fără echivoc, motivul pentru care le recomand părinţilor implicaţi să lucreze împreună pentru copilul lor. Dacă unul dintre părinţi refuză să participe, tot este mai bine ca celălalt să lucreze o constelaţie de unul singur decât deloc, deoarece aşa se poate ajunge măcar la o soluţie intermediară.

Anne alege reprezentanţi pentru soţ, Patricia, ea însăşi şi pentru boală (o femeie). Reprezentanta bolii copilului se comportă încă de la început ca şi când ea ar fi mama copilului, nu Anne. Pe lângă asta, ea flirtează în mod evident cu soţul Annei. Deoarece pare că reprezentanta joacă două roluri, facilitatorul o întreabă pe Anne: „A fost soţul tău logodit sau căsătorit înainte de relaţia voastră?"

Anne: „Nu. Nici, nici... Dar a avut o relaţie serioasă, de lungă durată cu cineva".

Facilitatorul: „Din motive etice, nu avem voie să continuăm cu acest subiect! Doar soţul tău poate să lucreze o constelaţie pentru asta şi să ajungă la o soluţie pentru el însuşi şi pentru fiică. Trebuie să îi povesteşti despre ce s-a întâmplat astăzi, cel mai bine fără a pune presiune asupra lui, ci într-un mod pătrunzător şi obiectiv".

Este evident că reprezentanta joacă un dublu rol, aşa cum s-a presupus, şi o reprezintă în acelaşi timp, inconştient, pe prietena bărbatului.

Anne: „Da, bine... Dar în acest moment, nu se mai poate face nimic?"

Facilitatorul: „Ba da, există cel puţin o soluţie intermediară pentru fiica ta!"

Facilitatorul o roagă pe Patricia să se poziţioneze lângă mamă. Patricia o priveşte cu nesiguranţă pe aceasta.

Facilitatorul către Anne: „Vezi cât este de dezorientată fiica ta? Nu îndrăzneşte să te accepte ca pe o mamă, deoarece ea o reprezintă pe partenera desconsiderată a soţului tău".

Anne: „Pot să îmi preiau propriul rol?"

Facilitatorul: „Desigur! Oricum voiam să te rog chiar acum să faci asta".

Anne îşi preia propriul rol. Facilitatorul o îndeamnă să îi spună copilului: „Eu sunt adevărata ta mamă, nu fosta parteneră a tatălui tău!"

Anne repetă propoziţia de două ori, succesiv. Patricia începe să îşi revină din înmărmurire. În sfârşit, ea poate să îşi întoarcă privirea de la prietena tatălui, respectiv de la boală (rol dublu!), şi să i se dedice cu totul mamei ei. Se poziţionează lângă aceasta.

Facilitatorul către Anne: „Până când soţul tău se va decide să lucreze o constelaţie cu această temă, tu să repeţi din când în când propoziţia de mai devreme în sinea ta, pentru Patricia. Asta o ajută!"

Câteva luni mai târziu, soţul lui Anne, Volkmar, vine într-adevăr la seminar, însoţit de soţia sa. La fel ca în constelaţia Annei, sunt aleşi din nou patru reprezentanţi. Şi de data aceasta, boala şi Volkmar se privesc radiind. Anne se supără.

În pasul următor, fosta prietenă a lui Volkmar este inclusă în constelaţie, astfel încât reprezentanta bolii să nu mai trebuiască să exercite un rol dublu şi să reprezinte de acum încolo doar boala. Boala se eliberează de îndată de tensiunea erotică dintre ea şi Volkmar. Acum doar prietena flirtează cu bărbatul, nu şi boala. Anne se poziţionează lângă fiica ei.

Facilitatorul îi îndeamnă pe Volkmar şi pe prietenă să privească unul în ochii celuilalt. Totuşi, Volkmar nu prea îndrăzneşte.

Prietena: „Se ştie cu musca pe căciulă! Dintr-odată, nu vrea să se mai uite la mine. Sunt furioasă pe el."

Acum Volkmar îşi preia propriul rol. El spune: „Este adevărat. Mă simt vinovat".

Facilitatorul: „Aliniază-te cu inima ta şi simte ceea ce vrei să îi spui".

Volkmar o priveşte pe fosta prietenă şi îi spune mişcat: „Îmi pare rău! Am ales atunci calea uşoară. Pur şi simplu am fugit de tine, în loc să înfrunt cu adevărat situaţia".

Prietena încuviinţează din cap: „Da, asta a durut".

La îndemnul facilitatorului, Volkmar îi mai spune: „Cele două de aici [arată spre soţie şi spre copil] sunt soţia mea actuală şi fiica mea. Te rog, priveşte-le cu prietenie".

Prietena le priveşte cu bunăvoinţă pe Patricia şi pe mama ei.

Şi Anne îşi preia acum rolul. Ea repetă încă o dată, în faţa copilului, aceeaşi propoziţie pe care a rostit-o cu ocazia primei constelaţii: „Eu sunt mama ta adevărată, nu prietena lui tati".

Atracţia copilului faţă de cealaltă femeie a încetat acum în totalitate. Cea mică se ghemuieşte în braţele mamei sale. Volkmar se poziţionează lângă soţia sa. Toţi trei se privesc zâmbind.

După patru ani, Volkmar şi Anne îmi povestesc, în cadrul altui grup, că dermatita atopică a fiicei lor s-a vindecat pe jumătate după constelaţie şi că a rămas în acelaşi stadiu până în ziua de azi. Îi sfătuiesc pe amândoi, mai ales pe Volkmar, să îşi însuşească din nou în sinea lor soluţia la care s-a ajuns, pe baza notiţelor de atunci. Dacă cei doi doresc, se poate verifica dacă nu cumva se ascund şi alte cauze în spatele dermatitei atopice, pentru a continua eventual ceea ce s-a lucrat până acum. Nu este încă stabilit dacă Volkmar şi Anne vor face acest lucru.

Jerome, în vârstă de 18 ani, suferă din naştere de dermatită atopică

Într-un grup, Jerome alege ca reprezentanţi un bărbat pentru sine şi un alt bărbat pentru boală. Cei doi rânjesc unul la celălalt. În pasul următor, sunt incluşi şi părinţii.

De îndată, boala se îndreaptă radiind către mamă şi o ia în braţe.

Facilitatorul către Jerome: „A avut mama ta vreo relaţie mai serioasă înainte de căsătorie?"

Jerome: „Nu se poate... Părinţii mei s-au cunoscut foarte devreme".

Facilitatorul: „Totuşi, se pare că acolo există un secret!"

Jerome îşi preia acum propriul rol şi se poziţionează lângă tată.

Tatăl îi spune: „Cel mai bine ar fi să nu îi bagi în seamă pe ăia doi de acolo. Eu sunt tatăl tău, nimeni altcineva..."

Jerome este iritat, dar apoi respiră adânc.

El îi spune facilitatorului: „Tatăl meu a fost mereu ca un străin pentru mine. Încet-încet îmi dau seama de ce..."

Facilitatorul către Jerome: „Uită-te la tatăl tău şi spune-i: «Nu mă interesează secretul mamei. Doar tu eşti tatăl meu adevărat. În sfârşit pot ajunge la tine»".

Jerome rosteşte propoziţia, iar, în cele din urmă, îi dau lacrimile. Tatăl îl ia spontan în braţe. Cei doi rămân aşa mult timp.

La indicaţia facilitatorului, Jerome îi spune mamei sale: „Nu am de gând să fac săpături. Respect secretul tău. Mi-am găsit acum locul!"

Mama se bucură pentru fiu. Îl priveşte radiind şi îi spune cu naturaleţe: „Sper să îţi meargă bine alături de tatăl tău!"

Peste doi ani, Jerome mă contactează pentru a-mi spune că, după constelaţie, dermatita lui atopică s-a vindecat în totalitate şi definitiv.

Astm bronșic și alergii

Nu rareori, dermatita atopică merge mână în mână cu astmul sau cu alergiile. Acest lucru este ușor de înțeles: în cazul dermatitei atopice, accesul la mamă sau la tată este deseori blocat, iar această lipsă poate duce la apariția astmului sau a unei alergii, deoarece imposibilitatea de a-i accepta pe părinti drept ceea ce sunt este caracteristică ambelor afecțiuni.

Aproape întotdeauna, în spatele astmului sau al alergiilor se află o „mișcare întreruptă"[22], înspre mamă sau înspre tată: din diferite motive, poate să fie dificil să îl acceptăm pe propriul părinte drept ceea ce este. Atunci când, așa cum se întâmplă deseori în cazul dermatitei atopice, o femeie a format o legătură cu prima soție a tatălui său, ea reprezintă o rivală pentru mama sa. Îi este practic imposibil să o accepte pe mamă ca mamă. Dacă această mișcare înspre mamă este permisă, atunci și corpul poate reacționa pozitiv față de acest lucru.

Și despărțirile timpurii de părinți, spre exemplu din cauza unor internări în spital, duc la o mișcare întreruptă. Bebelușul este furios că părinții l-au lăsat singur. El nu uită această furie nici după externare. Copilul încă este furios pe părinți chiar și ca adult, în special pe mamă, și are deseori mari probleme de atașament în căsnicie și în relații. Atașamentul sufletesc profund deschide răni din trecut, fapt care poate duce la evitarea formării de legături. Din punct de vedere terapeutic, terapia prin îmbrățișare după Jirina Prekop (vezi bibliografia din anexă) poate fi de ajutor pentru copiii în cauză.

Michelle, în vârstă de 16 ani, suferă din naștere de diferite alergii

Folosindu-se de figurine din lemn, Michelle lucrează la cabinetul meu o constelaţie pentru sine şi pentru alergiile ei, fiecăreia fiindu-i atribuite figurine de formă rotundă (substitute feminine). Sunt incluşi şi tatăl (figurină unghiulară) şi mama sa (figurină rotundă).

[22] Am vorbit mai pe larg despre „mişcarea întreruptă" în cartea *Was die Seele krank macht und was sie heilt*, München, 1997 şi 2003, pp. 116 şi urm.; română: *Ce îmbolnăveşte sufletul şi ce îl vindecă. Constelaţiile familiale şi terapia lui Bert Hellinger*, Bucureşti, Editura Philobia, 2021.

Pe rând, mergem amândoi în toate poziţiile şi încercăm să evaluăm cum se simte fiecare loc din punct de vedere corporal şi în care direcţie suntem atraşi. Împreună, ne dăm seama că apropierea lui Michelle faţă de boală dispare de îndată ce priveşte către tatăl său. Din contră, deasupra figurinei alergiilor se simte o atracţie faţă de mama ei. Michelle ia figurina din lemn care reprezintă alergiile şi o poziţionează lângă mamă. După aceea, sunt incluşi şi părinţii mamei (figurine neobişnuit de mari).

Eu şi Michelle suntem de acord că „te ia cu ameţeli" atunci când te poziţionezi fizic deasupra figurinei bunicii. Senzaţia corporală nu este una plăcută nici în rolul mamei. Michelle nu ştie ca bunica ei să ascundă vreun „secret", dar unele lucruri par să indice în acea direcţie, respectiv că bunica ar avea într-adevăr un secret.

Locul potrivit şi stabil pentru Michelle este alături de tatăl său. De aici, cu lacrimi în ochi, îi spune mamei, care se află vizavi: „Cu iubire şi cu respect, vă las pe tine şi pe bunica să păstraţi secretul".

După această constelaţie, Michelle mă întreabă dacă poate să îi dea un „pont" mamei sale. O sfătuiesc numaidecât să nu facă asta, deoarece atunci s-ar transforma în terapeuta membrilor mai în vârstă ai familiei. Asta nu se cade pentru un copil. O avertizez şi împotriva „săpăturilor" de orice fel: „Dacă îţi bagi nasul în acest secret, te vei confrunta cu reacţii alergice severe..."

La unsprezece luni de la constelaţie, primesc un mesaj din care aflu că alergiile au dispărut cu totul.

Daniel, în vârstă de 11 ani, suferă de un astm care îi pune în pericol viața

Wolf şi Christiane au o fiică în vârstă de paisprezece ani şi un fiu în vârstă de unsprezece ani, care este afectat, în mod repetat, de atacuri serioase de astm. Constelaţia arată rapid că

Daniel poartă ceva în spate pentru mama lui. Chiar de la început, aceasta s-a lăsat să cadă pe podea. Mama tatălui ei a murit dând naştere unui copil. Bunica în cauză şi tatăl, care între timp a murit şi el, sunt incluşi în constelaţie. Fără ezitare, Daniel se întinde lângă cei morţi. Acolo se simte bine. Dar, nu trebuie să uităm că a sta alături de cei morţi înseamnă a spune „nu" vieţii.

Wolf îşi preia propriul rol şi îi spune lui Daniel, cu un gest sugestiv: „Ai voie să îi laşi această povară mamei tale. Vino la mine!"

Daniel poate într-adevăr să se ridice. El se simte bine alături de tatăl său. Totuşi, pare să îşi facă mustrări de conştiinţă, sau cel puţin aşa se poate presupune din felul în care o priveşte mama sa.

Facilitatorul către Daniel: „Cum te simţi în legătură cu mama ta?"

Daniel: „Îmi fac mustrări de conştiinţă pentru că am lăsat-o singură".

Facilitatorul către mamă: „Şi tu cum te simţi?"

Mama: „Cu cât îl privesc mai mult pe Daniel, cu atât mai mult simt că el are nevoie de tatăl lui! Mă voi ocupa singură de lucrurile de aici".

Acum Daniel se simte şi mai bine alături de tată. El se ghemuieşte în braţele acestuia.

Christiane îşi preia propriul rol. Ea este copleşită de suferinţa din familia ei. Tatăl şi bunica o asigură că ar trebui să se simtă liberă de toate acestea. Nimeni nu a fost de vină pentru moartea la naştere! Christiane se poziţionează apoi lângă soţul său, în timp ce îşi şterge o lacrimă. Toţi participanţii la constelaţie se simt bine.

În acest exemplu, o dramă familială din arborele genealogic al mamei îl împiedica pe copil să îşi accepte tatăl în totalitate. Când o femeie moare la naştere, unii membri ai familiei sunt bântuiţi de gândul că cineva ar putea fi de vină pentru această moarte. Un copil care îşi pierde mama într-un mod atât de tragic este văzut uneori de ceilalţi ca „ucigaş", şi aşa se şi simte – deşi este total nevinovat, plătind el însuşi un preţ extrem de mare!

La zece luni de la constelaţie, părinţii mă anunţă că astmul lui Daniel s-a vindecat.

Dennis, în vârstă de 4 ani, suferă de astm și de alergii

Fiul lui Kathrin şi al lui Peter suferă deja de mult timp de astm şi de alergii. Cei doi mai au şi o fiică, în vârstă de şapte ani. În discuţia cu grupul, Kathrin spune că soţul ei îi „absoarbe energia" în mod constant. Peter stă lângă ea fără să spună nimic. Pare să fie obişnuit cu faptul că soţia lui spune astfel de lucruri despre el. Cel mai important pentru bărbat este ca fiul lui să se facă bine.

Totuşi, constelaţia arată cu totul şi cu totul altceva decât ceea ce a susţinut Kathrin: atât fiul, cât şi soţul suferă pentru ea. Fiul stă lângă mama sa ca şi când ar vrea să o consoleze. După cum reiese, Kathrin vrea să urmeze un copil născut mort, rezultat din căsnicie. Ea nu a reuşit să proceseze moartea copilului nici până în ziua de azi. Din cauza ataşamentului puternic faţă de mama sa, fiul încă în viaţă nu are nicio şansă să se apropie de tatăl său. Dacă părinţii, mai ales Kathrin, îşi vor întoarce privirea cu afecţiune asupra copilului născut mort şi dacă îl vor accepta în totalitate ca fiind al doilea copil al lor dintre cei trei, Dennis, copilul astmatic, va putea în sfârşit să se apropie de tatăl său, fără să se simtă vinovat. Într-adevăr, acesta îl îmbrăţişează pe tată de parcă l-ar fi salvat de la înec. El „respiră" acum adânc, din toate punctele de vedere.

Din păcate, nu am aflat niciodată ce s-a mai întâmplat cu Dennis după constelaţie.

Camilla, în vârstă de 4 ani, are astm și este alergică la praf

Silke şi Achim îşi fac griji pentru fiica lor şi vin împreună la un seminar. Camilla este unicul lor copil şi suferă de ceva vreme de astm.

În constelaţie, soţul se poziţionează undeva la margine. Vrea chiar să plece de îndată.

„Cele două nu mă vor!", spune el.

Fiica nu se simte deloc bine. Impulsionaţi de către facilitator, soţul şi soţia îşi schimbă locurile între ei. Astfel, Camilla stă chiar lângă tatăl său. Dintr-odată, faţa ei se luminează. Se sprijină de el şi inspiră adânc.

Facilitatorul se întoarce către Silke şi către Achim, care stau pe scaunele lor şi privesc la ce se întâmplă: „Îi este interzis fiicei să se apropie de tată?" Abia dacă a fost rostită întrebarea, că lui Achim îi şi curg lacrimile pe obraji. El îşi ascunde faţa în mâini.

Facilitatorul o roagă pe Silke să îşi privească soţul şi să îi spună, uitându-se direct în ochii lui: „M-aş bucura ca fiica noastră să se apropie de tine".

Dar Silke poate doar să şoptească. Vorbele ei abia se aud. Facilitatorul intervine din nou: „Te rog, spune-i-o încă o dată, dar de data asta, mai tare!"

Acum, Silke poate să rostească fraza mai tare. Ambii plâng.

De multe ori, astmul se declanşează când un copil nu poate sau nu are voie să se apropie de unul dintre părinţi. Camilla are nevoie de permisiunea mamei pentru a putea merge la tatăl său, deoarece fiica îi este devotată acesteia.

Acum, reprezentanta Camillei spune: „Trebuie să mai aud o dată! Abia dacă îmi vine să cred că am voie să mă apropii şi de tata!"

În constelaţie, reprezentanta lui Silke îi mai spune încă o dată aceeaşi frază reprezentantului lui Achim. Camilla încuviinţează acum din cap şi îl apucă de mână pe tatăl său, încrezătoare.

La îndemnul facilitatorului, copilul se aşază în faţa tatălui şi se sprijină de acesta. Camilla inspiră forţa tatălui ei, ceea ce îi face bine în mod vizibil.

Ceea ce se întâmplă mai departe în constelaţie arată că Silke este ancorată mult mai adânc în familia ei de provenienţă decât în cea actuală. Soţul şi copilul ei par să o intereseze doar puţin.

Camilla rămâne lângă tatăl său. Ea radiază: „Este păcat că mama vrea să plece, dar eu mă simt bine alături de tatăl meu".

În cadrul unui seminar ulterior, Silke lucrează o constelaţie pentru familia ei de provenienţă. Ea povesteşte că doar efectele primului seminar au ajutat-o să fie pregătită pentru acest lucru. Silke îşi dă acum seama că este legată de o serie de evenimente traumatice din familia ei de provenienţă. În ceea ce o priveşte pe Camilla, Silke povesteşte că astmul ei s-a vindecat între timp! După prima constelaţie, situaţia familiei s-a schimbat în totalitate: Achim, soţul ei, petrece acum mult mai mult timp cu fiica decât petrecea înainte, înflorind în rolul de tată. Ca bărbat şi ca tată, el a devenit mai puternic decât era în trecut. Reciproca este, de asemenea, valabilă, deoarece, la rândul ei, Camilla s-a apropiat de tatăl său, savurând timpul petrecut împreună cu el. Şi medicii Camillei au avut veşti bune cu privire la rezultatele ultimului control: nici analizele de sânge şi nici screeningul aparatului respirator nu au prezentat semne de boală legate de astm sau de alergii. Din punct de vedere medical, s-a confirmat că în momentul de faţă Camilla este „perfect sănătoasă".

Uneori, aprobarea unuia dintre părinți nu este suficientă pentru ca cel mic să aibă voie să îl accepte cu adevărat pe părintele exclus. În cazuri rare, este nevoie și de aprobarea celorlalți frați. În acest context, îmi amintesc de un seminar de constelații din urmă cu aproape douăzeci de ani. O tânără femeie, care suferea încă din copilărie de un astm care îi punea în pericol viața, venise la respectivul seminar împreună cu cele două surori mai în vârstă. Constelația lucrată de tânăra femeie a arătat că mama le bloca celor mici accesul la propriul tată, în special mezinei. În plus, existau multă rivalitate și multă gelozie între surori.

Mama, care părea să se afle undeva „dincolo de bine și rău", și-a părăsit familia și a reluat relația cu un fost partener. Din acea poziție, ea a putut să îi spună mezinei: „M-aș bucura dacă l-ai accepta pe tatăl tău". De bucurie, reprezentanta s-a aruncat în brațele tatălui și a plâns la pieptul său. În acest punct, clienta și-a preluat propriul rol, din care l-a acceptat pe tatăl său, respirând adânc și plină de bucurie. Apoi și-a întors privirea către surori, care stăteau încă pe scaunele lor, privind la ce se întâmplă. Ele radiau la rândul lor și se bucurau pentru sora mai mică. Femeia care suferea de astm le-a spus: „Toată copilăria mea am crezut că v-ați supăra pe mine dacă aș merge la tata."

Și cele două surori și-au preluat acum propriile locuri în cadrul constelației. În mod convingător, ele au asigurat-o pe sora cea mai tânără: „Ne bucurăm că tu mergi la tata".

Femeia a obiectat din nou: „Sigur nu vă supărați pe mine dacă merg la tata?" Abia după încă o confirmare plină de afecțiune din partea surorilor, femeia bolnavă s-a întors din nou către tatăl său. De data aceasta, putea să respire și mai adânc, și mai liber, alături de el. După aceea, ea le-a mulțumit cu ardoare mamei, tatălui și surorilor ei.

Metodele terapeutice de scurtă durată menționate în capitolul „Enurezis și encoprezis" pot fi aplicate fără nicio problemă și pentru astm. De exemplu, psihoterapeuții Joyce Mills și Richard Crowley menționează în una dintre cărțile[23] lor cum au putut ajuta un pacient, folosind poveștile terapeutice după metoda ericksoniană.

Joan, în vârstă de șapte ani, avea probleme serioase cu respirația, din cauza atacurilor de astm. Terapeutul i-a spus o poveste

---

[23] Mills/Crowley, *op. cit.*, pp. 64 și urm.

inventată pe loc, în care era vorba despre o mică balenă, deoarece fetița era interesată de balene.

Balena din poveste avea probleme cu suflatul apei prin gaura de pe cap. Era o balenă mică și îi plăcea foarte mult să se zbenguie în voie în apa mării. Dintr-odată, a început să aibă probleme cu gaura de pe cap: de multe ori ceva „o bloca", atunci când balena încerca din răsputeri să sufle apa. După aceea, a apărut o balenă mai în vârstă, care știa multe lucruri minunate și care se pricepea foarte bine și la găurile de pe cap. De exemplu, balena în vârstă își amintea cum se poate trece cu bine peste greutăți. Uneori este dificil să găsești hrană în apa tulbure. Balena mai în vârstă a explicat cum o balenă mai tânără poate să se folosească de toate celelalte simțuri ale sale pentru a ajunge la hrană, până când apa va fi limpede din nou. În continuarea poveștii, balena în vârstă a vorbit despre felul în care cea tânără poate exersa, așa încât să își folosească gaura de pe cap cât se poate de bine.

Joan stătea zâmbind în poala mamei ei, în timp ce asculta cu atenție povestea. După spusele fetiței, ea începuse deja să se simtă mai bine. În ziua următoare, mama m-a sunat și mi-a povestit că, spre deosebire de alte dăți, Joan a dormit aproape fără întreruperi. La o ședință de consiliere care a avut loc paisprezece zile mai târziu, mama a povestit că fiica ei se simte bine. Iar, în toiul verii următoare, Joan nu a trebuit să fie internată în spital nici măcar o dată, așa cum se întâmpla de obicei. A fost suficient un tratament medicamentos, nu foarte puternic.

Metaforele folosite în această poveste sunt remarcabile din mai multe motive. Cu ingeniozitate, terapeutul s-a folosit de unul dintre subiectele preferate ale copilului. Acest lucru i-a atras atenția lui Joan. Problemele micii balene cu gaura de pe cap i-au adus cu siguranță aminte fetiței, imediat și în mod inconștient, de propriile probleme cu respirația! În poveste, rezolvarea problemei apare odată cu balena mai mare, mai în vârstă, care o ia, din mai multe puncte de vedere, sub aripa sa pe balena cea mică, inspirându-i încredere.

Acesta este un „tablou părinte-copil" emoționant. Din punctul de vedere al constelațiilor familiale, copilul cu astm trebuie să învețe să îl accepte în totalitate nu doar pe unul dintre părinți, ci pe amândoi. Pentru copil, imaginile alese pun în mișcare, într-un mod inspirat, mecanismul prin care el îi acceptă pe părinți, arătându-le disponibilitatea de a se cuibări sub aripa lor. Copilul știe cel mai bine pe cine reprezintă balena. Astfel, el nu învață doar despre „respirație", ci și despre alte lucruri.

Terapeutul a ales aici metafore a căror potrivire nu poate fi decât confirmată, din punctul de vedere al constelațiilor familiale. De aceea, este recomandat, atât pentru părinți, cât și pentru terapeuți, ca ei să inventeze *în mod conștient* povești, în care informațiile care provin din constelații familiale să conlucreze cu terapia de scurtă durată modernă.

Balbism și alte tulburări de vorbire

La fel ca în cazul enurezisului și al astmului, nici în cazul balbismului nu este întotdeauna nevoie de o constelație familială. Uneori, copilul reacționează la un conflict în cuplu al părinților, la mutarea în alt oraș sau la schimbarea mediului social. Este posibil ca *la momentul respectiv* să existe o tensiune puternică altundeva în cadrul familiei, pe care copilul să o simtă și pe care să o exprime prin simptomul său. Experiența multor terapeuți ai copiilor cu balbism arată că aceștia reacționează ca seismografele cu privire la nivelul *actual* de stres din familie: cu cât nivelul de stres familial *din prezent* este mai scăzut, cu atât pot vorbi mai bine copiii cu balbism. Dacă, din contră, tensiunea crește din nou, tulburarea de vorbire se înrăutățește de obicei și ea. Situația este similară și în cazul enurezisului.

Tatăl unui băiat cu balbism mi-a povestit că era adesea extrem de stresat la serviciu. El avea impresia că nu ar putea să își organizeze viața profesională altfel decât ea era deja. Totuși, nu putea să renunțe la bănuiala că balbismul fiului său, care se tot înrăutățea, era un indiciu pentru el, ca tată. Într-adevăr, nu doar soția era iritată de faptul că abia dacă își vedea soțul, chiar și la sfârșit de săptămână, ci și copiii se simțeau „orfani". Cel mai mic dintre cei trei copii părea să reacționeze cu intensitate deosebită la lipsa tatălui. Bărbatul a încercat să își verifice bănuielile: și-a reorganizat viața profesională, a delegat colegilor mai multe sarcini decât de obicei și a acceptat faptul că este posibil ca din când în când să mai și piardă câte o comandă sau chiar bani.

Ca urmare, întreaga familie a profitat de faptul că tatăl avea din nou mai mult timp. În primele trei săptămâni, balbismul copilului a rămas neschimbat. Dar, după aceea, a devenit din ce în ce mai puțin accentuat, până când a dispărut cu totul. Asta chiar ar trebui să dea de gândit!

În hipnoterapia pediatrică, copilului i se povestesc deseori basme și povești care fac referire, prin metafore, la problema lui. Astfel, poveștile pot folosi, de exemplu, imagini care cresc încrederea în sine.

Totuși, efectele terapeutice nu se obțin doar prin evocarea de povești. În cazul copiilor cu balbism, este recomandat ca terapia strict logopedică, constând în exerciții de citire în cadrul cărora copilul cu balbism exersează cititul cu voce tare, să fie combinată, în aparență *întâmplător*, cu hipnoterapia. Pentru a atinge acest scop, copilului cu balbism îi sunt date să citească cu voce tare texte care au fost alese special pentru efectele lor psihoterapeutice.

Bernhard Trenkle și Uwe Gabert-Varga au descris cum au ales un text care se potrivea perfect cu nevoile unui băiat în vârstă de treisprezece ani, pe care acesta trebuia să îl citească mereu cu voce tare:

„Charlie se săturase deja de mult. Îl irita peste putință, dar de cele mai multe ori, fără să o arate, când oamenii îi observau pistruii și – așa credea el – dădeau din cap

cu dispreț. Lucrurile stăteau așa deja de ceva vreme. Mai demult, când era mai mic...“[24]

Este ușor de văzut că acest text are o funcție specială, subconștientă: pistruii și iritarea pe care ei o cauzează reprezintă balbismul și urmările lui sociale. Acest prim text îi transmite copilului că supărarea lui este înțeleasă. Textele care au urmat în cadrul terapiei au avut diferite alte mesaje subconștiente, spre exemplu unul de a reduce frica:

„În momentul în care Charlie [plecând de acasă] a pus mâna pe clanță, el a simțit dintr-odată că era curios să descopere care este reacția celorlalți la vederea pistruilor lui... Băiatul a încercat să afle cu exactitate cum se comportă fiecare în parte când îi observă pistruii. Această curiozitate i-a captat toată atenția, așa încât nici nu a observat că nu mai are timp să fie atât de temător.“[25]

Ca și în cazul enurezisului, este important ca nici părinții copiilor cu balbism să nu își laude exagerat fiica sau fiul, atunci când aceștia nu se bâlbâie. Un pionier al teoriei vocii și a vorbirii, Charles van Riper, l-a întrebat la finalul terapiei pe un tânăr în vârstă de douăzeci de ani, care suferea de balbism, cum va reacționa față de părinții lui când va merge în vizită la ei, iar aceștia îi vor lăuda progresele în vorbire. Tânărul bărbat a răspuns că le va povesti atunci despre terapeutul lui, van Riper. Terapeutul a respins acest răspuns: „Îți spun eu ce trebuie să le spui,

---

[24] Uwe Gabert-Varga şi Bernhard Trenkle: „Anecdote terapeutice în tratamentul tulburărilor de vorbire“, în: Siegfried Mrochen, Karl-Ludwig Holtz şi Bernhard Trenkle (coord.): *Die Pupille des Bettnässers*, Heidelberg, 2011, pp. 157 şi urm. Aici au fost citate doar primele propoziţii ale textului, care este, de fapt, mult mai lung.

[25] *Ibid.*, p. 159.

bâlbâindu-te intenționat: «Dddddaaa, vorbebebebebebesc deja cu mmmmmmmmmmult mai bibibibibibibine.»“[26]

Cu acest indiciu, van Riper a încercat să prevină o posibilă recădere. Când părinții își laudă fiul pentru că vorbește mai bine, ei îi transmit la nivel subconștient că balbismul nu este în regulă și că nu este normal.

În cazul copiilor cu balbism, abordările terapeutice de scurtă durată sau cele hipnoterapeutice au, pe termen lung și doar în unele cazuri, succes, dar în linii mari, rezultatele sunt mediocre. Renumiții hipnoterapeuți pediatrici Karen Olness și Daniel Kohen fac un bilanț realist:

> *„În cazul tuturor copiilor tratați, am constatat în transă o îmbunătățire dramatică sau chiar totală a balbismului. Deși acest lucru ne-a bucurat și ne-a făcut mândri, niciunul dintre copii nu a putut conserva efectul, chiar dacă le-am administrat următoarea sugestie, ca punte afectivă: «Adu vorbirea ta fluentă, netedă în starea ta normală a conștiinței și a atenției.»“*[27]

Când balbismul copilului nu apare de unul singur, fiind însoțit și de simptome adiacente, cum ar fi tulburările grave de comportament, alte tulburări sau, spre exemplu, gândurile suicidare, constelațiile familiale reprezintă o posibilă terapie suplimentară importantă. În studiul de caz de mai jos, care prezintă povestea lui Edwin, sprijinul strict hipnoterapeutic ar fi fost cel mai probabil insuficient.

Jirina Prekop a menționat cazul unui copil cu balbism, a cărui mamă a lucrat o constelație familială. Acest băiat și-a apărat tatăl în fața mamei sale, care îl desconsidera pe bărbat. Pe

[26] Apud Bernhard Trenkle: „Hipnoterapia şi psihoterapia în cazul copiilor cu enurezis“, în: Mrochen et al., *op. cit.*, p. 149.

[27] Karen Olness şi Daniel P. Kohen: *Lehrbuch der Kinderhypnose und -hypnotherapie*, Heidelberg, 2006, p. 186.

lângă asta, copilul a reacționat negativ cu privire la conflictele de cuplu ale părinților săi și cu privire la separarea acestora.[28] Și logopeda Marlies Warncke a constatat, într-unul dintre cazurile de balbism pe care le-a tratat, că atitudinea soților unul față de celălalt are un efect clar asupra copilului cu balbism.[29]

Într-unul din grupurile mele, balbismul unei fetițe a fost reprezentat în constelație de către o femeie. În imaginea inițială, balbismul a flirtat cu tatăl copilului. După câteva întrebări din partea mea, s-a dovedit rapid că bărbatul avea o iubită *în paralel* cu relația conjugală, despre care nu vorbise însă.

Când o participantă la grup a fost inclusă în peisaj, copilul a spus dintr-odată: „E ca și când cineva ar fi apăsat pe un buton... Simt că m-am eliberat de toate problemele mele cu bâlbâiala!"

Este evident că fiica exprimă, prin simptomul său, că ceva important trebuie supus discuției în cadrul căsniciei! Altfel decât în cazul „tematicii frumoasa-adormită" menționate mai sus, în acest studiu de caz nu este vorba despre foști parteneri ai părinților, ci despre un adulter *actual*, paralel cu mariajul. Din experiența mea, copiii reacționează mai des prin alergii la adulterul părinților decât prin balbism – totuși, asta depinde mereu și de constituția individuală a copilului. În orice caz, deseori când vine vorba de balbism, regăsim cauze sistemice solide în arborele genealogic, așa cum vom vedea mai jos.

Tot despre un „triunghi amoros" este vorba și într-un caz descris de către terapeuta Sieglinde Schneider.[30] În cadrul unei ședințe de consiliere școlară, ea a întrebat-o pe mama unui

---

[28] Jirina Prekop și Bert Hellinger: *Wenn ihr wüsstet, wie ich euch liebe. Wie schwierigen Kindern durch Familien-Stellen und Festhalten geholfen werden kann*, München, 2010, p. 97.

[29] Marlies Warncke: „Constelațiile familiale într-un cabinet de logopedie – un studiu de caz", în: *Praxis der Systemaufstellung – Beiträge zu Lösungen in Familien und Organisationen*, Wiesloch, nr. 1/2001, pp. 49 și urm.

[30] Sieglinde Schneider: „Ceea ce le lipsește copiilor", în: Sylvia Gómez Pedra (coord.): *Kindliche Not und kindliche Liebe. Familien-Stellen und systemische Lösungen in Schule und Familie*, Heidelberg, 2002, p. 25.

băiat cu balbism: „Care membru al familiei ar trebui, poate, să se bâlbâie?" Atunci, mama a povestit că fiul său este ilegitim și că tatăl îi vizitează pe amândoi o dată pe lună. Soția acestuia, care locuiește la mare depărtare și, de asemenea, copiii lui, nu știu nimic despre fratele ilegitim. Tatăl le povestește mereu despre o „scurtă călătorie de afaceri" în care trebuie să plece. Și băiatului îi era clar că balbismul era legat de rușinea tatălui; el vorbea jenat cu mama lui: „La una dintre întâlnirile recente cu tata i-am spus: «Dacă nu vrei să mai vii, voi înțelege. Nu vreau să ai probleme din cauza mea»".

Totuși, în cazul balbismului sunt greu de stabilit niște cauze sistemice bine determinate. Urmează două exemple.

Gilbert, în vârstă de 12 ani, suferă de balbism de 7 ani

În urmă cu deja foarte mult timp, Roger i-a lucrat o constelaţie fiului său. Bărbatul se despărţise de ceva vreme de soţia lui, Carina. Totuşi, ei au venit împreună la atelier, pentru fiul lor. În prima imagine, Gilbert privea neîncetat către un punct fix de pe podea. A reieşit după aceea că el se uita la un mormânt. Era vorba despre o soră moartă a lui Gilbert, care decedase în circumstanţe neclare. Reprezentantul masculin al balbismului se aşezase lângă cea moartă şi plângea fără oprire. Şi Gilbert suferea alături de acesta.

Încet-încet, Gilbert a început să se simtă mai bine, după ce mama a venit la el şi i-a promis că îi va purta de grijă.

Opt luni mai târziu, Carina, mama lui, mi-a scris un e-mail în care mi-a dat următorul feedback:

„Mai vreau să îţi spun şi că fiului meu îi merge mai bine. Balbismul lui s-a ameliorat considerabil, dar mai există şi faze în care se bâlbâie. În general însă, este mult mai relaxat şi mult mai fericit."

Edwin, în vârstă de 12 ani, suferă de balbism și este autoagresiv

Stefanie şi Kurt vin la un seminar, deoarece îşi fac griji pentru cel mai mare dintre cei cinci fii ai lor. În timp ce Stefanie are aşteptări mari de la o constelaţie familială, Kurt este sceptic cu privire la această metodă. El adoptă rolul de observator şi aşteaptă să vadă ce se întâmplă. Atitudinea lui rezervată în interior se simte foarte clar.

Comportamentul autoagresiv se referă la forme de rănire a propriei persoane, cum ar fi, spre exemplu, smulgerea părului şi a unghiilor sau zgârierea pielii folosind cuţite, lame de ras sau cioburi. Cazul din urmă indică întotdeauna că viaţa persoanei este pusă în pericol. Până în momentul de faţă, Edwin nu s-a zgâriat, dar părinţii percep situaţia ca fiind una serioasă.

Constelaţia arată că atât Stefanie, cât şi Edwin poartă o povară pentru soţul ei. Tatăl lui Kurt a trăit multe momente traumatizante în timpul războiului: majoritatea camarazilor săi au murit, în timp ce el a fost mereu cruţat, din motive pe care nu le-a înţeles niciodată. Şi în vremea prizonieratului de război în Rusia a fost martor la moartea unor camarazi; el a rămas totuşi în viaţă.

De aceea, în constelaţie sunt incluşi camarazii morţi ai tatălui lui Kurt, lucru care are un efect imediat asupra tuturor. Atât Stefanie, cât şi Edwin se simt bine lângă camarazii morţi. Doar reprezentantul lui Kurt se uită cu dezinteres; el oglindeşte lipsa de interes a lui Kurt, care priveşte de pe scaun, în timp ce Stefanie plânge. Chiar şi atunci când reprezentanta Stefaniei şi reprezentantul lui Edwin îi spun lui Kurt: „Empatizăm cu tine!", acesta nu este deloc afectat.

Facilitatorul îşi întoarce privirea de la constelaţie şi îl întreabă pe Kurt, direct: „Care este povestea cu tine şi cu tatăl tău?"

Reiese că bărbatul nu mai îndrăzneşte să îşi privească tatăl în ochi, deoarece acesta îl dispreţuieşte profund. Pare că nu mai există speranţa ca inima tatălui să se deschidă din nou pentru el.

În constelaţie, Kurt îi spune tatălui: „Nu ştiu dacă mă mai pot întoarce la tine ca fiu!"

Tatăl încuviinţează din cap. După aceea, Stefanie îşi preia propriul loc în constelaţie, în timp ce reprezentanta ei se aşază. Femeia îşi ia copiii deoparte şi le spune: „Mama este în totalitate alături de voi!" Toţi copiii se simt bine acum. Edwin, care era expus pericolului în mod deosebit, nu mai simte acum nicio atracţie faţă de camarazii morţi ai bunicului său. Stefanie plânge. Apoi îi spune soţului său cu voce hotărâtă: „Voi aştepta!"

Şi socrul ei îi spune fiului lui, încă înainte de terminarea constelaţiei: „Copiii tăi şi soţia ta aşteaptă!"

Kurt încă stă ca împietrit pe scaunul său. El îşi îngroapă capul în mâini. Nu vorbeşte despre constelaţie, dar în cursul seminarului devine evident că psihicul lui Kurt s-a pus în mişcare. Constelaţiile pe care Kurt doar le observă, dar şi cele la care participă ca reprezentant, îi pregătesc drumul către tatăl său. Spre finalul seminarului, Kurt ia cuvântul şi spune că vrea să lucreze o constelaţie pentru tatăl său şi pentru sine. După cum se arată, inima tatălui este încă accesibilă, deoarece lui Kurt îi pare vizibil rău, *acum,* de felul în care s-a comportat faţă de acesta.

În săptămânile de după constelaţie, Kurt reia şi păstrează o bună legătură cu tatăl său. Abia acum regretele sale rămân tot mai în urmă. Pur şi simplu avea nevoie de timp. Având susţinerea tatălui său, şi copiii lui îl văd în sfârşit ca pe un tată puternic.

În ceea ce îl priveşte pe Edwin, atât balbismul lui, cât şi comportamentul autoagresiv au devenit din ce în ce mai puţin accentuate, până când au dispărut cu totul.

Ticuri și tresăriri pe fond nervos

Trebuie făcută diferența între ticurile nervoase și sindromul Gilles de la Tourette. În cazul celui din urmă, este vorba despre ticuri a căror manifestare implică spasme fulgerătoare.

Deseori, aceste spasme afectează fața, cauzând spre exemplu clipiri, crisparea gurii, plescăituri sau smuciri ale gâtului și ale trunchiului. Pe lângă acestea, pot apărea și comportamente obsesive, precum repetarea permanentă a anumitor cuvinte. După părerea majorității specialiștilor, cauza acestui sindrom este un exces de dopamină, o encefalită sau o meningită care nu s-au vindecat corespunzător sau o malformație a embrionului. Și factorii genetici joacă un rol. Deoarece cauzele exacte sunt controversate din punct de vedere medical, delimitarea de la caz la caz, între sindromul Tourette și ticurile condiționate psihic, nu este întotdeauna ușoară. Ticurile condiționate psihic pot fi atât de intense încât să semene cu tabloul clinic al sindromului Tourette.

Cecile, în vârstă de 10 ani, avea ticuri încă de mic copil

Bruno o creşte singur pe fiica lui, Cecile, care îşi ducea spasmodic mâinile la faţă încă de când era bebeluş. Mai târziu, ea a dezvoltat ticuri. Bruno s-a despărţit de soţia sa acum mulţi ani, dar Cecile îşi vizitează mama cu regularitate.

Din constelaţie reiese că boala este legată de Bruno, nu de mamă. Felul în care reprezentanta ticurilor tresare îmi aminteşte de constelaţii în care a fost vorba despre crimă. Întrebat cu privire la acest lucru, Bruno povesteşte despre un frate al bunicii lui care a fost abuzat sexual şi ucis când era doar un copil.

După ce copilul ucis este inclus în constelaţie, Cecile se întinde lângă el.

Mama Cecilei are impresia că este prea puţin băgată în seamă. „Dar aveţi nevoie de mine!", spune ea. Într-adevăr, ea este cea care reuşeşte să o convingă pe Cecile să se ridice.

La pasul următor este inclus în constelaţie şi criminalul, despre care însă nu se ştie nimic. El stă în expectativă. Nu vrea să îl privească pe copilul mort. Acest lucru se schimbă totuşi când se ajunge la o întâlnire emoţionantă între Bruno, mama lui, bunica şi copilul ucis. Se poate vedea cum făptaşul „se înmoaie".

Bruno îşi preia propriul rol. Facilitatorul îl atenţionează că Cecile nu are nevoie doar de binecuvântarea copilului mort, ci că, în vederea vindecării, este necesar ca şi ura faţă de făptaş să fie depăşită.

La propunerea facilitatorului, Bruno îi spune făptaşului: „Nu îmi sunt cunoscute toate circumstanţele. Nu condamn pe nimeni şi respect faptul că soarta te-a lăsat să devii vinovat. Te rog, priveşte-o cu prietenie pe fiica mea care suferă!"

Inima făptaşului se deschide acum cu totul. El se apucă de frunte cu mâna, se uită, pentru prima dată în cadrul constelaţiei, la copilul mort şi, abia acum, pare să îşi dea seama ce s-a întâmplat. El începe să plângă necontrolat. Bruno este atât de afectat, încât începe şi el să plângă. Ca în transă, criminalul este atras către copilul mort, lângă care se întinde. El îşi asumă acum vina, iar limbajul trupului său exprimă fără echivoc acest lucru.

Locul potrivit pentru Cecile este alături de mamă. Bruno recunoaşte acest lucru.

După doar patru săptămâni, Bruno îmi spune că 95% din ticurile fiicei lui au dispărut. După aceea, nu doar că notele ei de la şcoală s-au îmbunătăţit, dar şi restul ticurilor au dispărut în următorii ani.

Noah, în vârstă de 5 ani, are ticuri nervoase severe

După cum am menţionat deja, ticurile condiţionate psihic pot fi atât de intense, încât să semene cu manifestările sindromului Tourette. În cazul lui Noah, predomină zvâcnirea pleoapelor pe fond nervos, smucirea capului şi tragerea frecventă a nasului. Karola crede că fiul ei poartă ceva în spate pentru ea, aceasta fiind cauza bolii de care el suferă. Şi-ar fi dorit ca şi soţul ei să o însoţească, dar bărbatul nu este interesat de constelaţiile familiale. Nici rugămintea ca el să vină de dragul fiului său nu a dat rezultate. Totuşi, el şi-a dat acordul să includem în constelaţie şi arborele lui genealogic, dacă asta l-ar ajuta pe copil.

În imaginea iniţială, Karola, soţul ei şi, de asemenea, Noah sunt afectaţi de o încremenire ciudată. Totul pare mort, lipsit de viaţă. După câteva schimbări, se poate vedea că Noah a format o legătură cu ceva împovărător din partea tatălui său. Karola povesteşte că soţul ei nu şi-a cunoscut niciodată tatăl, deoarece el a rezultat dintr-un adulter comis de către cel din urmă. Bunicul lui Noah a rămas alături de soţia sa, cu care avea deja un fiu, care suferea de aceleaşi ticuri nervoase precum Noah. Acest frate vitreg al soţului Karolei şi-a luat viaţa încă de tânăr.

Sunt incluşi acum în constelaţie bunicul lui Noah, soţia acestuia şi fiul (unchiul lui Noah, respectiv fratele vitreg al tatălui lui Noah) pe care l-au avut împreună.

Noah îşi priveşte de îndată unchiul, radiind. Totuşi, unchiul se simte foarte rău. Este evident că sinuciderea lui a avut o cauză serioasă. Tatăl lui Noah pare, la fel ca mai înainte, împietrit. El se îndreaptă către tatăl şi către fratele lui vitreg. În tot acest timp, Karola îşi priveşte temătoare fiul.

La indicaţiile facilitatorului, Noah merge la unchiul lui şi îi spune: „Tu şi eu împărţim aceeaşi suferinţă."

Unchiul este foarte mişcat de faptul că există într-adevăr cineva care îl percepe cu atât de multă prietenie. Dintr-odată, el îşi pune o mână pe creştetul copilului.

Mai departe, reiese că Noah vrea să stea lângă mama lui. Soţul Karolei nu are nici cel mai mic interes să se întoarcă alături de soţia sa, dar încuviinţează ca cel mic să se poziţioneze lângă aceasta.

Atunci când unul dintre părinţi lucrează o constelaţie pentru un copil, este important să înţeleagă către cine se îndreaptă iubirea copilului. Dacă aceasta se îndreaptă către ramura familiei aparţinând părintelui absent, facilitatorul trebuie să fie atent ca părintele prezent să nu fie tentat să caute o soluţie pentru cel absent. De regulă, este suficient ca legătura problematică să fie indicată. În cazul constelaţiilor, găsirea de soluţii pentru partenerul absent nu este permisă! În afară de asta, un astfel de mod de a proceda cu privire la partener denotă aroganţă. Karola poate să îi povestească soţului ei despre imaginile surprinzătoare ale constelaţiei într-un mod scurt, la obiect şi fără orice judecată de valoare, iar apoi să aştepte să vadă care este reacţia lui.

La mai mult timp după seminar, aflu de la mama lui Noah că cele mai severe dintre spasmele lui au dispărut între timp, dar că unele urme ale bolii tot au rămas. Soţul nu a fost deloc receptiv cu privire la cele întâmplate în constelaţie. Pe el nu l-au interesat aceste cauze familiale şi sufleteşti. Într-o astfel de situaţie, este bine pentru mamă să păstreze dragostea pentru soţ şi să ştie, totodată, că cel mic este protejat alături de ea.

În astfel de cazuri, apare uneori întrebarea: cât de departe mai pot merge cu iubirea mea? Pot suporta ca situaţia să fie atât de dificilă ca în momentul de faţă? Orice fel de încercare energică de a-l convinge pe partener să urmeze o terapie sau să se confrunte cu situaţia are de obicei efectul opus. Ce ar trebui să facă partenerul atunci când soţia lui îl tratează ca o terapeută sau ca o mamă? Pentru a nu-şi pierde demnitatea şi poziţia de egal în cadrul relaţiei, el nu va face absolut nimic!

Din contră, dacă îl luăm pe partener așa cum este el, cu toate problemele lui, arătându-i iubire, se pot întâmpla miracole. Doar o astfel de iubire, prin care îi arătăm respect partenerului, îi dă posibilitatea să facă următorul pas fără să iasă „șifonat“ din această situație. În orice caz, pe termen lung, se poate întâmpla și ca dezechilibrul din căsnicie sau din relație să se amplifice, așa încât, la final, doar despărțirea să rămână o soluție viabilă pentru ambii parteneri.

Ticurile pot avea și alte cauze decât cele prezentate aici. Spre exemplu, ele pot aminti de întâmplări traumatice din propria viață. Karen Olness povestește despre o fată în vârstă de paisprezece ani, căreia îi tremurau deseori mâinile.[31] Când terapeuta a întrebat-o de ce este atât de sensibilă, ea a povestit despre un prieten al mamei sale. Acesta o molestase sexual în repetate rânduri, încă de la vârsta de opt ani. Nu vorbise niciodată cu mama ei despre acest lucru. Fata era furioasă pe mama ei, deoarece femeia știa prin ce trecuse fiica, dar nu luase nicio măsură împotriva celor întâmplate. Când fata a fost invitată recent de către un băiat acasă la el, mâinile au început să-i tremure.

Hipnoterapeutul Bernhard Trenkle a arătat, folosindu-se de diferite exemple, cum pot fi tratate cu succes ticurile prin terapii de scurtă durată.[32] Un băiat în vârstă de opt ani suferea de un tic la nivelul feței și era tachinat din cauza acestuia. Terapeutul a vorbit cu băiatul despre lucrurile care sunt importante pentru el: călătoriile în spațiul cosmic, astronomia și un mic telescop pe care îl folosea pentru a observa stelele.

Când a venit vorba despre tic, băiatul nu a știut să spună care erau circumstanțele în care acesta apărea și care erau cele în care nu apărea. De aceea, terapeutul l-a însărcinat cu un mic „proiect de cercetare", pentru a putea stabili când apare ticul și când nu. La următoarea ședință, băiatul a povestit că ticul apare mai ales după ce se uită mult la televizor. Următorul „proiect de cercetare" consta acum în a afla cât de mult se poate uita la televizor până ca ticul să apară. Mai târziu, băiatul a povestit că ticul apare mereu după mai mult de trei ore și că, practic, nu apare niciodată după mai puțin de o oră! Deoarece era deranjat de tachinările colegilor lui, el și-a limitat drastic, de unul singur, timpul petrecut în fața televizorului și a putut astfel să își rezolve problema.

---

[31] Olness/Kohen, *op. cit.*, pp. 199 şi urm.
[32] Trenkle, *op. cit.*, p. 140.

Coșmaruri

Nu toate coșmarurile transmit un mesaj care ar trebui să ne îngrijoreze. Pentru ca astfel de vise să înceteze, nu trebuie neapărat descoperită cauza. Înainte de toate, abordarea viselor prin terapii de scurtă durată s-a dovedit utilă. Dacă o astfel de terapie este lipsită de succes, pentru aceste vise se poate lucra și o constelație, așa cum a făcut Patrick (vezi mai jos). Când coșmarurile se repetă cu regularitate, fiind asemănătoare din punct de vedere al conținutului, ar trebui neapărat să ne întrebăm care sunt cauzele profunde. La adulți, visele recurente legate de persoane ucise au, nu de puține ori, legătură cu persoane cât se poate de reale din familie, care au murit și cărora ar trebui să li se lucreze o constelație. Și în cazul copiilor, această direcție merită să fie urmărită, deși cei morți pot indica, desigur, și spre ceva simbolic.

După cum am spus deja, de multe ori este suficientă o abordare terapeutică de scurtă durată. Deoarece copiii sunt mult mai spontani decât adulții, terapeutul poate inventa povești împreună cu ei. Tocmai când este vorba despre coșmaruri, vreau întotdeauna să aud de la copil ce fel de arătări și cum anume îl chinuie. După aceea, încercăm împreună să inventăm o poveste cu totul nouă și orientată spre soluții. Exemplul Anjei arată cum se întâmplă acest lucru în practică. Părinții care au un copil chinuit de coșmaruri se pot lăsa inspirați de acest exemplu, pentru a căuta, cu aceeași creativitate, moduri de a se ocupa de monștri și de alți răufăcători! Bineînțeles, o poveste adaptată perfect situației copilului este mult mai eficientă decât una generică!

Anja, în vârstă de 6 ani, suferă de coșmaruri

De multă vreme, Anja nu mai poate dormi noaptea, deoarece un balaur fioros o trezeşte încă înainte de miezul nopţii şi nu o mai lasă să adoarmă. Îmi povesteşte, folosindu-se de întregul corp, că nu e de joacă atunci când vine vorba despre acest balaur: el scuipă foc, doboară copaci şi uneori rage ca un leu. Înfricoşător este şi faptul că nu te poţi apropia prea tare de balaur, deoarece în prezenţa acestuia devii din ce în ce mai slăbit; astfel, abia dacă mai poţi să te aperi.

Anja îmi povesteşte despre ce se întâmplă noaptea în patul ei: „Stau întinsă pe partea dreaptă a corpului, pe ochiul drept. De îndată ce mă gândesc la balaur, mi se face din ce în ce mai frică. Dacă aş deschide acum ochii, ei mi-ar sări cu siguranţă din orbite." După miezul nopţii nu mai este atât de rău, deoarece şi balaurul are o oră de culcare.

Un terapeut obişnuit să lucreze cu NLP-ul şi cu hipnoterapia s-ar întreba de îndată care ar putea fi modalităţile de intimidare a dragonului şi, mai ales, care sunt punctele forte şi abilităţile Anjei, pe care le-ar putea folosi în mod lucrativ în situaţia de faţă.

Reiese că Anja se pricepe destul de bine la jocurile pe calculator. În afară de asta, ea pune mare preţ pe familia „ştrumfilor" şi este prietenă cu un ghepard puternic, despre care are o carte cu ilustraţii. De asemenea, îi plac şi Donald Duck, cangurii şi koala.

Eu şi Anja suntem de părere că ghepardul pare a fi însoţitorul cel mai potrivit pentru o întâlnire cu balaurul. O rog pe Anja să îşi găsească o poziţie comodă şi să se gândească la ghepard. În timp ce ea se relaxează tot mai mult, eu încerc să cimentez relaţia puternică dintre fetiţă şi ghepard. Legătura dintre cei doi este foarte bună.

„Ne prefacem acum că tu eşti acasă şi că vei adormi în curând. Ce se va întâmpla... rămâne o surpriză pentru amândoi", spun eu.

„Poate că balaurul va veni sau poate că nu. Aşteaptă, doar!", adaug eu.

După o vreme, balaurul apare într-adevăr, iar Anja face acum o descoperire cu totul surprinzătoare: „Acum, că nu mai îmi este frică, deoarece sunt alături de ghepard, balaurul îmi apare tot mai mic şi mai mic!" Mai apoi, balaurul devine mic precum o furnică. Iar la final, se dizolvă cu totul!

„Şi acum?", întreb eu.

„E totul în regulă", îmi răspunde fericită Anja.

„Acum, când te vei uita în ochii ghepardului, vei putea să dai frâu liber oboselii şi să adormi în linişte – în seara aceasta!" Ultimele trei cuvinte le-am accentuat în mod deosebit, ca şi când ar fi fost o însărcinare pentru Anja.

Mă înţelesesem cu mama Anjei ca fetiţa să vină la cabinet de două sau de trei ori, pe fondul coşmarurilor ei. Totuşi, această primă şedinţă a rezolvat deja problema, definitiv şi în totalitate. Încă din prima noapte de după întâlnirea noastră, Anja a adormit fără probleme, alături de ghepardul ei. Balaurul nu a mai supărat-o vreodată.

În astfel de situaţii, este important ca părinţii să se folosească de abilităţile şi de talentele copiilor lor. Când părinţii le oferă copiilor, în mod creativ, poveşti centrate pe soluţii şi bogate în imagini, inconştientul acestora reacţionează de obicei pozitiv.

S-au obținut rezultate bune atunci când copilul chinuit de coșmaruri a fost rugat să își deseneze visul. În pasul următor, copilul poate fi întrebat despre potențiale personaje care ar putea ajuta, pe care să le deseneze de asemenea. Psihoterapeuții pediatrici deja amintiți, Joyce Mills și Richard Crowley, și-au făcut un obicei din a-i pune pe copii să mai realizeze și un al treilea desen: cum arată visul când problema este rezolvată? Acest pas pune în mișcare și alte procese importante de căutare de soluții, care cimentează apoi soluția găsită, pe termen lung, pentru a împiedica recăderile. Imaginile desenate în pasul al treilea pot fi agățate în camera copilului, astfel încât soluțiile găsite să poată să își facă efectul în continuare, iar copilul să își poată aminti în caz de necesitate, care îi sunt opțiunile.

O cauză bine delimitată o au coșmarurile din următoarea poveste: copilul s-a amestecat prea mult în căsnicia părinților, din punct de vedere energetic.

Patrick, în vârstă de 17 ani, este chinuit de un coşmar care se repetă cu regularitate

Patrick ajunge la mine la cabinet, deoarece mama celui mai bun prieten al lui mă cunoaşte şi i-a recomandat să îmi facă o vizită. El povesteşte despre un vis care tot revine în diferite variante, de doi ani şi jumătate sau trei: membri ai familiei sunt ucişi cu săgeţi otrăvite. Patrick este obligat să privească neputincios. Are senzaţia că e paralizat. Din păcate, băiatul nu ştie cine trage cu săgeţile, deşi, în vis, îşi doreşte să vadă ţintaşul. Are şi vise în care vede pe neaşteptate un vârf argintiu de săgeată care se pune pe săgeată după ce aceasta au fost scufundată în otravă. Deoarece visele sunt foarte apăsătoare, de cele mai multe ori Patrick se trezeşte de îndată ce apare o „secvenţă dificilă".

Pe podeaua cabinetului meu, lucrăm o constelaţie de test, cu ajutorul colilor de hârtie şi al figurinelor din lemn, pentru a afla care este metoda de tratament cea mai promiţătoare. Într-un semicerc format în jurul unei figurine din lemn, aşezăm diferite coli de hârtie colorată, care reprezintă posibilităţi de tratament – spre exemplu: NLP, hipnoterapie, exerciţii de imaginaţie, constelaţie familială cu figurine din lemn sau lucrarea unei constelaţii pentru vis în cadrul unui grup. Când stăm deasupra figurinei de lemn a lui Patrick, fiecare dintre noi simte acelaşi lucru: atracţia vine din direcţia „constelaţiei într-un grup". Deşi Patrick nu are încă optsprezece ani, în opinia mea el este suficient de stabil psihic pentru o astfel de măsură.

După două luni, ne vedem în cadrul unui grup. În timp ce Patrick vorbeşte despre visele sale în runda introductivă de discuţii, îi dau lacrimile. El îşi doreşte cu ardoare să doarmă din nou normal.

Patrick alege reprezentanţi pentru părinţi, un bărbat pentru sine şi un bărbat pentru coşmaruri. Reiese curând că părinţii sunt extrem de distanţaţi unul faţă de celălalt.

„Părinţii tăi sunt divorţaţi?", întreabă facilitatorul.

„Nu", răspunde Patrick. „Încă sunt împreună, dar se ceartă mereu. Atmosfera alături de părinţii mei este atât de otrăvită, încât abia o poţi suporta. Şi cele două surori ale mele suferă din cauza asta".

Între timp, coşmarurile s-au poziţionat încet-încet în spatele tatălui. Tatălui îi tremură uşor mâinile: „Mai am un pic şi explodez...", spune el.

În tot acest timp, mama respiră adânc: „De când coşmarurile stau în spatele soţului meu, eu mă simt mai bine!"

Dintr-odată, Patrick simte ceva care seamănă cu un imbold. Ca în transă, el se îndreaptă către coşmaruri şi se poziţionează lângă acestea. De fapt, se simte rău acolo, dar tot nu vrea să plece.

Facilitatorul se uită la grup şi alege un bărbat. Bărbatul trebuie să se poziţioneze între mamă şi tată, fără a spune pe cine reprezintă. După ce se orientează pentru câteva momente, bărbatul spune: „Locul meu este categoric lângă el", arătând înspre tată.

Facilitatorul îl roagă să se poziţioneze lângă coşmaruri. Bărbatul încuviinţează din cap, iar reprezentantul coşmarurilor îl întâmpină cu acelaşi gest: „Locul nostru este unul alături de celălalt!"

Facilitatorul către Patrick şi către grup: „Bărbatul necunoscut de aici reprezintă vârfurile de săgeată!"

Acum, Patrick cade în genunchi: „Abia dacă mai pot rezista. Devin din ce în ce mai slăbit..."

În timp ce totul pare să îi fie indiferent tatălui, mama suferă împreună cu fiul său. Dintr-odată, ea îşi deschide braţele şi îi spune acestuia: „Vino de acolo! Nu te amesteca în disputa dintre mine şi tatăl tău! O rezolvăm fără voi, copiii."

Într-adevăr, Patrick îşi face acum curaj să se ridice. El se îndepărtează spaţial de părinţi, la o distanţă de mai mulţi metri. Facilitatorul le mai alege acum din grup şi pe cele două surori şi le poziţionează lângă Patrick. Surorile se simt bine şi Patrick are acum curaj să dea frâu liber puterii sale interioare.

Patrick îşi preia propriul rol. La îndemnul facilitatorului, el îi spune tatălui său: „Îţi las ţie vârfurile tale de săgeată! Îmi pare rău că m-am amestecat".

Auzind acestea, surorile încuviinţează din cap. Şi tatăl încuviinţează. Pentru prima dată în constelaţie, bărbatul pare să prindă puţin viaţă. Mama este şi ea uşurată. Patrick le mai mulţumeşte săgeţilor otrăvite şi coşmarurilor pentru lucrurile importante pe care i le-au arătat.

După terminarea constelaţiei, Patrick povesteşte: „Atunci când părinţii mei se certau, eu eram mereu de partea tatălui. Încet-încet, îmi dau seama că toate acestea nu mă privesc de fapt, că ar trebui să mă preocupe doar propria persoană..."

Facilitatorul: „Da, prin faptul că i-ai ţinut partea tatălui tău, te-ai jucat cu focul şi te-ai ars... respectiv, te-ai apropiat prea mult de «vârfurile de săgeată otrăvite», care îi aparţin. Asta ţi-a dăunat. Tu nu eşti un arbitru! Cândva, mai încolo, ar trebui să lucrezi o constelaţie şi pentru familia ta de provenienţă. Vei simţi când va fi momentul potrivit pentru asta".

La final, reprezentantul coşmarurilor, care s-a întors în grup, vrea să mai facă o confesiune: „Indiferent dacă Patrick va crede sau nu: eu i-am vrut doar binele. Nu am vrut să îl sperii. Am simţit chiar ataşament faţă de el. De fapt, scopul meu a fost doar acela de a-i arăta, fără echivoc, un anumit lucru. Când el m-a lăsat pe mine alături de tată, dar şi săgeţile, ducându-se la surorile lui, am fost extrem de uşurat. Vorbesc serios: am doar intenţii bune faţă de el".

La auzul acestora, Patrick trebuie să rânjească. El scutură din cap cu dezaprobare: „Ce nebunie! De fapt, coşmarurile mi-au vrut binele..."

În a doua zi a seminarului, Patrick povesteşte nu numai că a dormit bine, ci mai şi adaugă: „N-aş spune că după constelaţia de ieri m-am îndrăgostit de coşmarurile mele, dar, dintr-odată, le pot vedea într-o altă lumină. Frica mea se face tot mai mică!"

După o jumătate de an, Patrick vine din nou la mine la cabinet din cauza unei probleme şcolare. El consideră cealaltă problemă a lui ca fiind rezolvată, deoarece, după atelier, a mai avut doar o singură dată un coşmar.

Dependență de alcool și de droguri

Aproape fiecare roman sau film pe tema „dependență" pe care îl citim, respectiv vizionăm, ne arată aceeași cauză a dependenței: absența tatălui. Uneori, tatăl este necunoscut, plecat mereu în străinătate în scopuri profesionale sau este el însuși alcoolic. Alteori, cel care suferă de dependență a trebuit să crească fără tată, deoarece acesta a murit. Din punct de vedere al terapiei sistemice de familie, e clar că vindecarea este posibilă doar prin implicarea elementului patern; în funcție de circumstanțe, asta poate însemna și prelucrarea pierderii dureroase a tatălui (deces), când tatăl nu mai este în viață sau nu dorește să păstreze legătura cu fiul sau fiica.

În familiile dependenților, mama le spune deseori copiilor, „eufemistic" (dar uneori și direct): „Învățați doar de la mine, deoarece lucrurile pe care vi le spune tatăl vostru nu sunt bune de nimic". Dar deoarece copilul este devotat ambilor părinți, el răzbună desconsiderarea tatălui prin faptul că învață excesiv de la mamă: el devine dependent.

În cazul dependenței de alcool, dar mai ales în cel al dependenței de droguri, avem deseori de-a face cu tați care au murit foarte devreme. Ca și în cazul bulimiei, s-a dovedit util ca, atunci când este pe punctul de a ceda tentației, dependentul să așeze o poză a tatălui în fața sa și să spună: „Alături de tine, tati, pot savura." Apoi, este liber să se lase pradă dependenței. Dar, „în mod curios", îi va fi foarte greu să o trăiască la fel ca până acum.

Bineînțeles, lipsa tatălui nu este singura cauză a dependenței. În cazul afecțiunilor psihosomatice, dar și al altor afecțiuni, este util să ne întrebăm când au debutat simptomul sau boala.

Când am întrebat-o de cât timp suferă de probleme cu alcoolul, o dependentă mi-a răspuns: „De cinci ani“. Nu de puține ori, în anul în care boala a debutat sau în perioada de dinainte, s-a întâmplat ceva grav, care are legătură cu afecțiunea.

Așa a fost și în acest caz: în urmă cu cinci ani, femeia provocase un accident rutier din culpă gravă. În mașina pe care a lovit-o se afla un bărbat care a murit în aceeași zi, ca urmare a accidentului. Până să vină la mine la cabinet, femeia nu știa numele victimei și nici nu a întrebat unde este îngropat bărbatul, dacă avea copii sau ce s-a întâmplat cu familia lui după aceea. Alcoolul o „ajuta“ pe femeie să nu trebuiască să dea piept cu vina ei. I se păruse mai ușor să își ruineze propria viață cu alcool! Într-un astfel de caz, dependența se vindecă atunci când terapeutul îl ajută pe cel afectat să se confrunte deschis cu vina și cu decesul persoanei. În acest mod, „funcția de substituție“ a substanței care creează dependență este neutralizată.

De regulă, o vină personală gravă nu intră în discuție ca declanșator al unei dependențe la copii și adolescenți. După cum am spus deja, în cazul dependenților de alcool și de droguri la vârsta adolescenței, avem de-a face cu tați decedați sau absenți. Un băiat în vârstă de treisprezece (!) ani, care era deja alcoolic, crescuse fără tată. El își știa tatăl doar din fotografii. Acesta jefuise o bancă și fusese condamnat la doisprezece ani de închisoare, pe care îi ispășise aproape complet. Totuși, nimeni nu fusese rănit în timpul jafului – cel puțin nu din punct de vedere fizic. În urmă cu ceva vreme, făcându-și griji pentru băiatul dependent de alcool, mama acestuia a lucrat o constelație într-un grup, facilitată de un terapeut. Într-o ședință de consiliere individuală, ea a vrut să îmi povestească despre rezultatul constelației, care pentru ea era „de necrezut“. După părerea ei, sigur se făcuseră niște „greșeli profesionale“ în cadrul constelației.

Am întrerupt-o de îndată pe mamă, deoarece este mai bine ca terapeutul să evalueze situația fără să fie influențat. Într-o constelație lucrată la cabinet folosind coli de hârtie, copilul și-a găsit complet liniștea când a putut să meargă în sfârșit la tatăl desconsiderat. Propoziția importantă pe care fiul i-a spus-o tatălui a fost: „Nu îmi permit să te judec. Pentru mine, tu ești tatăl meu și mi-ai lipsit mult. Vin acum". Deoarece băiatul nu era prezent la constelație, am rugat-o pe mamă să și-l imagineze pe fiul său cum merge la tatăl lui și cum îi spune aceste cuvinte.

Totuși, mama era de părere că fiul poartă ceva în spate pentru tată și că de aceea devenise alcoolic. Ea voia să corecteze acum această presupusă „greșeală profesională", din grupul de constelații. A fost și mai șocată de faptul că, în constelația cu substitute, totul s-a întâmplat exact la fel ca mai înainte, în cea cu grupul, facilitată de către celălalt terapeut: fiul l-a urmat pe un copil avortat, pe care ea îl avusese cu un fost prieten, cu care își înșelase soțul. În afară de asta, l-a mințit pe bărbat cu bună știință, făcându-l să creadă ca acel copil ar fi al lui. Soțul nu știe adevărul nici în ziua de azi!

Și în următoarea poveste este vorba tot despre un tată care se afla în închisoare și care nu era niciodată disponibil. Dar acestea sunt doar paralele care ies în evidență la nivel superficial. În cazul Celiei, care este dependentă de droguri, în centrul atenției se află dorința de a participa la ispășirea unei vini pentru omor și solidaritatea față de sora vitregă ucisă.

Celia, în vârstă de 17 ani, este dependentă de droguri

Celia vine la un seminar însoţită de mama ei, Silvia. Aceasta se teme pentru viaţa fiicei ei. Femeia a reuşit să o convingă pe Celia să caute împreună cu ea o cale prin care să scape de dependenţa care îi ameninţă viaţa.

Pe când era gravidă cu Celia, Silvia s-a despărţit de tatăl copilului. Celia a păstrat legătura cu el doar sporadic. Acest lucru s-a datorat şi faptului că tatăl a stat mulţi ani în închisoare. El o ucisese, încă de copilă, pe sora vitregă mai mică a Celiei, pe care o concepuse cu o altă femeie. După o detenţie ceva mai lungă, bărbatul a conceput încă un copil, o altă fetiţă, cu o a treia femeie. Începând cu omorul, tatăl era expus unui pericol suicidar considerabil. Încă de mică, Celia a fost crescută de bunica maternă, nu de mamă.

Reprezentanta Celiei se simte foarte slăbită din punct de vedere fizic, chiar de la începutul constelaţiei. După includerea surorii vitrege ucise, este clar că Celia vrea să meargă numai şi numai la ea. Din iubire, Celia vrea să poarte vina pentru omor, în locul tatălui său. Totuşi, dinamica omorului rămâne învăluită în mister pe timpul întregii constelaţii.

Singura persoană care doreşte să aibă cu adevărat grijă de Celia este bunica. Ea suferă din cauza plecării nepoatei. În schimb, Silvia abia dacă îşi observă fiica. Ea priveşte în gol. Întrebată la ce se uită astfel, Silvia, stând pe scaun, nu menţionează nimic concludent. Doar mai târziu, în cadrul seminarului, când fiica nu mai este prezentă, secretul este divulgat. Este vorba despre lucruri grave, care nu o privesc pe Celia.

Celia stă pe scaun şi nu se uită la mama ei, care stă chiar pe scaunul alăturat. Când vede cât de puternic este atrasă reprezentanta ei către cea ucisă, ea strigă dintr-odată înspre facilitator: „Poţi să închei acum constelaţia! Totul este în regulă!"

Facilitatorul face o pauză scurtă. Privindu-i puţin pe reprezentanţi, el observă că cea ucisă scutură cu tristeţe, dar energic, din cap. Dintr-odată, victima, reprezentanta Celiei şi, de asemenea, şi cea mai mică dintre cele trei surori vitrege se iau de mâini. În mod fulgerător, intervine o schimbare pozitivă a energiei.

Totuşi, Celia îşi priveşte tatăl cu tristeţe. Vrea neapărat să mai meargă o dată la el. Când ajunge în faţa lui, îi spune, la propunerea facilitatorului: „Măcar o dată trebuie să vin la tine cu toată fiinţa mea. Mi-a fost întotdeauna dor de tine, ca tată!" Ea plânge în braţele tatălui. După aceea, îşi întoarce cu tristeţe privirea către mamă.

Silvia este poziţionată lângă tatăl Celiei, după care fiica se sprijină cu spatele de ambii părinţi. Acum, îşi imaginează că puterea mamei se revarsă în ea pe una dintre părţile corpului ei, iar cea a tatălui, pe cealaltă parte a corpului. Celia respiră cu putere. La îndemnul facilitatorului, şi Celia cea „adevărată" respiră cu putere, odată cu reprezentanta, interiorizând această imagine în adâncul inimii ei.

Cât timp a fost copil, Celia a trebuit să renunţe complet la tatăl ei, iar de mamă a fost, de asemenea, mai mult separată în viaţa de zi cu zi. După ce şi-a însuşit această putere, Celia se întoarce cu faţa şi îi spune tatălui: „Voi merge acum la surorile mele". Îi spune acelaşi lucru şi mamei ei. Ambii părinţi încuviinţează din cap.

Odată întoarsă la surorile ei vitrege, încă este tristă, însă se poate vedea şi un zâmbet pe faţa ei, în timp ce îşi priveşte în ochi sora cea moartă. Îi spune acesteia, după cum i-a fost indicat: „Eu voi rămâne acum în viaţă, în memoria ta! Te voi păstra mereu în inima mea!"

Constelaţia surorilor emană acum putere. Se îmbrăţişează toate trei şi radiază. În acest punct, constelaţia este încheiată.

Celia stă plângând pe scaunul ei. Ea a privit până la final. S-a putut simţi că îi este mai uşor să primească imaginea de rezoluţie în sufletul său privind de la distanţă, fără să îşi preia propriul rol în cadrul constelaţiei. Orice altceva ar fi suprasolicitat-o în acest moment. În ciuda plânsului, pe faţa ei se poate vedea acum şi un zâmbet.

După constelaţie, Silvia şi fiica ei se simt bine. Într-o rundă ulterioară de discuţii, în timpul aceluiaşi seminar, Celia este curioasă să afle care au fost cauzele uciderii surorii vitrege: „De ce a făcut tatăl meu aşa ceva?" Totuşi, o astfel de întrebare dă la o parte soluţia găsită, amestecându-se în lucruri care îl privesc doar pe tată.

În multe constelaţii în care este vorba despre omor, este important ca dinamica acestuia să se facă văzută. În această constelaţie, lucrurile au stat altfel: Celia are voie să nu ţină cont de vina tatălui şi de toate întrebările legate de aceasta, privind înainte. Silvia, mama Celiei, s-a bucurat de ceea ce a experimentat alături de fiica sa, pe marginea constelaţiei acesteia. După constelaţie, pe parcursul ulterior al seminarului, s-a putut vedea că interacţiunea celor două era mult mai intimă decât înainte.

Simone, în vârstă de 15 ani, se rănește şi consumă alcool în exces

Angela îşi face griji pentru fiica ei, Simone, care se răneşte regulat cu lame de ras şi obiecte ascuţite. În afara acestei înclinaţii suicidare, şi consumul excesiv de alcool al Simonei reprezintă o provocare pentru Angela. Din păcate, soţul ei nu a venit împreună cu ea la atelier.

Angela lucrează o constelaţie pentru fiica ei, într-un grup. Sunt aleşi reprezentanţi pentru mamă, tată şi pentru Simone. Chiar prima imagine arată o dragoste „oarbă" între Angela şi fiica ei. Cele două stau braţ la braţ ca nişte prietene de nedespărţit. Nu îţi poţi da seama care dintre ele este fiica şi care mama.

După o vreme, imaginea se schimbă în mod dramatic. Fiica explodează şi se eliberează brusc de mamă. Ba chiar o împinge cu brutalitate la o parte. Apoi, fata fuge în cel mai îndepărtat colţ al camerei.

„Ai format o relaţie de simbioză cu fiica ta!", îi spune facilitatorul Angelei, care urmăreşte scena stând pe scaun. „Nu îndeplineşti rolul de mamă. Până la urmă, Simone nu mai poate suporta şi atunci explodează".

Angela oftează şi încuviinţează din cap: „Da, da, ştiu".

Privind plictisit, până în acel moment, tatăl îşi manifestă brusc interesul pentru fiica sa. El se întoarce către ea, dar aceasta îl tratează cu răceală. Între timp, reprezentanta Angelei începe să tremure. Se holbează la podeaua din faţa ei.

„Cine este mortul spre care priveşti?", întreabă facilitatorul.

„Înainte de tatăl lui Simone, am avut un iubit şi s-a ajuns la un avort...", răspunde Angela.

Sunt incluşi în constelaţie acest fost prieten şi un bărbat, ca reprezentant al copilului avortat. Simone îl priveşte cu simpatie pe copilul mort. Urmează acum un proces de vindecare foarte lung, care are loc între prieten, mamă şi copilul mort şi pe care nu îl vom descrie aici.[33]

„Prietenul tău se comportă ca şi când nu ar fi ştiut că ai fost însărcinată. În ce măsură a participat la decizie?", întreabă facilitatorul.

„Nu a ştiut, am ţinut sarcina secretă faţă de el...", spune Angela.

„Bărbaţii au dreptul să afle despre astfel de lucruri. Trebuie neapărat să îi spui. Este important pentru el şi pentru felul cum îşi priveşte viaţa!"

Angela încuviinţează din cap, dar dă semne de scepticism.

În timp ce Angela lucrează cu prietenul şi cu copilul avortat, fiica merge de bunăvoie la tatăl său. Aici se simte bine. Tatăl se bucură mult de acest lucru.

Facilitatorul, către Angela: „În sinea ta, aşaz-o pe Simone alături de tatăl ei! Ea are nevoie de el. O face să se simtă în siguranţă! Bineînţeles, vei rămâne totuşi mama ei! Dar Simone are nevoie de tată. Alături de el poate înceta să se rănească şi să bea alcool! Cel mai bine ar fi ca în viitorul apropiat să îi povesteşti soţului tău în linişte ce s-a întâmplat aici şi cât de important este el pentru vindecarea Simonei!"

Angela consimte, iar reprezentanta Simonei dă din cap aprobator. Apoi, constelaţia este încheiată.

Opt luni mai târziu, Angela îmi scrie într-o scrisoare:

---

[33] Exemple în această privinţă se găsesc în capitolul „Avort" din cartea mea, *Wie aus Leiden wieder Liebe wird*, München, 2007.

„Fiica mea, Simone, pe atunci în vârstă de cincisprezece ani, se rănea de la vârsta de treisprezece ani şi bea alcool în exces. Ea s-a tăiat cu obiecte ascuţite la ambele braţe, şolduri şi coapse. (...) În cadrul constelaţiei a devenit clar imediat că Simone era solidară cu copilul avortat – şi cu mine. În constelaţie, despărţirea de copilul mort m-a emoţionat profund. (...) De asemenea, m-ai sfătuit să îi spun neapărat tatălui biologic al copilului mort că din relaţia noastră de atunci a rezultat un copil, pe care l-am avortat. Exact asta am şi făcut. În mod ciudat, când am discutat, bărbatul mi-a spus că s-a gândit foarte mult la mine şi că a avut mereu sentimentul că între noi ar exista ceva «nemărturisit».

La aproximativ trei săptămâni după constelaţie, Simone a încetat să îşi mai facă rău. Acum, că scriu despre aceste lucruri, îmi vin din nou lacrimi în ochi – atât de dificili au fost aceşti doi ani, cu aceste răni îngrozitoare. (...) Sunt foarte, foarte recunoscătoare."

Max, în vârstă de 19 ani, este alcoolic

Sibylle are un fiu pe nume Max, care suferă de alcoolism, relaţia lor fiind, după spusele ei, una de „dragoste-ură". Tatăl lui Max a murit devreme, într-un accident; Max avea atunci patru ani. Sibylle vine la o şedinţă de consiliere individuală şi îşi doreşte să lucreze o constelaţie cu substitute.

Deşi Sibylle poate să spună, în sprijinul fiului: „M-aş bucura dacă te-ai apropia de tatăl tău şi dacă ai accepta ceea ce are să îţi ofere. Ţi-a lipsit mult!", Max trebuie să parcurgă singur drumul interior până la tată. Ar fi deci important ca băiatul să caute el însuşi ajutor terapeutic în această privinţă. El nu este însă pregătit să facă asta, deoarece îi rămâne devotat mamei, care îl vorbeşte de rău pe tată de fiecare dată când are ocazia. În momentul când ea îl va respecta pe bărbat, atunci Max va putea mult mai uşor să se apropie de el.

Sibylle spune cu resemnare: „Max nu ar veni nici singur, nici acompaniat de mine la o consultaţie. El respinge tot ceea ce ţine de psihologie. Se pare că problema lui cu alcoolul trebuie să se înrăutăţească mai întâi pentru ca el să acţioneze". Dar, în cazul lui Max, este vorba despre mai mult decât „doar" un tată care a murit înainte de vreme.

„Îl iubesc şi îl urăsc în acelaşi timp!", spune Sibylle fără să vrea. Ea povesteşte că abia mai poate suporta situaţia cu Max şi că a încercat de mai multe ori să îl dea afară în stradă. Nu mai vrea să locuiască în aceeaşi casă cu el. Femeia povesteşte că, odată, a sunat chiar la Poliţie când Max, ameţit fiind de aburii alcoolului, a început să facă scandal în casă.

Într-o constelaţie lucrată cu ajutorul colilor de hârtie, care reprezintă aici un prim pas către o constelaţie într-un grup, între mamă şi fiu, iese la suprafaţă ceva total diferit faţă de ură: o dragoste profundă! Sibylle şi-a pierdut propriul tată cam la aceeaşi vârstă la care şi l-a pierdut şi Max pe al lui. Când tatăl ei a murit pe neaşteptate de septicemie, ea avea cinci ani.

În constelaţie, Sibylle a vrut să meargă nu doar la tatăl care murise, ci şi la un frate mai tânăr, care se îmbolnăvise odată cu ea de meningită. Deşi ea a supravieţuit bolii, fratele său a murit la vârsta de patru ani. Stând pe coala de hârtie a lui Max, se poate percepe o legătură strânsă cu tatăl lui Sibylle şi mai ales cu fratele decedat al femeii. Sibylle se simte vinovată de faptul că ea a supravieţuit atunci infecţiei, în timp ce fratele ei a murit.

Deşi Sybille poate simţi, de pe colile de hârtie, legătura dintre fiul său şi bunicul şi unchiul acestuia, ea spune: „Pentru mine, tăl şi fratele meu nu sunt atât de importanţi! Nu simt nimic pentru ei. Nu mă interesează chiar deloc!" Dar, tocmai pentru că ea nu simte nimic, Max simte în locul ei! Sibylle îşi urăşte fiul, deoarece nu poate să recunoască faptul că scandalurile şi dependenţa lui Max sunt mijloace prin care el îşi arată iubirea faţă de ea! Max îşi doreşte cu „toată înverşunarea" ca mama lui să rămână în viaţă. Ea îl urăşte pentru asta. Nu vrea să accepte dragostea lui.

Max vrea să împiedice dispariţia mamei lui. În ultimă instanţă, „a pleca" sau „a dispărea" înseamnă că cineva vrea să moară. Singurul loc în care Max se simte bine în constelaţie este lângă tatăl său mort.

Sibylle îi spune lui Max: „M-aş bucura dacă te-ai apropia de tatăl tău. Nu te amesteca în dragostea mea pentru fratele şi pentru tatăl meu!"

În timp ce vorbeşte astfel cu fiul ei şi în timp ce îi mai spune şi soţului ei unele lucruri importante, Sibylle plânge. Acum ea vorbeşte cu Max aşa cum ar vorbi o fetiţă cu tatăl ei. Este evident că Max este cel „mare" şi ea cea „mică". Totuşi, Max nu îi poate înlocui nici pe fratele mort, nici pe tatăl pe care ea i-a pierdut atât de devreme. Doar de la propria familie poate primi Sibylle ceea ce ea aşteaptă să primească de la Max. Atunci când copiii trebuie să preia, pentru o perioadă îndelungată, o mare responsabilitate pentru nişte părinţi slabi şi când ei joacă rolul celor „mari", poate apărea dependenţa.[34]

Pentru Sibylle, rezultatul şedinţei nu corespunde nici măcar puţin cu aşteptările ei – ea venise de fapt să facă ceva pentru fiul ei dependent de alcool. „Păstrăm legătura", spune Sibylle la sfârşitul şedinţei, dar tonul vocii ei lasă să se întrevadă că nu crede ce spune. Se ruşinează vădit că a trebuit să plângă împotriva voinţei ei şi că s-a lăsat surprinsă. Dar poate şi un astfel de grăunte, aruncat în grabă, va ajunge să dea rod într-o bună zi.

Anorexie și bulimie

În cazul anorexiei, nu de puține ori, ne referim la situații de viață și moarte. 15% dintre cei afectați mor din cauza acestei boli, ea fiind astfel una dintre afecțiunile psihice cu cea mai ridicată

[34] Cf. Diana Drexler: „Constelaţiile familiale şi dependenţa: un raport complet", în: Gunthard Weber (coord.): *Derselbe Wind lässt viele Drachen steigen*, Heidelberg, 2001, p. 218.

mortalitate. Mai ales fetele și tinerele femei sunt afectate de *anorexia nervosa*.

Internările în spital și vizitele regulate la un psihoterapeut trebuie neapărat luate în considerare și sunt deseori inevitabile. Indiferent de calea urmată din punct de vedere terapeutic, în lupta cu această boală, cel care oferă tratamentul, pacientul și părinții trebuie să aibă multă răbdare. Nici din partea constelațiilor nu trebuie așteptate minuni. Terapia sistemică de familie trebuie văzută ca metodă complementară în raport cu alte metode de tratament.

În cazul anorexiei, copilul afectat își dorește de regulă să „dispară", în locul tatălui, așa cum s-a întâmplat și în cazul următor.

Jennifer, în vârstă de 14 ani, suferă de anorexie

Problema lui Richard este legată de fiica sa anorectică, Jennifer, dar şi de mezina sa, care se ceartă deseori cu el. În prima imagine a constelaţiei, Jennifer priveşte în depărtare. Ea nu îşi doreşte să mai rămână în familie. Pe de altă parte, mezina este furioasă pe Richard.

Niciunuia dintre părinţi nu îi este bine. În locul în care se află, Richard se simte amorţit şi indispus. Una dintre surorile lui, care a murit la naştere, este inclusă în constelaţie. Ea stă foarte departe, undeva la margine, simţindu-se înstrăinată. Doar Jennifer simte de îndată o atracţie faţă de mătuşă, poziţionându-se lângă aceasta. Acolo se simte bine. Îşi priveşte tatăl şi spune: „Este prea dificil pentru tine. Merg eu la mătuşă în locul tău".

Abia când tatăl simte efectul acestor cuvinte, amorţeala dispare dintr-odată. El spune energic: „Nu vreau asta. Vino înapoi!"

Tatăl şi fiica fac schimb de locuri, astfel încât Richard să stea faţă în faţă cu sora sa moartă înainte de vreme. În acest moment, Richard îşi preia propriul rol în constelaţie, iar reprezentantul se aşază.

Cea moartă spune că se simte bine. Această propoziţie sparge gheaţa. Pentru prima dată în viaţa lui, Richard poate să simtă o legătură profundă faţă de sora lui moartă.

„Te văd pentru prima dată", îi spune el printre lacrimi, adăugând pe neaşteptate: „Da, tu eşti sora mea, chiar dacă te-am uitat atât de multă vreme."

Apoi, el arată către soţia şi către copiii lui, în special către Jennifer. Fata a plâns şi ea când tatăl şi-a îmbrăţişat sora (mătuşa). Tatăl şi fiica îi cer binecuvântarea mătuşii, pentru viitor.

Acum, Jennifer poate în sfârşit să se întoarcă înapoi în constelaţia surorilor. Pentru prima dată, este interesată de surorile ei, nemaiprivindu-le ca pe nişte străine. Mai ales mezina lui Richard se bucură de întoarcerea ei.

Ea explică de ce a fost mereu atât de furioasă pe Richard: „Am simţit întotdeauna că tata ar putea face ceva, dar nu o face."

În imaginea de rezoluţie, copiii stau alături de mamă, deoarece acolo sunt mai protejaţi decât alături de tată. Richard stă lângă mamă, împreună cu sora lui decedată. În această imagine, se simt cu toţii bine.

Constelațiile arată că, de cele mai multe ori, copilul care suferă de anorexie își dorește să „dispară" pentru tată, dar, uneori și pentru mamă, ca în exemplul următor.

Alina, în vârstă de 11 ani, suferă de anorexie

Dora s-a despărţit de soţul ei în urmă cu şase ani. Ei au împreună un fiu şi o fiică mai mică pe nume Alina. Aceasta spune deseori că îşi doreşte să moară. Nu are pentru ce trăi... Totuşi, aici pare să fie vorba de mai mult decât de dorința Alinei de a muri: recent, Alina şi-a întrebat mama: „Vei muri curând?" Aşadar, şi mama este în pericol?

Dora îşi doreşte să lucreze o constelaţie într-un grup, pentru a o ajuta pe fiica ei. Sunt aleşi reprezentanţi pentru ambii părinţi şi pentru cei doi copii. În imaginea iniţială, Dora şi Alina îşi freacă înnebunite gâtul.

Alina: „Abia dacă mai am aer..."

Facilitatorul (încruntat): „Ce se întâmplă?"

Alina: „Văd cu ochii minţii pe cineva care atârnă de o frânghie... Mă simt exact aşa cum se simte şi respectivul..."

Facilitatorul către Dora (care stă pe scaun): „Atât reprezentanta ta, cât şi cea a fiicei tale se apucă de gât... Există cineva care s-a spânzurat în familia ta?"

Dora: „Da, primul soţ al bunicii mele (din partea mamei) s-a spânzurat. Este un tabu în familia noastră... El a adus afacerea familiei la sapă de lemn, împingându-i pe toţi într-un haos financiar".

Facilitatorul: „Bine! El este cel a cărui imagine o vedeţi, tu şi fiica ta, şi cel pe care trebuie să îl includem acum în constelaţie!"

Dora: „Dar el nu aparţine deloc familiei!"

Facilitatorul: „O, ba da! Fără sinuciderea lui, bunica ta nu s-ar fi recăsătorit: mama ta nu s-ar fi născut niciodată, asta însemnând că nici tu, nici fiica ta nu v-aţi fi născut!"

Dora mă priveşte neîncrezătoare, deşi reprezentanta ei şi cea a Alinei dau din cap aprobator.

Este inclus sinucigaşul. Bărbatul stă întins pe podea. Alina şi Dora îngenunchează lângă el.

Dora îşi preia acum propriul rol. Facilitatorul o încurajează să se lase pur şi simplu ghidată de instinct. Dora îşi ia de mâini fiul şi fiica, se apleacă împreună cu ei în faţa spânzuratului şi le explică celor mici: „El face parte din familia noastră!"

Între timp, primul soţ al bunicii a devenit din ce în ce mai relaxat. El spune: „Vă privesc pe toţi cu prietenie. E un sentiment plăcut să fii văzut în sfârşit".

Ceva se activează şi pentru tatăl Alinei. El se îndreaptă către copii. Aceştia se poziţionează alături de el, acolo unde se simt bine.

Facilitatorul către Dora: „Spune-le ambilor tăi copii, în special Alinei: «Mama va rămâne! Şi voi veţi rămâne!»"

Ea spune cuvintele cu lacrimi în ochi. Pe neaşteptate, Alina îşi ia mama în braţe.

Facilitatorul către Dora: „Ştii oare de ce acest «Mama va rămâne» este atât de important?

Dora: „Intuiesc de ce".

Facilitatorul: „Într-adevăr, Alina te-a întrebat: «Vei muri curând?» Dacă tu vei rămâne, înseamnă că poate şi ea să rămână".

Dora încuviinţează din cap.

„Tati, alături de tine pot savura!": bulimie

Nu de puține ori, dintr-o anorexie ia naștere o bulimie. Aceasta din urmă se manifestă prin episoade de mâncat compulsiv, urmate de vărsături. În familiile bulimicilor, mama le transmite copiilor, la fel ca și în cazul altor dependențe: „Ceea ce vine de la tata nu e bun de nimic. Aveți voie să acceptați doar ceea ce vine de la mine". De obicei, copilul ascultă de mamă și acceptă doar ceea ce vine de la ea. Dar deoarece copilul își iubește întotdeauna ambii părinți, acesta îi este fidel și tatălui: copilul mănâncă din devotament față de mamă, dar, din răzbunare pentru faptul că nu are voie să accepte decât ceea ce vine de la ea, mănâncă în exces, după care vomită totul. Aceasta este solidaritatea față de tată: echilibrul între părinți. În capitolul „Dependență" am întâlnit exact această dinamică – mâncatul în cazul bulimiei are trăsăturile unei dependențe.

Mulți terapeuți care lucrează cu metoda constelațiilor familiale au obținut rezultate îmbucurătoare, folosind următorul îndemn pentru clienții lor:[35] „Cumpără-ți toată mâncarea la care stomacul tău râvnește, așaz-o pe masă și privește-o cu bucurie anticipată. Apoi, ia o linguriță și imaginează-ți că stai în poala tatălui tău și că începi să mănânci".

Acum, înainte de fiecare îmbucătură, bulimica sau bulimicul se uită în sinea lui la tată și îi spune: „Tati, alături de tine pot savura!" Când clienții realizează *cu seriozitate* acest exercițiu, el poate contribui foarte repede la vindecare.

Cu toate acestea, atunci când apare în timpul sau după o anorexie, bulimia mai are și o altă cauză. Anorexia, așa cum a fost prezentată mai sus, înseamnă în cele din urmă: „Mai bine mă duc eu, decât să te duci tu!" (Cuvinte spuse tatălui, respectiv mamei.)

Când copilul începe să mănânce din nou, asta înseamnă: „Rămân!" Prin faptul că după aceea varsă ceea ce a mâncat, el spune: „Dispar!" Astfel, copilul pendulează încolo și încoace, între viață și moarte. În acest caz, dinamica vindecătoare înseamnă că, înainte să vomite, copilul îi spune (în sinea sa) acelui părinte pentru care vrea să dispară: „Rămân." În cele mai multe cazuri observate de mine, cam în trei sferturi dintre ele, acel părinte este tatăl.

Recent, o tânără care suferea de anorexie și, în același timp, de bulimie a venit la un grup. În cazul ei, soluția consta în deschiderea inimii sale față de tatăl care fusese marginalizat pe nedrept. Când a reușit în cele din urmă să facă acest lucru, s-a aruncat cu ardoare în brațele tatălui, nemaivrând să îi dea drumul.

După câteva săptămâni de la terminarea atelierului, ea mi-a scris într-un e-mail că se simte acum mult mai bine: „Am bănuiala că acest atelier mi-a salvat viața, deoarece mă aflam pe marginea prăpastiei". Tânăra privește acum cu optimism spre un viitor lipsit de tulburări alimentare.

---

[35] Gunthard Weber (coord.): *Zweierlei Glück*, Heidelberg, 1993, pp. 291 şi urm.

ADHD

„ADD“ este prescurtarea în limba engleză pentru sindromul de deficit de atenție, în timp ce „ADHD“ descrie tulburarea de hiperactivitate cu deficit de atenție. Conform acestor clasificări, binecunoscutul Filip Frichinitu', din cartea *Petrică Ciuf-Zbârlit,* ar fi astăzi un „copil cu ADHD“.

Deși studiile științifice apreciază diferit incidența acestui diagnostic la copii, se poate spune că el este de aproximativ cinci procente. Băieții sunt afectați mai des decât fetele. Din punct de vedere terapeutic, medicina folosește două abordări diferite: în funcție de severitate, se recomandă o combinație între medicație și terapia comportamentală (antrenarea atenției și altele). Se apelează și la metode complementare, cum ar fi sportul, ergoterapia și chiar și o dietă specifică.

Medicii sunt de părere că AD(H)D-ul este cauzat de o tulburare a metabolismului, care afectează transmiterea de stimuli nervoși la nivelul cortexului prefrontal. Dar și factorii genetici sunt puși în discuție ca declanșatori ai bolii, printre alții. Ca medicamente, se utilizează în principal metilfenidatul (Ritalin), atomoxetina și sulfatul de amfetamină.

Creșterea constantă a diagnosticării cu AD(H)D – între timp, tulburarea de comportament diagnosticată cel mai frecvent la copii și adolescenți – dă de gândit. Este posibil ca incidența acestei tulburări să fi crescut atât de mult în ultimul timp? Sau oare medicina face uz tot mai des de această nouă „lentilă diagnostică“? Deoarece pe vremea lui Petrică Ciuf-Zbârlit nu existau astfel de criterii diagnostice, nu existau nici cazuri de ADHD – dar existau Filipi Frichiniți...

Adevărul este undeva la mijloc. Expansiunea susținută a medilor digitale (telefoane inteligente, tablete, console de jocuri) duce într-adevăr la schimbări cognitive la copii, care le sunt dăunătoare. Un copil care petrece ore întregi aplecat deasupra unei tastaturi, apăsând frenetic pe taste, se dezvoltă complet diferit din punct de vedere social și mintal față de un copil care în anii '60-'70 se juca toată după-amiaza „Hoții și vardiștii", zburda de-a lungul și de-a latul străzii, construia adăposturi subterane în pădure cu prieteni de-o vârstă cu el sau care își consuma timpul sărind coarda. Informații fundamentate științific despre aceste lucruri se regăsesc în cartea psihiatrului Manfred Spitzer (vezi bibliografia).

Copiii hiperactivi nu sunt nerăbdători doar cu ei înșiși, ci influențează puternic și mediul în care trăiesc: unii aruncă în jurul lor cu obiecte, rănind uneori chiar alți copii de la grădiniță. La școală, „Filip Frichinitu'" îi deranjează pe colegi și pe profesori și devine rapid dezagreabil. Acasă, el îi exasperează pe părinți, pe frați și pe surori, din cauza neastâmpărului său și din cauza capacității reduse de concentrare. Copilul cu ADHD tipic este, de cele mai multe ori, băiat, vorbește deseori aiurea, nu știe să asculte cum trebuie, nu respectă regulile, acționează fără să gândească și devine foarte repede frustrat.

Să ne mai mirăm atunci că acești copii sunt liniștiți rapid cu medicamente psihotrope? Într-adevăr, după aceea, copiii nu mai deranjează atât de mult; dar studiile au arătat că tocmai corpul copilului, spre deosebire de cel al adultului, procesează foarte greu medicamentele psihotrope și că procesarea acestora poate duce la deteriorarea unor organe. În orice caz, medicamentele pot să îl și ajute pe copil să treacă mai bine peste greutățile care apar la școală, reducând în parte și pericolul izolării sociale.

Bineînțeles, există cazuri în care prescrierea de medicamente psihotrope la copii nu poate fi evitată. Și copiilor care sunt mai degrabă liniștiți și visători, suferind „doar" de un deficit de atenție, li se prescrie, nu de puține ori, Ritalin. Un medic cu simț de răspundere va lua decizia potrivită doar după o evaluare diagnostică amănunțită. Acest efort este necesar și pentru a exclude posibilitatea ca cel mic să sufere de depresie sau de o tulburare de anxietate. La copii, depresiile se pot manifesta cu totul altfel decât la adulți, putând fi repede confundate cu ADHD-ul. Lucrurile stau la fel și în cazul tulburărilor de anxietate.

Uneori, cei în cauză abordează subiectul „medicație“ într-un mod nechibzuit. Un exemplu înspăimântător din cercul meu de cunoscuți, în care nu era sub nicio formă vorba despre „hiperactivitate“ sau ADHD, este următorul: o mamă nu mai putea să „doarmă bine“ noaptea, deoarece bebelușul(!) ei plângea mult. Ea a mers la medicul pediatru, cerându-i un somnifer sau un tip de medicament psihotrop pentru copil. Medicul pediatru a protestat, vrând să îi explice mamei că există tot felul de motive pentru care bebelușii plâng noaptea și că nu trebuie să le fie prescrise medicamente atât de puternice din această cauză. În plus, bebelușii încă trebuie să învețe ciclul zi-noapte.

Mama a insistat totuși, iar medicul a cedat, fără să fie însă împăcat cu decizia. Medicamentul s-a dovedit însă ineficient, așa că, la o a doua vizită la cabinet, mama l-a făcut pe doctor să prescrie un altul. În total, bebelușului i-au fost prescrise trei (!) tipuri de medicamente psihotrope și de somnifere. Nimeni nu s-a întrebat, în acest caz, care vor fi efectele asupra unui organism încă atât de mic și de fragil!

Cu privire la hiperactivitate, în ultimii ani și în ultimele decenii au fost puse în discuție fel de fel de cauze: predispoziția genetică, educația defectuoasă, traumele, consumul de alcool și de nicotină pe timpul sarcinii, alergiile la anumite alimente sau la anumiți aditivi, spre exemplu la fosfați sau la amalgam, consumul de dulciuri în exces, antenele de telefonie mobilă, telefoanele fixe cu tehnologie DECT, câmpurile perturbatoare din interiorul locuinței, de exemplu izvoare – găsite de căutători profesioniști, aparatura electronică din camera copilului (radiouri, televizoare, computere care sunt lăsate în *stand-by* pe timpul nopții și care produc smog electronic), interacțiunea cu otrăvuri din mediul înconjurător, spre exemplu cu emisiile unei întreprinderi industriale, iar, în ultimul timp, mai ales dezechilibrele la nivel microbian (flora intestinală, lipsa „imunizării inițiale“ prin contactul cu flora vaginală în cazul nașterilor prin cezariană și altele asemenea). Lista nu este nici pe departe completă, dar ea permite formarea unei prime impresii cu privire la cât de cuprinzător este acest domeniu și la cât de puține surse de orientare de încredere există pentru părinți. Este copilul „hiperkinetic" sau, mai degrabă, „hiperactiv"? Are „ADD", „HKD" (tulburare hiperkinetică) sau poate totuși „MCD" (disfuncție cerebrală minimă)? Se poate să fie el doar un pic „prea agitat"? Delimitările între afecțiunile descrise mai sus se întrepătrund, iar definițiile puse le dispoziție de medici nu îi ajută întotdeauna pe părinți.

Să lăsăm totuși discuția asupra unor definiții bine delimitate în seama medicilor pediatri și a altor specialiști. Punctul de vedere psihic nu trebuie însă uitat. Există caracteristici comune ale familiilor copiilor hiperactivi? Psihoterapeuta Sieglinde Schneider[36] a constatat spre exemplu că acei copii care suferă de hiperactivitate nu îi slăbesc niciun minut pe părinții lor, de parcă ar vrea să spună: „Dacă te concentrezi asupra mea, nu o vei mai putea părăsi pe mami (sau pe tati)." Se poate într-adevăr constata că, în familiile copiilor hiperactivi, unul dintre părinți cochetează cu gândul de a pune punct mariajului.

Pe lângă asta, conform observațiilor mele, copiii cu ADHD sever formează deseori legături cu morții. Psihoterapeuta Jirina Prekop dă exemplul unui băiat care empatiza cu un frate născut mort, purtând chiar prenumele acestuia: Raphael. Astfel, primul Raphael nu mai avea nicio șansă la un loc în familie, deoarece acest loc fusese pretins de către al doilea Raphael, care era hiperactiv. Totuși, Jirina Prekop avertizează că hiperactivitatea nu trebuie redusă la punctul de vedere sistemic:

> *„De cele mai multe ori, [în cazul ADHD-ului] avem de-a face cu o formare insuficientă a aparatului locomotor al copilului mic. În mod normal, o astfel de formare se*

[36] Sieglinde Schneider: „Ceea ce le lipseşte copiilor", în: Sylvia Gómez Pedra (coord.), *op. cit.*, p. 155.

petrece încă din pântecul mamei, iar mai târziu într-un port-bebe, prin faptul că mișcările încă necontrolate ale bebelușului sunt oprite cu grijă, fiind armonizate și coordonate prin mișcările ritmice ale mamei, respectiv ale leagănului sau ale hamacului."[37]

În cazul sugarilor mai mari, Prekop recomandă un țarc pentru alergat sau un colț de joacă împrejmuit, pentru a împiedica mișcarea în exces. Dacă un copil mic „nu este sprijinit corect în vederea dezvoltării concentrării și a atenției și în vederea prilejuirii unor faze de activitate și de odihnă, el va fi suprasolicitat printr-o ofertă de stimuli dezordonată".

Aceste experiențe problematice ale copilului pot apoi să i se întipărească în creier sub formă de disfuncționalități cerebrale. Astfel de disfuncționalități se pot însă instala și înainte de naștere sau pot apărea când stările de anxietate ale mamei sunt transferate asupra copilului. Din punctul de vedere al constelațiilor familiale, aceste stări de anxietate sunt legate de o relație problematică a mamei cu familia sa de proveniență.

În ciuda indicațiilor Jirinei Prekop cu privire la sprijinul locomotor timpuriu la copii, experiența mea arată că acordarea de atenție raporturilor sistemice este importantă. Deseori, copiii cu hiperactivitate severă nu formează legături cu cei morți doar la modul general, ci cu persoane care au avut o moarte deosebit de chinuitoare: membri ai familiei care au încetat din viață în urma unui accident sau în alt mod violent.

Într-unul dintre cazurile pe care le-am tratat la cabinet, băiatul hiperactiv formase o legătură cu un copil pe care bunica îl avortase în luna a șasea de sarcină. De aceea, mama băiatului o văzuse mereu ca pe o criminală pe mama ei. Într-adevăr, în constelație, întreruperea de sarcină a dat impresia unei crime, nu a unui avort. Prin faptul că femeia își atribuise rolul de judecătoare

[37] Prekop/Hellinger, *op. cit.*, pp. 229 şi urm.

a mamei ei, în loc să facă un pas în spate din respect, fiul ei a format o legătură cu această vină a bunicii.

Într-un alt caz, a fost vorba despre un băiat hiperactiv, care era extrem de agresiv. La cabinet, mama mi-a povestit că băiatul provenea din prima ei căsătorie. Tatăl copilului era violent și se sinucisese de tânăr. De asemenea, și tatăl bărbatului apelase la sinucidere. Un al treilea caz a arătat că fiul cu hiperactivitate formase o legătură cu primul prieten al mamei, care se sinucisese împușcându-se în cap.

Fred, în vârstă de 14 ani, este hiperactiv (ADHD)

Birgit şi Manfred au venit la un atelier, deoarece amândoi îşi doreau să îl ajute pe fiul lor hiperactiv, Fred. Fiindcă nu se mai descurcau deloc cu el, plănuiseră să îl trimită într-un internat pentru copii cu nevoi speciale. Constelaţia a arătat că fiul formase o legătură cu tatăl mamei, care suferise o moarte chinuitoare, într-un accident agricol.

Prin faptul că, în constelaţie, Birgit şi mama ei i-au arătat respect bunicului, copilul s-a simţit de îndată mai bine. În imaginea de rezoluţie, Fred a trebuit să se poziţioneze alături de tatăl său, acolo unde era protejat de evenimentul nefast din familia mamei. În acest mod, el era ferit de ispita de a merge la bunicul mort, în locul mamei lui. Birgit şi-a „predat" fiul tatălui, dar l-a asigurat că ea va rămâne mama lui, cu toate drepturile şi obligaţiile pe care acest lucru le implică.

După un an, Birgit şi Manfred mi-au făcut o vizită la cabinet, în care mi-au explicat ce s-a întâmplat după seminar. Când au ajuns acasă, Fred i-a privit radiind.

„El nu ne privise niciodată aşa!", a spus Manfred. „Băiatul era cu totul schimbat".

În următoarele patru săptămâni, orice semn de ADHD dispăruse. Fred se comporta ca şi când nu fusese niciodată hiperactiv.

Totuşi, încet-încet el a recăzut în vechiul său comportament. Părinţii voiau acum să ştie de ce soluţia nu a avut un efect mai îndelungat.

După ce Birgit i-a aşezat în constelaţie pe membrii familiei, folosindu-se de coli de hârtie colorate şi de figurine din lemn aşezate pe podea, dilema s-a clarificat rapid: Birgit l-a poziţionat pe fiu lângă ea, nu lângă tatăl lui. Ea a povestit că, într-adevăr, la vremea respectivă, îl predase pe băiat lui Manfred, dar că nu ştie cum se face că, „pe parcurs, lucrurile s-au întors la starea lor iniţială".

Desigur, se întâmplă, nu de puţine ori, ca cineva să îşi însuşească soluţia o vreme, pentru ca după aceea, din solidaritate faţă de membrii familiei care au suferit, să dea înapoi: persoana nu îşi dă voie să trăiască liberă de durere, deoarece astfel s-ar simţi „vinovată" faţă de cei dinaintea ei. Aşa s-a întâmplat şi aici: Birgit nici nu i-a dat fiului ei permisiunea de a rămâne *definitiv* alături de Manfred, nici nu a avut curajul, în ceea ce priveşte accidentul fatal al bunicului şi suferinţa mamei ei, să spună „da" propriei vieţi.

De cele mai multe ori, în astfel de situaţii, *nu* este indicată repetarea paşilor terapeutici deja întreprinşi. Acest lucru ar compromite constelaţia lui Birgit!

În orice caz, eu îi sfătuiesc pe toţi participanţii la grupurile mele de constelaţii să îşi ia notiţe cu privire la paşii parcurşi ca parte a soluţiei. Astfel, în cazul în care va fi necesar, participanţii vor putea mai târziu să îşi însuşească soluţia în mod *autonom*, folosindu-se de aceste notiţe.

Un alt exemplu cu privire la o moarte în împrejurări violente, în cadrul sistemului familial al unui copil cu hiperactivitate, este povestea lui Jonas.

Jonas, în vârstă de 13 ani, suferă de ADHD

Maria şi Karl vin la cabinet, deoarece îşi fac griji cu privire la unicul lor copil, Jonas. Îi îngrijorează mai ales faptul că băiatul trebuie să ia constant medicamentele psihotrope prescrise de medic. În timpul discuţiei noastre în trei, iniţiativa o ia mai ales Maria. Când eu pun o întrebare, de cele mai multe ori ea este cea care răspunde. Karl lasă impresia că ceea ce se discută nu ar fi treaba lui.

Dintr-o constelaţie lucrată cu ajutorul colilor de hârtie, pe care cei doi sunt invitaţi să le aşeze pe podea, ca substitute ale membrilor familiei, rezultă următoarea imagine: atât fiul, cât şi Maria suferă pentru Karl. Am ajuns la acest rezultat în felul următor: în timp ce Maria experimentează senzaţii corporale bine definite atunci când stă pe colile de hârtie, Karl spune mereu: „Nu simt nimic stând pe aceste coli". Pe el pare să îl mire că doi oameni adulţi (soţia şi terapeutul) pot avea percepţii atât de clare stând pe nişte foi colorate. Aceste lucruri i se par suspecte.

După câteva întrebări, reiese că nici Karl nu are fraţi sau surori. Tatăl lui a murit ca soldat în război, pe când el avea doi ani. Apoi, Karl a fost crescut doar de mama lui. În casa lor nu s-a vorbit despre tată. Întrebat dacă i-a fost dor de tatăl său pe vremea când era copil, Karl scutură din cap în semn că nu. El este de părere că lucrurile au mers bine. Totuşi, modul în care spune acest lucru şi limbajul trupului trădează un om împietrit, care nu îşi dă voie să simtă cu adevărat. În schimb, fiul şi soţia lui simt ceea ce el nu poate. Ei simt durerea lui de a nu fi avut un tată!

Cu ochii înlăcrimaţi şi foarte emoţionată, stând pe propria coală de hârtie şi privindu-l, Maria îi spune soţului ei: „Acum îţi las ţie toate aceste dureri. Nu este vorba despre tatăl meu, ci despre al tău."

La fel ca mai înainte, Karl rămâne impasibil la toate acestea. Nici cu propoziţia „Jonas trebuie să rămână alături de mine, acolo unde este protejat", rostită de soţia sa, nu ştie ce să facă.

În discuţia de după, le explic celor doi că lucrul cu substitutele nu este echivalent cu o constelaţie în grup. Ar fi bine pentru Jonas ca părinţii să mai lucreze încă o constelaţie, de data aceasta într-un grup.

După câteva luni, Maria şi Karl vin într-adevăr la un grup. Aici, la seminar, Karl nu va mai putea să se retragă pur şi simplu, cum a făcut-o la prima noastră întâlnire. Acesta este unul dintre marile avantaje ale constelaţiei în grup, faţă de constelaţia cu substitute. În prima zi a seminarului, Karl încă reuşeşte să evite profunzimea contactului uman din constelaţie. Figura sa arată foarte clar că nimic nu îl impresionează. Totuşi, în timpul „discuţiei" de la începutul celei de-a doua zile, faţa lui pare să arate pentru prima dată şi un pic de emoţie. Ceea ce el a trăit în prima zi l-a făcut să înţeleagă că oamenii vor într-adevăr să care o povară pentru alţi membri ai familiei, din dragoste faţă de aceştia.

Karl spune: „Cel mai mult aş vrea să fug, să nu trebuiască să dau piept cu aceste lucruri; dar, după tot ce am văzut aici, nu mai există cale de întoarcere. Voi lucra astăzi o constelaţie".

În grupurile mele, eu atrag mereu atenţia că nu propria constelaţie este importantă. Hotărâtor este ca interacţiunea cu alţi oameni să te ajute să faci cunoştinţă cu punctul de vedere al sufletului. Cine se încrede în asta, găseşte deseori soluţii, chiar şi fără ajutorul terapeutului.

Când vine rândul lui, Karl oferă mai multe informaţii: doi dintre fraţii tatălui său muriseră, de asemenea, încă de tineri, tot ca soldaţi.

Reprezentantul lui Karl se poziţionează în constelaţie, faţă în faţă cu tatăl. La început, nu se întâmplă nimic. Reprezentantul are exact aceeaşi faţă împietrită care îi era atât de caracteristică lui Karl.

După ce facilitatorul îl îndeamnă să îi spună tatălui: „Eu aveam doi ani şi jumătate când tu ai murit în război", tristeţea iese în sfârşit la suprafaţă. Karl stă pe scaun şi priveşte emoţionat la ce se întâmplă. După ce îl înlocuieşte pe reprezentant, preluându-şi propriul rol, el poate să dea frâu liber durerii şi mâhnirii pe care le-a ignorat o viaţă întreagă. Şi la cei doi unchi poate merge acum, dând dovadă de iubire şi de respect faţă de ei şi arătându-li-l pe fiul său, Jonas. Pot fi acum parcurşi următorii paşi, ca parte a soluţiei, aşa cum nu ar fi fost posibil în constelaţia cu substitute. Locul potrivit al lui Jonas este alături de mamă, de unde poate păstra o bună legătură şi cu tatăl său.

Băieţii cu hiperactivitate au uneori şi ceva feminin în psihicul lor, care le cauzează agitaţie de tip locomotor. Aşa cum arată exemplul următor, cel al lui Valentin, acest lucru are de-a face cu apropierea sufletească profundă a copilului faţă de rude de sex feminin.

Valentin, în vârstă de 12 ani, suferă de ADHD cu ideație suicidară

Încă de la grădiniţă, Valentin dărâma din mers toate mesele şi toate scaunele. După ce a început să meargă la şcoală, aproape fiecare profesor a vrut să discute cu părinţii, deoarece băiatul făcea mereu scandal şi ieşea în evidenţă, fiind agitat şi agresiv.

Barbara, mama lui Valentin, este foarte interesată de metodele alternative de tratament şi, împreună cu fiul său, a testat multe dintre acestea, după ce nu a mai suportat să vadă cum fiul ei era liniştit cu medicamente psihotrope eliberate pe bază de reţetă. Într-adevăr, un tratament homeopatic şi mai multe terapii alternative l-au făcut mult mai liniştit, aşa încât să nu mai depindă de medicaţia psihotropă.

După aceea, s-a întâmplat însă ceva care i-a pus pe gânduri pe părinţi – băiatul se lamenta din ce în ce mai des: „Nu sunt bun de nimic. Ce rost mai are să trăiesc pe lumea asta?" Odată, a venit la mama lui mâhnit şi i-a povestit că a încercat să se arunce pe fereastră de la etajul patru al casei: „Dar nici măcar de asta nu sunt în stare, fiind prea laş. Sunt un mare ratat!" Ce părinte nu ar fi şocat la auzul acestor cuvinte?

În constelaţia familială la care participă ambii părinţi, atât Barbara, cât şi soţul ei îl aşază pe cel de-al doilea copil (Valentin) în faţa mamei, în timp ce fiica, Inge, stă lângă tată.

De îndată, reprezentantului lui Valentin i se face rău. El stă în calea Barbarei, care vrea să părăsească familia. Întrebată cu privire la acest lucru, Barbara povesteşte că mama ei a suferit pe fondul morţii timpurii a trei surori. Dar şi Barbara însăşi a pierdut o soră, care a murit din cauza unui avort spontan în luna a patra de sarcină. După ce aceste patru rude sunt incluse în constelaţie, starea lui Valentin se stabilizează rapid. El este profund legat de rudele moarte, mai ales de sora Barbarei. Băiatul îşi doreşte să meargă ele în locul mamei lui.

Când vede ce se întâmplă, Barbara plânge. Toate încercările ulterioare de a ajunge la o soluţie eşuează, deoarece Barbara nu este pregătită – avându-le în vedere pe femeile decedate şi mai ales pe sora ei răposată atât de timpuriu – să-şi ia viaţa în propriile mâini; ea preferă să sufere. Întrebată dacă vrea să facă ceva pentru fiul ei, ea răspunde: „Desigur". După aceea, femeia îl roagă pe Valentin să se îndepărteze de cele moarte şi să se poziţioneze lângă tată. Bărbatul se bucură atunci când fiul vine lângă el. Lui Valentin îi este bine aici.

De luat în seamă în acest caz este apropierea profundă a băiatului faţă de o femeie – sora moartă a Barbarei. O astfel de afinitate cu o persoană de sex diferit poate tulbura simţul identităţii sexuale al unui băiat, provocând-i o nelinişte interioară profundă.

Copii cu handicap

Atunci când părinții lucrează constelații pentru copiii lor care suferă de un handicap mintal sau fizic, rezultă, din nou și din nou, imagini care seamănă între ele: copilul ar fi împăcat cu soarta lui dacă părinții ar fi și ei împăcați cu ea. Totuși, nu puțini sunt părinții cărora le cade greu să își accepte ca atare copilul cu handicap.

Nu avem voie să trecem cu vederea faptul că „progresele" din medicină ignoră unele bariere morale. Numeroase examinări medicale preventive, genetice sau de altă natură, fac să fie tot mai dificil pentru părinți – într-o epocă în care totul trebuie neapărat să fie perfect – să spună „da" din toată inima unui copil cu handicap. Părinții în cauză povestesc în repetate rânduri că se simt marginalizați din punct de vedere social, deoarece copiii cu handicap nici nu ar trebui să mai existe, luând în considerare progresele actuale din medicină. Dar, trebuie acești părinți într-adevăr să se justifice pentru că au adus pe lume un copil cu handicap? Trebuie un bebeluș bun să fie întotdeauna unul „imaculat"?

Constelația fraților și a surorilor este întotdeauna afectată, atunci când din ea face parte și un copil cu handicap: deseori, cei sănătoși nu îndrăznesc să profite cum se cuvine de șansele lor în viață. Ei se simt vinovați din cauză că sunt sănătoși în timp ce un membru al familiei pare să fi fost dezavantajat de soartă. Este util ca frații care nu au un handicap să respecte destinul copilului care are unul. Ei trebuie să îndrăznească să profite de viața lor, în ciuda handicapului fratelui sau al surorii. Acest lucru se dovedește a fi deosebit de dificil atunci când este vorba doar de doi frați: unul sănătos și celălalt cu handicap. Într-un astfel de caz, copilul sănătos nu vede și alți frați sănătoși în jurul lui și se simte deseori obligat, într-o măsură destul de mare, să renunțe la dezvoltarea liberă a posibilităților sale.

Avem aici de-a face cu un echilibru al răului: „Având în vedere handicapul tău, eu nu îndrăznesc să profit de șansele mele în viață. Așa îmi manifest eu dragostea față de tine". Copilul sănătos se poate chiar îmbolnăvi. Acest echilibru al răului este o povară sufletească și pentru copilul cu handicap. Alternativa este un echilibru al binelui. În acest caz, copilul sănătos îi poate spune celui bolnav: „Sănătatea mea mă obligă să te ajut pe tine ca frate (respectiv soră), atunci când ai nevoie. Luând în considerare boala ta, eu am încredere să fac ceva cu viaţa mea".

Joachim, în vârstă de 9 ani, are un handicap dat de o tulburare de percepţie vizuală

Wolfgang şi Karin au patru fii. Cel de-al treilea fiu al lor suferă de o tulburare de percepţie rară. Creierul lui nu are capacitatea de a procesa stimulii vizuali conform cu realitatea. Conştiinţa lui Joachim nu poate să recunoască şi să clasifice din prima unele lucruri pe care el le vede. În cazul lui, nu este vorba despre o problemă de vedere, ci despre o tulburare în acea parte a creierului care este responsabilă cu transformarea stimulilor vizuali în gânduri conştiente şi în percepţii.

În ciuda acestor probleme, medicii apreciază că inteligenţa lui Joachim este una normală. Totuşi, ştiinţa medicală nu cunoaşte cauzele acestei tulburări la nivelul creierului. Este posibil să fie vorba despre nişte cauze genetice, dar nu se cunosc informaţii concrete.

În timpul discuţiei dinaintea începerii constelaţiilor în cadrul grupului, temperamentala Karin povesteşte că ea nu a acceptat niciodată cu adevărat handicapul fiului: „Ceilalţi trei fii nu sunt doar buni la şcoală, ci chiar extraordinari. Sunt foarte mândră de ei. Cum se poate ca unul dintre copii să nu se încadreze în acest tipar? Nu am putut crede aşa ceva şi Joachim a rămas pentru mine cât se poate de normal".

Wolfgang aprobă spusele soţiei: „Handicapul este foarte greu de acceptat".

La vârsta sa actuală, cea de nouă ani, Joachim pare să reuşească din ce în ce mai bine să se bucure de o viaţă socială normală. Totuşi, sunt multe lucruri pe care copilul nu le discută cu nimeni, deoarece ştie că părinţii lui suferă din cauza problemelor pe care el le are.

În constelaţie, Karin îşi aşază soţul în dreapta ei, iar pe copii în stânga. Când îl rog pe Wolfgang să lucreze imaginea din propria perspectivă, el inversează poziţia copiilor: toţi stau lângă el. După ce reprezentanţilor li se adresează nişte întrebări, reiese că majorităţii copiilor le merge mult mai bine în a doua imagine, alături de tată.

Mamei nu îi merge bine în niciuna dintre cele două imagini. Nu o atrage nimic să părăsească familia, dar pare iritată. Când părinţii lui Karin sunt incluşi în constelaţie, Joachim simte o apropiere directă faţă de ei, în special faţă de mama lui Karin. După ce Karin se îmbufnează la includerea în constelaţie a mamei ei, Joachim se solidarizează de îndată cu bunica lui.

Karin o respinge pe mama ei, iar Joachim se amestecă în această relaţie. În momentul în care Karin şi mama ei stau faţă în faţă, fiica râde. Ea se consideră superioară mamei din toate punctele de vedere şi chiar exprimă acest lucru: „Îţi sunt superioară din toate punctele de vedere!" Acest lucru îl doare pe Joachim, dar mama sa îl roagă să nu se amestece în relaţia dintre ea şi propria mamă.

Karin nu se comportă faţă de mama ei aşa cum ar face-o un copil, ci ca o rivală. Bănuiala mea că ar putea fi vorba aici despre o fostă soţie a tatălui lui Karin se dovedeşte a fi falsă. Niciunul dintre părinţii femeii nu a mai avut alţi parteneri înainte de căsătorie.

Având în vedere că în momentul de faţă nu se poate ajunge la o soluţie în relaţia dintre Karin şi mama ei, se lucrează o imagine intermediară, în care părinţii lui Joachim îşi preiau propriile roluri: toţi fiii se poziţionează alături de tată, în timp ce mama stă lângă părinţii ei. Joachim se simte bine. El îşi priveşte tatăl radiind şi păşeşte în faţa lui. Wolfgang îşi vede fiul şi se bucură

La îndemnul facilitatorului, bărbatul îi spune printre lacrimi şi cu foarte multă emoţie: „Tu eşti fiul meu iubit. Te accept cu tot cu handicapul tău – aşa cum eşti".

Copilul este uşurat. Wolfgang mai vrea să facă o completare şi spune pe neaşteptate: „Te provoc acum, dar te şi susţin!"[38]

Tot ceea ce îi mai lipseşte acum copilului este ca mama să îi confirme că are voie să fie aşa cum este. Deşi ea încearcă să facă asta, facilitatorul o întrerupe rapid, deoarece cuvintele ei nu exprimă convingere.

Joachim îi spune lui Karin: „Mami, pot să aştept!"

Acest aranjament îi mulţumeşte pe amândoi. Joachim se întoarce înapoi în constelaţia copiilor.

Wolfgang îşi priveşte soţia şi spune: „Şi eu voi aştepta!"

Bunica ia şi ea cuvântul şi o priveşte pe Karin: „Voi aştepta şi eu!"

Karin le spune tuturor: „Încă mai am nevoie de nişte timp".

După cum reiese din discuţia de după constelaţie, Karin şi-a reproşat deseori că a eşuat ca mamă în privinţa fiului cu dificultăţi. Totuşi, în viaţa de zi cu zi, Joachim o asigură mereu, plin de afecţiune: „Mami, încetează să îţi faci astfel de gânduri! Îmi rezolv singur problemele legate de boală! Mă ocup singur de asta".

În timpul unei runde de discuţii ulterioare din cadrul seminarului, Karin spune: „Cred că este important, atât pentru mine, cât şi pentru Joachim, să clarific relaţia dintre mine şi mama mea şi să renunţ la comportamentul meu arogant faţă de ea".

Deseori, părinții copiilor cu handicap văd boala ca rezultând din implicarea unei forțe superioare, asupra căreia ei nu au nicio putere. Acest lucru este valabil mai ales pentru femei. Din observațiile mele, reiese că lor le este mult mai greu decât le este taților să accepte handicapul copilului ca făcând parte din soarta acestuia. Probabil că impedimentul în sine are de-a

[38] Principiu (germ. *Fordern und Fördern*) care rezumă modelul statului social activator, cu implicaţii în domenii diverse: social, profesional, politic, educaţional etc. Conform acestui principiu, indivizii trebuie atât activaţi (provocaţi), cât şi susţinuţi pe drumul lor către autonomie şi succes. (n.tr.)

face și cu faptul că mamele, prin intensitatea trupească a sarcinii, se simt din toate punctele de vedere mai responsabile pentru copil și pentru starea lui de bine decât tații! Astfel, din motive biologice, taților le este un pic mai ușor să îi accepte pe copii așa cum sunt. Mamele se simt în schimb „mai răspunzătoare", atât de ceea ce este bine, cât și de ceea ce este rău.

Christian, în vârstă de 8 ani, suferă de un handicap psihic

În constelaţia lucrată alături de soţul său, Kerstin nu îndrăzneşte să îşi privească fără prejudecăţi copilul cu handicap, pe nume Christian. Doar tatăl acestuia îl priveşte cu bunăvoinţă.

Christian se uită la tată şi spune: „Nu am nicio problemă cu tata – doar cu mama. Ea nu mă vede cum trebuie".

Kerstin şi-a preluat încă de la început propriul rol. Îşi priveşte acum fiul şi spune: „Eu sunt de vină pentru handicapul tău". Ea explică ce vrea să spună cu asta: toate femeile din familia ei au avut travalii problematice. Totuşi, ea a aflat asta abia după naşterea lui Christian. Acum, Kerstin crede că ar fi trebuit să se intereseze din timp de astfel de probleme; dacă ar fi ştiut, ar fi mers mult mai devreme la spital. S-a ajuns în cele din urmă la o naştere prin cezariană. Întrebată cu privire la acest lucru, Kerstin mai povesteşte şi că bebeluşul nu a fost expus niciunui pericol pe timpul naşterii.

În timp ce Kerstin vorbeşte, Christian scutură dezaprobator din cap. „Nu, mami! Nimeni nu este de vină pentru handicapul meu", spune el apoi. „Eu mă simt bine cu handicapul meu. Dacă nu ai suferi tu atât... Asta este ceea ce mă întristează".

Kerstin începe să plângă. Facilitatorul o îndeamnă să îi spună copilului: „Tu eşti copilul meu şi te accept ca atare, cu tot cu handicap. Eşti bun aşa cum eşti".

Kerstin reacţionează acum energic: „Nu! Nu! Nu! Vreau să ştiu care este cauza handicapului." Plângând, dar şi cu agresivitate, spune din nou şi din nou: „De ce? Vreau să ştiu de ce!"

Facilitatorul include în constelaţie un bărbat din grup, ca reprezentant al destinului. Reiese că atât tatăl lui Christian, cât şi Christian însuşi se pot apleca în faţa acestuia.

Christian îi spune destinului: „Eu iau viaţa aşa cum am primit-o".

Destinul zâmbeşte şi se relaxează.

Christian îi spune aceeaşi propoziţie şi mamei sale, dar aceasta se înfurie din nou: „Nu mă voi apleca niciodată în faţa sorţii! Vreau să ştiu o dată pentru totdeauna de ce ai un handicap."

La acestea, destinul reacţionează cu vehemenţă: „Este foarte grav ceea ce spune". Privirea îi este sobră.

Christian simte un imbold fizic de a se îndepărta de mama lui. Băiatul vrea să se poziţioneze lângă destin, împreună cu tatăl său. Celor doi le este bine acolo. „Simt acum că eu, tatăl meu şi destinul formăm o comunitate", spune Christian.

Kerstin doar scutură din cap cu dezaprobare, în timp ce Christian spune: „Te rog, mama!"

Răspunsul lui Kerstin vine dintr-odată: „Vreau să controlez totul! Lucrurile trebuie să fie aşa cum vreau eu să fie. Am dreptul să ştiu!"

Destinul face un pas în spate şi răspunde (arătând către mamă): „Nu am nevoie de ea".

În acest moment, facilitatorul îi roagă pe reprezentanţi să iasă din roluri. Aroganţa faţă de destin a devenit prea mare, deoarece Kerstin s-a ridicat deasupra acestuia.

Totuşi, cu ocazia rundei introductive de discuţii din următoarea zi a seminarului, Kerstin începe treptat să renunţe la atitudinea ei arogantă. Acum ea spune cu toată sinceritatea: „Am simţit dintotdeauna că handicapul lui Christian nu reprezintă o problemă pentru soţul meu. Mă bucur că cei doi se înţeleg atât de bine. Eu personal nu am ajuns însă în acel punct".

În tot acest timp, tatăl lui Christian îşi priveşte fiul cu bunăvoinţă. Pe de altă parte, şi Christian a spus, încă de la începutul constelaţiei: „Nu am nicio problemă cu tata".

În această zi, Kerstin a mai lucrat o constelaţie, una care a evocat foarte clar motivul conflictului dintre ea şi destin. Având în vedere că destinul familiei ei de provenienţă, ieşit acum la suprafaţă, este unul foarte dificil şi foarte complex, el nu va fi discutat pe larg aici. Acceptarea acestor dificultăţi i-a permis lui Kerstin să accepte şi destinul fiului ei cu handicap.

Manuel, care suferea de sindrom Down și avea un organism slăbit, a murit la vârsta de patru ani

În runda introductivă de discuţii a seminarului, Felicitas spune că ar vrea să lucreze o constelaţie pentru familia ei de provenienţă. Ea are probleme cu propriii părinţi. Întrebată dacă este căsătorită şi dacă are copii, faţa ei se întunecă dintr-odată. Povesteşte că este căsătorită şi că are trei copii. Unul dintre aceştia a fost „mongoloid" (trisomie 21) şi a murit la vârsta de patru ani. Ochii i se umplu de lacrimi: „Nu am putut să îmi iau rămas-bun de la el. Nu eram la spital în momentul în care a murit".

Felicitas este de acord ca pe parcursul seminarului să lucreze o constelaţie pentru familia ei actuală, nu pentru cea de provenienţă. Este clar aici care sunt priorităţile. Femeia mai povesteşte şi că, de fiecare dată când este ziua de naştere a lui Manuel, ea cade în depresie şi suferă de dureri severe de stomac. Felicitas încă îşi face reproşuri pentru că nu a putut să îşi ia rămas-bun.

În a doua zi a seminarului, Felicitas lucrează o constelaţie. Reprezentantei ei îi merge cel mai rău. Ea nu îşi poate privi cu adevărat fiul care suferă de un handicap mintal.

Manuel izbucneşte: „Nici măcar nu poate să se uite la mine. Mă respinge. Nu vrea să mă accepte ca pe copilul ei".

Manuel îl priveşte pe tată, care îi zâmbeşte. Tatăl nu are nicio problemă legată de fiul cu handicap mintal. Se poate vedea cum relaţia celor doi este una învăluită în iubire.

Facilitatorul o întreabă pe Felicitas ce are de zis despre toate acestea. Printre lacrimi, Felicitas povesteşte că ea nu şi-a acceptat niciodată fiul în totalitate. Femeia se ruşina mereu, faţă de toate rudele şi faţă de toţi vecinii, din cauză că dăduse naştere unui copil cu handicap. În mişcările reprezentantei lui Felicitas putea fi observată tocmai această ruşine.

Acum, Felicitas îşi preia propria poziţie în cadrul constelaţiei, în timp ce reprezentanta ei se aşază. Ea îl priveşte pe Manuel în ochi şi îi spune, la îndemnul facilitatorului: „Te accept drept copil al meu, aşa cum eşti. Mă declar împăcată cu handicapul şi cu moartea ta".

Manuel este înduioşat şi aprobă energic din cap: „Îmi face atât de bine să ştiu asta!"

Felicitas îşi ia fiul în braţe. Mai departe, reiese că pentru Manuel nu contează că mama lui nu a fost prezentă atunci când el a murit. La auzul acestora, lui Felicitas abia îi vine să creadă, dar până la urmă răsuflă uşurată. Cei mai mulţi oameni consideră că moartea timpurie a unui copil este ceva îngrozitor. Având în vedere că petrece atât de puţin timp pe lume, copilul ratează foarte multe experienţe de viaţă. Dacă stăm însă să comparăm o viaţă cu timpul care s-a scurs înainte de naştere şi cu cel care se va scurge după moarte, până şi biografia unui om de o sută de ani pare a fi doar un scurt moment. Nimeni nu ştie cu adevărat dacă cei morţi înainte de vreme chiar au pierdut ceva. Să îi regretăm este o dovadă de aroganţă. Cei care au avut o moarte timpurie lasă deseori urme mai adânci pe această lume decât cei morţi la bătrâneţe.

Într-o altă constelație a fost vorba despre o fetiță cu sindromul Down, în vârstă de paisprezece ani, și de o tuse cronică a mamei. Până la momentul respectiv, tusea nu răspunsese la niciun fel de tratament. În cele din urmă, doctorul a clasificat-o drept „psihogenă". Când am întrebat-o pe mamă despre asta, am aflat că tusea începuse în urmă cu treisprezece ani, fiind astfel cam de aceeași „vârstă" cu fetița cu handicap!

În prima imagine, tusea (o reprezentantă) și fiica se îndreaptă de îndată una spre cealaltă. Se îmbrățișează, după care se iau de mână: locul lor este împreună. Din păcate, mama nu a fost pregătită să accepte soarta copilului ei, iar, ca rezultat, fiica explodează furioasă: „Eu mi-am dorit acest handicap mintal! Am nevoie de el pentru a mă dezvolta din punct de vedere sufletesc. Când o să pricepi asta?" Aceste propoziții au lovit ca un trăsnet!

În paralel, reprezentanta tusei a încuviințat energic din cap și a spus: „Atunci când mama va pricepe acest lucru, eu voi putea în sfârșit să dispar!"

Ideație suicidară și tentative de sinucidere

În cazul copiilor și adolescenților expuși sinuciderii, se pot observa aproape întotdeauna cauze sistemice profunde în cadrul familiei. De cele mai multe ori, este vorba despre o vină, la fel ca în exemplele următoare.

Nico, în vârstă de 10 ani, a fost salvat de trei ori, chiar înainte de a muri

Alexander vine la un grup, deoarece el trăieşte cu teama că fiul său va muri, încă de când acesta s-a născut. Chiar şi circumstanţele în care Nico a venit pe lume au fost atât de dramatice, încât băiatul a scăpat doar pentru că a avut noroc. Odată, Nico a înghiţit un obiect şi ar fi murit înecat dacă nu ar fi fost salvat de Alexander, care este infirmier. Cu o altă ocazie, Nico a vrut să treacă strada chiar atunci când se apropia cu mare viteză un autocamion. Alexander l-a salvat în ultimul moment. Iar recent, Nico s-a îmbolnăvit de o infecţie care i-a provocat o febră din ce în ce mai severă. Alexander s-a rugat neîncetat pentru fiul lui, dar şansele acestuia de supravieţuire erau limitate. Printr-o minune, băiatul a reuşit să scape din nou.

„Şi eu sunt în pericol", oftează Alexander. „Recent am suferit o septicemie în zona dorsală pe care era să nici nu o observ. A fost la limită... Cumva, eu am avut un presentiment, deoarece, înainte ca asta să se întâmple, am simţit imboldul de a încheia rapid o asigurare de viaţă!"

Se lucrează acum o constelaţie pentru soţia lui Alexander, pentru el însuşi şi pentru fiu, fiind ales şi un reprezentant pentru „predispunerea la moarte". Când fiul îşi priveşte tatăl, îl trece un fior. Lui îi este frică de bărbat şi se dă mai în spate. În următorul pas, sunt incluşi în constelaţie părinţii lui Alexander. Dintr-odată, frica lui Nico faţă de tatăl său dispare, iar el se apropie din nou de acesta. Toţi o privesc pe mama lui Alexander, care se încovoiază ţinându-se cu mâinile de pântec. Văzând-o aşa, „predispunerea la moarte" se poziţionează lângă ea.

„Ce se întâmplă cu mama ta?", întreabă facilitatorul.

„Ea a făcut avort de cinci ori, în unele cazuri chiar şi după a treia lună de sarcină", răspunde Alexander.

Sunt incluse acum în constelaţie încă cinci persoane, care se întind pe jos. Spontan, bunica lui Nico se întinde şi ea lângă ele. Lui Alexander îi dau lacrimile.

Facilitatorul către Alexander: „Spune-i mamei tale: «Cu respect, îţi las ţie această povară. Te rog, priveşte-ne cu prietenie pe mine şi pe Nico.»"

Mama încuviinţează din cap: „Nu te amesteca în toate acestea", îi spune ea lui Alexander. „Mă voi descurca negreşit şi singură!"

În tot acest timp, Nico îi priveşte fascinat pe copiii morţi şi pe tatăl său. În timp ce tatăl vorbeşte cu bunica, Nico se scutură din tot corpul, ca şi când ar vrea să se lepede în sfârşit de toată această responsabilitate. După aceea, Alexander îl duce la mama lui, care îşi privise soţul şi fiul de la depărtare. Nico îi zâmbeşte mamei lui şi, apoi, şi tatălui.

Alexander îl îmbrăţişează pe Nico plângând. La propunerea terapeutului, el îi spune fiului: „Ai voie să rămâi acum, iar eu voi rămâne de asemenea! De acum înainte, nu vom mai avea parte de nicio dramă!"

După aceea, Nico se simte bine, iar mama şi Alexander se relaxează şi ei. Şi bunica este uşurată. În acest punct, constelaţia se încheie.

În dimineaţa următoare, atelierul începe cu o scurtă rundă de discuţii, în cadrul căreia fiecare spune cum se simte.

Alexander este de-a dreptul răscolit: „În comparaţie cu cei mai mulţi dintre cei prezenţi, eu nu dorm la hotelul de aici, ci am condus 100 de kilometri până acasă, pentru a dormi acolo. Abia ce am apucat să ajung în camera de zi, că Nico a şi venit la mine şi mi-a spus: «Tata, eu nu vreau ca tu să mori! Eu vreau să trăieşti. Şi vreau ca şi eu să trăiesc. Nu vreau să mor.»" El face o pauză şi scutură din cap cu dezaprobare. „Aşa ceva nu se poate! El nu are decât zece ani... Ce înseamnă asta?"

„Tu ce crezi că înseamnă?", răspunde facilitatorul, tot printr-o întrebare.

„Cred că el a primit în sufletul lui constelaţia de ieri. Asta îmi arată foarte clar că tot ce am lucrat noi aici a fost adevărat."

Felix, în vârstă de 15 ani, s-a așezat pe șinele de tren

Bernd vine la cabinet, deoarece se teme pentru mezinul său pe nume Felix. Acesta a fost dintotdeauna un copil extrem de închis în sine, un „singuratic". El nu voia niciodată să meargă în excursiile cu familia, preferând să rămână singur acasă. Fiul trăieşte foarte retras şi este dependent de jocuri pe calculator. În afară de asta, el mănâncă doar puţin, suferă de dureri severe de cap, de greaţă şi de vertij, care apar periodic. Pentru şcoală, pregăteşte doar minimul necesar, motiv pentru care a rămas şi repetent. Acum mai multă vreme, el a avut prima lui tentativă de sinucidere, din cauza unei fete de care se îndrăgostise şi care îl respinsese.

Bernd povesteşte că el şi mama lui Felix sunt divorţaţi de câţiva ani. Dintre cei doi copii, fiul cel mai mare este crescut de mama lui, în timp ce Felix locuieşte cu tatăl. Recent, fiul a mai avut o tentativă de sinucidere, aşezându-se pe şinele de tren. Sinuciderea a putut fi împiedicată doar datorită faptului că a fost găsit de nişte muncitori feroviari.

„În familia mea au existat foarte multe sinucideri", oftează Bernd. „Simt că Felix este legat de anumite lucruri din familia mea. Dacă acum nu fac nimic în legătură cu asta, nu mi-o voi ierta niciodată. De aceea sunt aici."

Din discuţia ulterioară reiese că amândoi părinţii lui Bernd s-au sinucis în decurs de douăsprezece luni, pe vremea când el avea şaptesprezece ani. Bernd suferă demult de coşmaruri în care vede atrocităţi de război. După ce a citit mai multe cărţi despre constelaţiile familiale, el a dedus că atât sinuciderea părinţilor săi, cât şi tentativele de sinucidere ale lui Felix şi coşmarurile sunt legate de implicarea tatălui său în SS[39]. Tatăl lui Bernd a participat la uciderea mai multor evrei.

Având în vedere gravitatea celor relatate, nu prea poate fi vorba aici despre o constelaţie cu figurine din lemn şi coli de hârtie. De aceea, eu îl sfătuiesc pe Bernd să participe la o constelaţie în grup.

[39] Abreviere a cuvântului german *Schutzstaffel* (rom. *eşalon de protecţie*). SS-ul a fost o organizaţie paramilitară a partidului nazist, creată în Germania, în 1925. Trupele SS erau însărcinate cu securitatea internă a celui de-al Treilea Reich, cu controlul teritoriilor ocupate şi cu paza lagărelor de concentrare. În 1940, naziştii au alcătuit Waffen-SS, trupe de şoc angajate în toate ofensivele şi contraofensivele decisive din al Doilea Război Mondial, cunoscute pentru fanatismul şi ferocitatea lor. (n.tr.)

În imaginea inițială a constelației în grup, lucrată cu două luni mai târziu, mama copiilor stă undeva la margine, în timp ce Bernd și cei doi fii ai săi privesc către un punct fix de pe podea. Întregul grup este cuprins de o tristețe adâncă. Facilitatorul îl roagă pe Bernd să îi includă în constelație pe părinții săi și patru posibile victime ale SS-ului. Bernd poziționează victimele, care se întind curând pe podea, direct în fața lui și a copiilor, în timp ce pe părinții lui îi poziționează în spatele lui și al copiilor. În acest mod, făptașul și soția lui nu pot vedea victimele așa cum trebuie. Imaginea arată cum Bernd își dorește să îi protejeze pe părinții lui de faptele lor din timpul perioadei naziste.

Mai departe, devine evident că părinții nu reacționează nicicum cu privire la cei morți. „Asta nu mă privește deloc – total neinteresant", spune tatăl lui Bernd. Atunci când făptașii nu își asumă vina și responsabilitatea pentru urmările faptelor lor, cei născuți mai târziu o vor face: nu doar mezinul își dorește să meargă la victime, pentru Bernd și pentru bunic, ci și fiul mai în vârstă al bărbatului semnalizează că ar vrea să se ducă la cei morți. Acest lucru nu îl afectează în niciun fel pe bunicul copiilor, dar reprezentantul lui Bernd este mișcat. El vrea să meargă acum la victime. În acest punct, bărbatul își preia propriul rol. El se întinde lângă cei morți. Acolo, se simte bine imediat. Reprezentanții victimelor au povestit mai târziu că nu li s-a părut în regulă ca un copil al făptașului să vină la ei. Ei îl așteptau pe cel „răspunzător".

În acest moment, se lasă o liniște profundă. Dintr-odată, mama lui Bernd începe să plângă cu suspine: „Mi-e rușine cu mine!" Ea își acoperă fața cu mâinile, în repetate rânduri, pentru a nu trebui să privească victimele. Totuși, facilitatorul îi roagă de fiecare dată pe părinți să privească înainte, către cei morți.

„Îmi sunt indiferenți", insistă tatăl lui Bernd. „Fiul meu este singurul care nu ar trebui să fie acolo".

Un alt făptaș SS care este inclus în constelație reacționează la fel ca tatăl lui Bernd: „Cei morți nu mă interesează absolut deloc".

Experienţa mi-a arătat că, în cadrul constelaţiilor, această atitudine nepăsătoare, lipsită de suflet, este tipică pentru comportamentul bărbaţilor care au făcut parte din SS!

După ce a privit-o pe una dintre victime în ochi, Bernd nu se mai simte bine stând lângă acestea. Se ridică înapoi în picioare şi păşeşte în faţa părinţilor săi. El începe să tremure. Îi priveşte pe rând, pe tatăl şi pe mama lui. „V-aţi sinucis când eu aveam şaptesprezece ani. Îmi lipsiţi mult! A fost dificil pentru mine".

Tatăl se emoţionează şi îi întinde mâinile fiului său. Bernd îl îmbrăţişează, iar apoi, în acelaşi mod, îşi îmbrăţişează şi mama.

Bernd le spune părinţilor lui: „Accept viaţa pe care mi-aţi dăruit-o şi voi face să iasă ceva bun din ceea ce voi mi-aţi dat. Respect legătura voastră cu aceşti morţi şi respect, de asemenea, şi vina care vă leagă de ei".

Părinţii îl aprobă emoţionaţi.

Cu toate acestea, aplanarea conflictului dintre victime şi făptaşi abia dacă are loc. Curând, tatălui lui Bernd încep să îi tremure genunchii, dar el nu vrea încă să se întindă cu totul pe podea. În loc de asta, bărbatul spune dintr-odată: „Vă rog să mă iertaţi", ca şi când, în acest fel, crimele ar putea fi şterse cu buretele.

Acest lucru nu are niciun efect asupra victimelor. Trei dintre ele spun: „Asta e ca şi când nu ar fi spus nimic".

Cea de-a patra victimă spune: „El nu poate să scape aşa de uşor! Avem tot timpul la dispoziţie – infinit de mult timp".

Reacţia tatălui lui Bernd este brutală: „Din punctul meu de vedere, totul s-a rezolvat".

Bineînţeles, nu are dreptate, nici câtuşi de puţin!

Printr-o serie de paşi ulteriori, Bernd şi fiii săi, împreună cu soţia acestuia, se îndepărtează. Bernd le spune copiilor că trebuie să se aşeze lângă mama lor. Abia termină de vorbit, şi deja cei doi fii, expuşi pericolului, inspiră adânc.

„Trebuie să stăm foarte aproape de mama", spune Felix, iar fratele lui încuviinţează şi el din cap.

Mama şi fiii se strâng mai aproape unul de altul. Copiii confirmă că acum se simt în siguranţă.

Se poate vedea cât de greu îi este lui Bernd să îi lase pe copii în totalitate în grija mamei: „Chiar dacă mergeţi la mama, eu voi rămâne tatăl vostru!"

După terminarea constelaţiei, reprezentanţii povestesc despre cum s-au simţit interpretându-şi rolurile. Una dintre victime nu şi-a dorit decât răzbunare şi s-a bucurat de răul din familia lui Bernd. Totuşi, celelalte victime relatează că sentimentele profunde dintre Bernd şi părinţii lui le-au trezit din letargie. Ele l-au simpatizat foarte mult pe Bernd şi s-au bucurat de soluţia găsită pentru nepoţii făptaşului. Cu toate acestea, aplanarea conflictului dintre victime şi acesta nu s-a finalizat.

Halucinații auditive și de altă natură

La fel ca în cazul copiilor și adolescenților expuși sinuciderii, și în arborii genealogici ai celor care suferă de tulburări psihiatrice se regăsește, nu de puține ori, o vină nerecunoscută, spre exemplu, crime de război.

Leonie, în vârstă de 7 ani, aude voci și are halucinații

Fiica Verei, pe nume Leonie, aude de doi ani voci şi vede „lucruri care, de fapt, nu există". Pe lângă asta, ea nu dă atenţie pericolelor din viaţa de zi cu zi. Vera vine la un grup împreună cu soţul ei.

Din constelaţie reiese foarte repede că Leonie a format o legătură cu bunicul ei matern. Acesta a făcut parte din SS. Nu doar bunicul este inclus în constelaţie, ci şi trei reprezentanţi pentru victimele acestei organizaţii paramilitare. Alături de fiica ei, Vera merge la victime, deoarece aceasta se simte atrasă de ele. Cei morţi o privesc pe fetiţă cu prietenie. Soţul Verei aşteaptă cu lacrimi în ochi întoarcerea celor două. Totuşi, mai întâi, Vera îşi duce fiica la bunic.

La îndemnul facilitatorului, Vera îi spune acestuia: „Nu mă amestec în vina ta, dar te rog să ne priveşti cu bunăvoinţă pe Leonie şi pe mine".

Bunicul încuviinţează din cap. După ce mama şi copilul se întorc alături de soţ, făptaşul simte ceva ca un imbold. El se întinde pe neaşteptate lângă victime. Mai târziu, reprezentantul acestui membru SS povesteşte că numai cuvintele Verei i-au dat, din punct de vedere sufletesc, posibilitatea de a se întinde alături de victime.

În imaginea de rezoluţie, Leonie stă faţă în faţă cu părinţii ei, care şi-au preluat acum propriile roluri, zâmbindu-le. Facilitatorul o întreabă pe fetiţă dacă doreşte să stea la o distanţă egală faţă de părinţi sau dacă nu cumva ar vrea să stea mai aproape de mamă sau de tată. Leonie face un test: mai întâi ea se aşază mai aproape de mamă, iar apoi, mai aproape de tată. În cele din urmă spune: „Trebuie să stau un pic mai aproape de tata".

Facilitatorul către Vera: „Se pare că în arborele genealogic al soţului tău nu există crime de război. De aceea, fiica se simte mai în siguranţă când stă ceva mai aproape de tatăl ei! Cu toate acestea, tu rămâi, desigur, o mamă bună!"

Şase luni mai târziu, Vera vine la mine la cabinet din cauza unei probleme profesionale. Ea povesteşte că, după aproximativ trei săptămâni de la constelaţie, Leonie a încetat să mai audă voci şi să mai aibă halucinaţii. Lucrurile au rămas aşa până în prezent. În afară de asta, fiica a devenit mult mai „relaxată" din punct de vedere sufletesc.

Markus, în vârstă de 14 ani, are halucinații și vede apariții ale morților

Renate este divorţată şi are un fiu şi o fiică mai mică. Femeia a venit la mine, deoarece îşi face griji cu privire la fiul ei, Markus.

Când moare cineva din familie, Markus îl vede noaptea, lângă patul lui. De regulă, durează trei luni pentru ca el să nu îl mai vadă pe cel mort. Aşa s-a întâmplat şi în urmă cu ceva vreme, când fratele Renatei a murit de leucemie. Marcus îl vedea pe cel mort aproape în fiecare noapte şi nu ştia ce să facă în această privinţă. De îndată ce venea întunericul, pe băiat îl apuca frica de vizita nocturnă pe care avea să o primească în scurt timp.

Au existat şi alte cazuri asemănătoare cu acesta. În urmă cu ceva vreme, mama Renatei murise subit. În noaptea în care s-a întâmplat acest lucru, Markus şi-a văzut bunica apropiindu-se de patul lui. Băiatul a ştiut chiar *înaintea* (!) tuturor celorlalţi membri ai familiei că bunica murise.

Ezotericii descriu aceşti copii ca fiind „clarvăzători" sau „supradezvoltaţi din punct de vedere spiritual", deoarece ei pot vedea ceea ce este ascuns privirii celor în viaţă. Cei dintâi omit totuşi să spună că cei care au astfel de experienţe de clarviziune sunt expuşi, în multe cazuri, unui pericol psihic. Ei se află la graniţa dintre regatul viilor şi cel al morţilor. Ei văd ceea ce este ascuns, deoarece sunt mai apropiaţi de cei morţi decât de cei vii. Doar puţini oameni sunt capabili să experimenteze astfel de trăiri şi, în acelaşi timp, să fie profund ancoraţi în realitate; cei mai mulţi se pierd.

Din experienţa mea cu constelaţiile familiale reiese că un copil ca Markus este în pericol. Un motiv suplimentar de îngrijorare pentru Renate este şi faptul că Markus are deja de mult timp sentimentul că va muri foarte devreme, poate chiar înainte de vârsta majoratului. În afară de asta, el suferă de diferite tipuri de alergii cronice, de dureri de spate şi are probleme psihosomatice de tot felul. Deseori, nu poate merge la şcoală fiindcă nu se simte bine.

În noaptea de dinaintea constelaţiei, Markus a văzut moartea însăşi, sub formă umană, stând lângă patul lui: „Încă nu vreau", a spus Markus, povestindu-i mamei despre cele întâmplate, în dimineaţa următoare. Pe lângă asta, în ultimul timp, Markus a văzut în repetate rânduri, noaptea, o femeie cu părul lung şi buclat.

Renate şi-a format o teorie, pentru a putea să îşi explice problemele fiului. Ea este de părere că Markus nu a putut face faţă divorţului ei de acum şapte ani. În afară de asta, arborele ei genealogic arată că, într-adevăr, niciunul dintre primii născuţi din familia ei nu a trăit după vârsta de patruzeci de ani, iar Markus este, de asemenea, primul ei născut. În al treilea rând, Markus a suferit mult împreună cu ea, atunci când fratele ei, unchiul băiatului, murise în mod chinuitor în urmă cu ceva vreme.

Din constelaţia care urmează în cadrul grupului, reiese că Renate este aceea care nu îşi doreşte să trăiască şi care se simte legată de moarte. Fostul ei soţ şi copiii, mai ales Markus, încearcă să o ţină în viaţă.

Impresia facilitatorului este că lipseşte o persoană importantă, deoarece mai mulţi reprezentanţi privesc înspre podea. De obicei, când se întâmplă acest lucru, ei se uită către un mormânt.

„Ceva mă atrage către fratele meu iubit, care a murit recent de cancer", spune Renate.

Cu toate acestea, nici includerea părinţilor Renatei, nici cea a fratelui său nu schimbă mare lucru în cadrul constelaţiei. Dintr-odată, facilitatorul simte un val masiv de furie îndreptat către Renate, care stă pe scaun urmărind constelaţia, şi îi spune, totodată, femeii despre acest lucru. O furie care vine pe neaşteptate, fără a fi provocată de un eveniment exterior, poate avea doar un singur motiv: Renate ascunde ceva esenţial!

Reprezentanţii mamei lui Renate şi ai copiilor consimt cu vehemenţă: „Da, ar putea să spună ceva. Ştie ceva! Asta e clar!"

Renate se foieşte neliniştită pe scaunul ei: „Nu, nu ştiu nimic". După câteva momente de ezitare, ea mai adaugă: „Ar mai putea fi totuşi ceva – prima născută dintre fraţii me a fost o fetiţă care s-a născut moartă, dar am crezut mereu că asta este ceva neesenţial".

Toţi reprezentanţii încep de îndată să dea din cap aprobator. Se poate simţi că în sfârşit a fost abordat subiectul hotărâtor. Oare este vorba aici despre femeia cu păr buclat pe care a văzut-o Markus? După ce mătuşa lui Markus, moartă înainte de vreme, este inclusă în constelaţie, băiatul îi zâmbeşte de îndată. În afară de asta, cei care priviseră până atunci către podea îşi ridică acum privirile.

În timp ce îşi priveşte mătuşa radiind, Markus spune: „Mă simt ca şi când aş fi ea. Nu sunt deloc un băiat!"

De pe scaunul ei, Renate oftează adânc.

Apropierea sufletească profundă a lui Markus faţă de o rudă de sex feminin este derutantă pentru dezvoltarea identităţii sale de gen. Ca băiat, el trebuie să meargă la tată, pentru a primi de la el energie masculină, la fel cum fetele trebuie să meargă la mamă, pentru a primi de la ea energie feminină.

Ulterior, reiese că nici Renate, nici mama ei nu sunt pregătite să o primească în inimile lor pe sora moartă, cea dintâi născută. Ele nu pot şi nu vor să formeze o legătură cu ea. Markus face însă el acest lucru, pentru familie, zâmbindu-i în continuare mătuşii. După ce nepotul şi mătuşa sunt poziţionaţi undeva la margine, sora mai mică a lui Markus este îndurerată. Cu toate acestea, ea poate să rămână lângă tată, unde şi-a găsit un loc stabil. Doar Markus nu îşi poate găsi locul acolo.

„Vreau la mătuşa!", spune el.

Tatăl îi răspunde: „Din păcate, nu pot face nimic altceva decât să aştept ca Markus să se întoarcă totuşi, la mine".

În timpul constelaţiei, facilitatorul a avut-o în vedere şi pe Renate, care a stat aşezată la margine. Lipsa ei de disponibilitate la momentul rundei de discuţii introductive îşi găseşte continuarea în expresia ei facială şi în postura ei indolentă: ea dă senzaţia că nu are nimic de-a face cu tot ce se întâmplă. Întrebată „Ce părere ai despre toate acestea?", doar dă din umeri plictisită. Devine evident că pentru Renate nu este important să găsim o soluţie cu privire la Markus! Din acest motiv, decid să întrerup constelaţia. Renate acceptă decizia mea fără emoţie.

Cu toate acestea, pe parcursul seminarului, pare că ceva în interiorul ei s-a pus în mişcare. Mai târziu, femeia ia cuvântul: „Încă nu am găsit o soluţie pentru Markus – sau?"

În acest punct, facilitatorul face un exerciţiu cu Renate: „Ce culoare au ochii lui Markus?"

„Albastru-cenuşiu."

„Imaginează-ţi-l, uită-te în ochii lui şi spune-i: «Îţi sunt recunoscătoare pentru că vrei să iei totul asupra ta, pentru mine.»"

Ea rosteşte aceste cuvinte zâmbind. Mimica şi gestica ei sunt în deplină armonie cu ceea ce spune. Renate observă şi ea cât de line i-au fost cuvintele şi cât sunt de adevărate.

Facilitatorul lasă lucrurile aşa. Posibilele efecte benefice ale constelaţiilor familiale se bazează pe a-i arăta clientului ce anume funcţionează în realitate. După aceea, facilitatorul se retrage. În acest mod, imaginea poate găsi un drum către suflet şi poate avea o influenţă benefică asupra acestuia.

Depresii și tulburare bipolară (sindrom maniaco-depresiv)

Constelațiile familiale arată în repetate rânduri că sentimentele depresive la adulți sunt cauzate, nu de puține ori, de un dispreț profund față de părinți. Cu cât cineva își desconsideră mai mult tatăl și mama, cu atât mai puțin va primi din forța lor părintească, devenind astfel mai slab. Într-un astfel de caz, depresia dispare când îi acceptăm pe părinți, cu iubire, așa cum sunt ei. Aceste circumstanțe pot juca un rol și în cazul adolescenților.

Celui care își desconsideră profund mama și tatăl îi lipsește ceva decisiv. Această persoană se simte neîmplinită și, cu cât respingerea este mai vehementă, cu atât mai puternică va fi mișcarea sufletească de opoziție care se va forma: când cineva nu își acceptă părinții, el nu acceptă nici forța lor sufletească, respectivul simțindu-se în consecință.

În alte cazuri, s-a putut observa că depresivii formaseră o legătură cu un avort al părinților sau cu alți copii morți. Așa cum arată următoarele studii de caz, acest lucru este valabil și pentru copii și adolescenți.

Depresiile severe, însoțite de administrare îndelungată de medicație psihotropă, au, atât la adulți, cât și la copii, alte cauze sistemice profunde. Nu rareori, în aceste familii există o suferință acută. Spre exemplu, părinții unei cliente cu depresie severă erau supraviețuitori ai lagărului de concentrare de la Auschwitz. Și în constelația Vanessei este vorba despre traume de război.

Poate deveni depresiv și cel care a format o legătură cu un frate mort, înainte de vreme. Când cineva poartă chiar numele unui frate care a murit, el formează, de cele mai multe ori, o legătură specială cu destinul celui mort.

Și moartea timpurie a unui părinte poate cauza depresii la copii. Odată, am lucrat câteva ore la cabinet cu o fată în vârstă de paisprezece ani, al cărei tată se spânzurase când ea avea cinci ani. După aceste ședințe de terapie, adolescenta s-a simțit mai bine. Cu toate acestea, la vârsta de optsprezece ani ea a recăzut în depresie. Acum lucrează o constelație într-un grup, pentru sine și pentru tatăl ei mort. După ce dă frâu liber furiei de a-l fi pierdut atât de devreme, poate să dea piept și cu durerea cuibărită profund în sufletul ei. După această constelație, depresiile au dispărut.

Dezastre precum cel de la Fukushima sau exilul au, de asemenea, potențialul de a cauza depresii. În același timp, nu avem voie să uităm că și traumatizarea cronică, ce ia, de exemplu, forma războiului, a torturii sau a privării de libertate, poate declanșa această boală. Depresiile de lungă durată sunt un simptom des întâlnit la copiii și la adolescenții traumatizați cronic, de exemplu cei care au fost expuși războiului civil din Siria și care au fost martori ai unor lucruri cumplite.

Următoarele exemple legate de depresie au, toate, cauze sistemice.

Vanessa, în vârstă de 18 ani, suferă de depresie însoţită de ideaţie suicidară

Erika vine la un grup de constelaţii împreună cu fiica ei, care tocmai a împlinit optsprezece ani. Din păcate, soţul a rămas acasă, dar se bucură că mama şi fiica lucrează o constelaţie, deoarece în familie au existat multe probleme legate de copii. Vanessa este depresivă de ani buni şi deja a încercat o dată să îşi ia viaţa. Sora ei cu zece ani mai în vârstă a supravieţuit şi ea unei tentative de sinucidere. Din păcate, Vanessa nu a primit până acum ajutor terapeutic regulat.

Fiica este îmbrăcată toată în negru. Pe cât posibil, ea o lasă pe mamă să vorbească în locul ei. În orice caz, Vanessa a venit de bunăvoie la grup. M-am convins de asta în urma unei discuţii preliminare la mine la cabinet. Experienţa mi-a arătat că o constelaţie nu are niciun rost atunci când copiii participă doar „de dragul părinţilor".

Când întreb şi despre alte lucruri din familie care le-au afectat pe fiice, în afară de tentativele de sinucidere, Erika povesteşte despre tatăl soţului ei. Acesta a fost martorul multor atrocităţi în timpul pe care l-a petrecut în Rusia, ca soldat. Aproape toţi camarazii lui de război au fost ucişi. El a suferit abuzuri în lagărul de prizonieri din Rusia şi s-a întors în Germania traumatizat, după ani buni de detenţie. Într-o noapte, la doar trei ani după ce a fost eliberat, s-a aşezat pe şinele de tren şi şi-a luat astfel viaţa.

Vanessa alege reprezentanţi pentru părinţii ei, pentru soră şi pentru sine şi îi aşază în constelaţie. Reiese curând că tatăl abia se poate ţine pe picioare. Când bunicul din partea tatălui, cel care s-a sinucis, este inclus în constelaţie întins pe podea, tatăl Vanessei vrea să se întindă lângă el.

„Aici, lângă mine, lipseşte ceva", spune bunicul.

Facilitatorul alege doi bărbaţi din grup şi îi pune să se întindă lângă bunic.

„Acum e bine!", confirmă bunicul, salutându-i cu privirea pe bărbaţi.

„Aceştia sunt doi dintre camarazii lui ucişi", se adresează facilitatorul grupului.

Nici Vanessa, nici Erika nu se pot ţine pe picioare. Fiica şi mama doresc să se întindă şi ele alături de cei morţi. Erikăi îi tremură puternic picioarele.

Facilitatorul o roagă acum pe Erika să îşi preia propriul rol în constelaţie. Ea îşi priveşte soţul întins pe podea şi îşi şterge lacrimile. După aceea, ea îi spune, la îndemnul facilitatorului: „Respect povara ta! Cu iubire, ţi-o las ţie. Voi fi puternică acum, pentru mine şi pentru copii – a existat deja atât de multă suferinţă!"

Soţul este foarte uşurat şi încuviinţează din cap.

Vanessa îşi preia şi ea propriul rol. Se apleacă uşor în faţa bunicului, a camarazilor acestuia şi a tatălui. Cu mâna pe inimă, adaugă: „Respect suferinţa voastră. Pentru ca ea să nu fie în van, vreau ca de acum înainte să îmi fie bine".

Şi sora Vanessei spune aceste propoziţii.

Cei morţi şi, de asemenea, tatăl le privesc cu prietenie pe cele două fete.

După aceea, ambii copii merg la mamă şi se poziţionează în faţa ei. Deoarece Erika încă tremură un pic, în constelaţie mai este inclusă încă o femeie din grup. Ea o reprezintă pe mama Erikăi şi este poziţionată în spatele fiicei sale, pentru a-i acorda sprijin.

Erika respiră adânc: „Acum mă simt suficient de puternică!" Ea poate chiar să zâmbească puţin! Femeia le spune copiilor ei: „Voi două trebuie să lăsaţi în seama tatălui vostru aceste lucruri dificile. Este prea greu pentru nişte copii... Aveţi încredere că vă va fi bine alături de mine! Bineînţeles, pe tata îl puteţi iubi în continuare".

Şi fiicele respiră adânc acum. Locul potrivit pentru ele este alături de mamă.

La şase luni după constelaţie, Erika mă anunţă că fiica ei parcă este „alt om". Depresia a dispărut complet. Vanessa parcă „înfloreşte" şi nu mai este atât de închisă în sine.

Patru ani mai târziu, o întâlnesc pe Vanessa, din întâmplare, într-un magazin unde lucrează ca vânzătoare Deoarece momentan nu este ocupată cu nimic, ea îmi povesteşte că, de la momentul constelaţiei, nu a avut nicio recădere. Mai mult, nu a avut nevoie nici de şedinţe regulate de terapie, nici de medicaţie.

Zoltan, în vârstă de 11 ani, suferă de mult timp de depresie

Peter şi Maria vin la un grup, deoarece fiul lor cel mai în vârstă a fost, de mai mult timp, diagnosticat de medic ca suferind de depresie. Deşi Zoltan a primit deja tratament psihoterapeutic, părinţii nu văd nicio îmbunătăţire a stării lui.

Se lucrează acum o constelaţie pentru Zoltan, mamă, tată şi fratele mai mic al băiatului, Max. Se poate observa de îndată care dintre fii cară povara cea mai grea: Zoltan stă propriu-zis la mijloc, între părinţii săi. El priveşte către podea şi se ţine cu o mână de burtă. „Mi-e rău“, spune băiatul.

Această „poziţie-tampon“ între părinţi este des întâlnită în constelaţiile copiilor apăsaţi de o suferinţă. Într-o astfel de poziţie, copilul trebuie să echilibreze relaţia adulţilor, iar acest lucru îl suprasolicită. Uneori, se întâmplă chiar ca adulţii să intre într-un conflict unul cu celălalt, de îndată ce reprezentantul copilului este rugat să facă un pas în spate, pentru a ieşi din „poziţia de tip sandviş“.

Aici lucrurile stau altfel. După ce Zoltan face un pas în spate, părinţii se uită dezorientaţi unul la altul. Se pare că băiatul trebuie să „atenueze“ tăcerea dintre părinţii lui, să o capteze.

Ambii părinţi sunt îndemnaţi să îi spună băiatului: „Mami şi tati rezolvă totul singuri, fără ajutorul tău!“

Facilitatorul, către Peter şi Maria (care încă stau pe scaunele lor): „Vă rog să rostiţi şi voi, în sinea voastră, ceea ce reprezentanţii voştri spun în constelaţie“.

Cu toate acestea, băiatului tot nu îi merge bine. El priveşte în continuare către un punct fix de pe podea, până când se aşază în cele din urmă alături. Fratele lui stă în picioare lângă el.

„Către ce mort priveşte fiul vostru? Se poate observa că el se uită la un mormânt", le spune facilitatorul părinţilor.

„S-ar putea să fie vorba despre copilul meu avortat. Cu mult înainte de Peter, am avortat un copil pe care îl concepusem cu un alt bărbat", răspunde Maria.

Este inclus în constelaţie un bărbat care se întinde pe jos, exact în locul către care Zoltan priveşte încontinuu.

De îndată ce fratele vitreg mort s-a întins pe podea, Zoltan i s-a alăturat imediat, zâmbind.

Maria este îngrozită. Se întinde şi ea lângă reprezentantul copilului avortat.

Max merge acum lângă tatăl său, unde îi este bine. Peter suferă însă, pentru că fiul său cel mai în vârstă încă stă întins pe podea.

„Vrei să îţi preiei rolul?", îl întreabă facilitatorul pe Peter.

Acesta încuviinţează din cap şi îşi preia locul. Pe neaşteptate, el îşi deschide braţele către Zoltan.

Maria îi spune fiului: „Mergi la tati. Nimic altceva nu trebuie să conteze pentru tine".

Ezitând puţin, Zoltan merge la tatăl şi la fratele lui.

Urmează acum un ritual ceva mai lung, între mamă şi copilul avortat. Copilul, care iniţial se simţea rău, „înfloreşte" încet-încet. Totuşi, când vine momentul ca Maria să meargă la Peter şi la fiii în viaţă, ea dă din cap în semn de dezaprobare.

Facilitatorul, către Maria (pe scaun): „Reprezentanta ta vrea să rămână alături de copilul avortat. Ce îţi lipseşte?"

Maria scutură şi ea din cap, tot a dezaprobare.

Facilitatorul se îndreaptă din nou către mamă şi copil. El îi roagă pe cei doi să privească unul către celălalt, cu intensitate.

„Mama încă nu s-a iertat pe ea însăşi!", spune copilul avortat.

Maria îşi preia propriul rol. Se repetă ritualul cu copilul, iar, la final, Maria îşi duce o mână la inimă şi spune: „Mă iert pe mine însămi!" După aceea, Maria poate merge la Peter şi la copii.

Tuturor le merge bine – atât lui Zoltan, cât şi copilului avortat.

După ce facilitatorul îi dă nişte sfaturi Mariei despre cum să se comporte în interiorul ei faţă de copilul mort, în săptămânile ce vor urma, toţi participanţii îşi părăsesc rolurile şi se aşază.

După mai bine de patru ani, aflu ce la Maria ce s-a mai întâmplat în tot acest timp. Ea îmi scrie: „După constelaţia de atunci, depresia lui Zoltan a intrat în remisiune. Evoluţia lui cu siguranţă nu ar fi fost atât de bună dacă eu şi Peter nu am fi lucrat acea constelaţie. Cel puţin, asta este convingerea mea".

Florian, în vârstă de 18 ani, suferă de depresie

Florian suferă de patru ani de depresie. În ultimii trei ani, el a luat medicamente psihotrope şi a mers şi la şedinţe de psihoterapie. Părinţii lui, Walter şi Veronika, vin împreună cu el la un grup.

Din grup, Florian alege un bărbat pentru sine şi o femeie pentru boala lui, aşezându-i în constelaţie. Având în vedere că nu se întâmplă mare lucru, sunt incluşi în constelaţie şi reprezentanţi pentru Walter şi pentru Veronika. Boala merge de îndată la mamă şi se aşază lângă aceasta. Cele două se uită una la alta radiind.

„Ai mai fost căsătorită sau logodită înainte de relaţia cu soţul tău actual?", o întreabă facilitatorul pe mamă, care stă pe scaun.

„Nu", spune Veronika. „Walter este primul meu soţ".

În pasul următor, sunt incluşi părinţii Veronikăi. Se poate simţi de îndată cum energia din câmpul constelaţiei creşte considerabil.

„Mi se face frică", spune Florian.

„Atunci poziţionează-te lângă tatăl tău şi vezi cum te simţi acolo", îl încurajează facilitatorul.

După ce ajunge lângă tatăl său, Florian spune: „Aici mă simt bine!" El îi zâmbeşte tatălui.

În tot acest timp, bunicii lui Florian şi Veronikăi îi merge tot mai rău.

„Ce informaţie mai lipseşte?", o întreabă facilitatorul pe Veronika.

„Nu ştiu", răspunde aceasta.

După aceea, facilitatorul alege o femeie şi o poziţionează lângă mamă şi fiică.

Mama Veronikăi se apucă de gât şi suspină: „Nu pot să o privesc. Îmi este atât de rău când mă uit în direcţia ei!"

Între timp, boala s-a poziţionat lângă femeia nou-venită în constelaţie: „Pentru mine, ea este cea mai importantă persoană de aici".

Facilitatorul, către Veronika şi Walter: „Această femeie reprezintă un secret de familie. Impresia mea este că aici e vorba despre un copil mort. Ştiţi ceva cu privire la asta?"

Veronika: „E posibil să fi existat un copil mort al mamei, pe vremea când tatăl meu a fost plecat la război timp de cinci ani – sau cel puţin aşa se zvoneşte..." Reprezentanta secretului încuviinţează din cap.

Veronika şi Walter îşi preiau propriile roluri. Cu dragoste şi cu respect, Veronika o lasă pe mama ei să păstreze secretul. Îi spune, de asemenea, că nu are de gând să cerceteze mai îndeaproape acest lucru. După aceea, ea merge la Walter şi la fiul ei. Florian priveşte aproape cu dor către secretul de familie, care cel mai probabil reprezintă un copil mort. El vrea neapărat să meargă la el pentru a-şi lua rămas-bun. Imediat după aceea, se întoarce înapoi la tatăl său.

Veronika îi spune acum lui Florian: „Mama va rămâne... şi poţi rămâne şi tu!" Ea se adresează şi bolii lui Florian: „Îţi mulţumesc pentru ceea ce ne-ai arătat!"

Boala ia cuvântul pentru ultima dată: „Acum nu mai este nevoie de mine".

La nouă luni după constelaţie, Walter îmi scrie un e-mail remarcabil. Pe această cale, el nu doar îmi spune că Florian se simte considerabil mai bine, ci îmi relatează şi următoarele:

„Fiul unei surori a Veronikăi, deci, de asemenea, nepot al aceleiaşi bunici care ascunde un secret despre un copil mort, a participat cu câteva săptămâni în urmă la o constelaţie facilitată de un coleg al tău. Nepotul a lucrat respectiva constelaţie pentru propria depresie! Acesta este, prin urmare, şi văr cu Florian! Amândoi au simptome identice!

Ceea ce este uimitor e că şi în cazul lui s-a ajuns la acelaşi rezultat, respectiv la legătura dintre bunică şi un (presupus) copil mort – fără să se fi speculat în această direcţie înainte de constelaţie...

Noi tocmai am aflat aceste lucruri de la cumnata mea. În acel moment, am rămas fără cuvinte, aşa că încă nu i-am spus că şi constelaţia noastră pentru Florian a avut acelaşi deznodământ.

După părerea ta, este posibil ca doi nepoţi să preia suferinţa aceleiaşi persoane din arborele genealogic?"

Într-adevăr, acesta nu este un caz izolat. Se prea poate ca, uneori, mai multe persoane să fie „conectate" la suferinţa unui singur strămoş, deşi asta nu se întâmplă în mod regulat. De ce stau lucrurile aşa? Nu am găsit un răspuns satisfăcător, nici în peste douăzeci de ani de constelaţii familiale. Ce ştiu cu certitudine este că există o soluţie: dacă suferinţa celor născuţi mai devreme este respectată, acest lucru va aduce binecuvântare pentru cei în viaţă!

Finn, în vârstă de 15 ani, suferă de tulburare bipolară

Finn vine la mine la cabinet după ce părinţii lui mi-au povestit într-o discuţie preliminară despre situaţia lui. Din cauza afecţiunii sale, Finn a fost internat de mai multe ori într-un spital psihiatric şi trebuie să ia medicamente în mod regulat. Băiatul suferă foarte mult din cauza acestor pastile, fiindcă, de când le ia, s-a îngrăşat considerabil. „Şi chipul lui arată altfel decât înainte", mi-a spus mama în timpul discuţiei iniţiale.

În orice caz, medicamentele psihotrope i-au stabilizat starea de sănătate lui Finn, iar băiatul priveşte cu interes şi psihoterapia. Mama i-a dat să citească o carte despre constelaţiile familiale şi fiul a vrut numaidecât să se programeze la mine. Din păcate, o astfel de receptivitate nu este atât de des întâlnită la copiii de vârsta lui Finn. De cele mai multe ori, adolescenţii nu sunt interesaţi „să sape mai adânc". Sunt cât se poate de conştient că povestea care urmează, cea a lui Finn, nu este una obişnuită pentru astfel de cazuri. A fost vorba aici despre o conjunctură pozitivă.

Chiar de la prima şedinţă, Finn doreşte să lucreze o constelaţie cu figurine din lemn pentru familia lui de provenienţă. În afară de mamă şi de tată, din aceasta face parte şi Gerd, fratele mai în vârstă. Sunt întotdeauna uimit de faptul că, de multe ori, copiii şi adolescenţii au percepţii mult mai profunde şi mai diferenţiate decât adulţii atunci când vine vorba de coli de hârtie şi de figurine din lemn. Ei se bazează mai mult pe senzaţiile imediate, pe când cei „mari" îşi folosesc de cele mai multe ori doar „capul". Eu şi Finn ocupăm pe rând fiecare poziţie în parte şi avem aproape întotdeauna percepţii identice. Simţim amândoi că deasupra figurinei mamei ai senzaţia că te duci pe spate; stând deasupra acestei figurine, te simţi foarte slăbit.

„Asta înseamnă că boala mea are ceva de-a face cu arborele genealogic al mamei mele?", întreabă Finn.

Eu îi răspund afirmativ. Deoarece mama se află în camera de aşteptare, merg până la ea şi îmi notez pe scurt lucrurile cele mai importante din familia ei şi din cea a tatălui. Un frate al mamei s-a sinucis aruncându-se de pe un pod. Tatăl mamei s-a împuşcat mortal şi la fel a făcut şi sora lui. Chiar şi străbunica din partea mamei şi-a luat viaţa.

Într-o şedinţă ulterioară, lucrez împreună cu Finn o constelaţie cu figurine, pentru toate rudele care s-au sinucis. Băiatul ia contact cu fiecare dintre ele şi le onorează alegerea. În acelaşi timp, el simte şi o atracţie puternică faţă de cei morţi. Această experienţă îl emoţionează profund.

La finalul şedinţei, el mă întreabă: „Şi cum influenţează aceste lucruri relaţia mea cu mama?"

Eu răspund: „Nu o influenţează deloc! O poţi iubi pe mama ta, la fel ca până acum. Dar când se întâmplă să îţi fie rău, să te poziţionezi în sinea ta lângă tata. El poate să îţi ofere forţa masculină de care ai nevoie. Este chiar mai bine ca, în sinea ta, să te poziţionezi permanent lângă tatăl tău".

Finn încuviinţează din cap şi este uşurat. Testăm toate acestea chiar pe loc, folosindu-ne de figurinele din lemn. Deoarece Finn îşi doreşte să lucreze singur, doar împreună cu mine, mama rămâne în camera de aşteptare.

Într-o şedinţă ulterioară, care se desfăşoară doar cu mama băiatului, o sfătuiesc pe femeie să lucreze o constelaţie în grup, pentru ea şi pentru fiul ei, în care să abordeze toate aceste evenimente tragice.

Mai urmează şi alte şedinţe la cabinet cu Finn, în cadrul cărora aplic diferite procedee terapeutice, cum ar fi programarea neurolingvistică sau terapia traumei, printre altele.

Două luni mai târziu, părinţii lui Finn participă la un grup. În prima imagine, băiatul stă în calea mamei lui, care vrea să fugă. După ce sunt incluşi cei patru sinucigaşi, imaginea devine mai liniştită. Pe neaşteptate, Finn se întinde pe podea, lângă cei morţi.

Constelaţia, care a fost extrem de intensă şi de lungă, nu va fi redată aici, dar imaginea finală este de luat în seamă: toţi cei morţi se bucură atunci când Finn se ridică şi se poziţionează lângă părinţii lui. Atât Finn, cât şi mama lui le-au primit în inima lor pe cele patru rude.

Spontan, unul dintre morţi îi dă un sfat lui Finn: „Nu face ca mine... ci preţuieşte viaţa – ea este atât de valoroasă!"

În imaginea finală, ambii părinţi şi-au preluat propriile roluri. Când fiul lor vine la ei şi spune „da" vieţii, ei se emoţionează profund şi plâng de bucurie. Apoi, cei trei se îmbrăţişează vreme îndelungată.

În următorii patru ani, m-am mai văzut de puţine ori la cabinet cu părinţii, dar de multe ori cu Finn. Cu toate acestea, nu am menţinut un ritm constant. Am stabilit ca Finn să mă contacteze de fiecare dată când are nevoie de consiliere. Au fost perioade, chiar şi de patru luni, în care nu am primit nicio veste de la el.

După constelaţia în grup, Finn a început să se simtă din ce în ce mai bine. În urma unei discuţii cu medicul psihiatru, dorinţa băiatului de a renunţa la medicamente pentru o perioadă mai îndelungată s-a împlinit. La fel ca orice adolescent, Finn s-a confruntat şi cu momente de criză, dar a putut conta pe sprijinul meu, de fiecare dată. Un an mai târziu, prima lui mare iubire l-a destabilizat profund. L-am asigurat că nu e nicio ruşine să ia din nou medicamente, la nevoie, dar lucrurile s-au rezolvat până la urmă de la sine.

Fie că a fost vorba despre viaţa sentimentală sau despre cea profesională, Finn s-a programat de mai multe ori la cabinet, pentru a se asigura că percepe lucrurile aşa cum trebuie. Treptat, a învăţat să aibă mai multă încredere în vocea lui interioară. După ce a renunţat la medicamente, Finn a pierdut în greutate şi avea, ca tânăr bărbat, o cu totul altă alură decât înainte. Din punct de vedere profesional, el s-a îndreptat către domeniul IT, iar ultima dată când am primit veşti de la mama lui, la şapte ani de la constelaţie, Finn se simţea bine. Cel mai important este că a învăţat să îşi acorde „pauze de relaxare psihică", atunci când se simte suprasolicitat din punct de vedere emoţional. Având în vedere că atât iubita lui, cât şi părinţii reprezintă pentru el un sprijin stabil, se simte mult mai sigur pe el decât înainte, chiar şi în situaţii foarte stresante.

Această poveste arată în mod remarcabil cât de important este un mediu familial stabil pentru un bolnav psihic! Finn a ştiut întotdeauna că părinţii lui îl susţin şi că pentru aceştia nu ar fi un capăt de ţară dacă el ar suferi o recădere.

Psihoze și schizofrenie

În cazul acestor tulburări psihiatrice, la copii, dar și la adulți, istoricul familial ascunde tabuuri cu o existență îndelungată. De multe ori, este vorba despre crimă sau despre alte infracțiuni. Se întâmplă des ca tabuul familial să fie atât de puternic, încât să afecteze masiv desfășurarea constelației, așa cum s-a întâmplat și în cazul unei fete în vârstă de cincisprezece ani, care suferea de schizofrenie și a cărei mamă dorea să lucreze o constelație pentru ea. Imaginea inițială a constelației a fost lipsită de vigoare – niciunul dintre reprezentanți nu a putut să simtă ceva anume.

Am rugat-o pe femeie să închidă ochii și să rostească în sinea ei următoarea frază: „Îmi dau permisiunea ca eu, împreună cu toți participanții la grup și, de asemenea, cu facilitatorul, să putem simți".

O secundă mai târziu, câmpul constelației s-a pus serios în mișcare; permisiunea interioară a clientei a funcționat ca și când cineva ar fi apăsat pe un „buton de pornire". De îndată, a ieșit la iveală că fiica bolnavă formase legături cu mai multe rude ale bunicii din partea mamei, care fuseseră abuzate într-un lagăr de internare din Primul Război Mondial. Din această cauză, după război, una dintre rude a trebuit să fie internată într-un spital de psihiatrie.

Într-adevăr, se întâmplă des ca psihoticii să amintească prin suferința lor de un membru al familiei din trecut, care a fost de asemenea psihotic. Despre cauzele psihozelor și ale schizofreniei am discutat în altă lucrare, mai pe larg.[40]

În cazul unei fete cu schizofrenie, care prezenta și simptome obsesiv-compulsive (compulsii de spălare și altele), a fost vorba despre o legătură a copilului cu bunicul patern, care se făcea vinovat de a fi fost membru SS. În cazul compulsiilor, se găsește aproape întotdeauna o vină concretă în sistemul familial.

---

[40] Thomas Schäfer: *Wenn der Körper Signale gibt*, München, 2012, pp. 176 și urm.

În constelația cu pricina, tatăl a reacționat exact la fel ca tatăl Georginei (vezi pagina 243): el stătea plictisit pe scaun și se comporta ca și când nimic din ceea ce se întâmpla nu îl privea. Acest tată a spus chiar: „Toate sunt niște aiureli... de ce anume să se facă vinovat un ofițer SS?“ Faptul că fiica lui suferea părea să îi fie total indiferent. Din păcate, îmi este dat foarte des să văd așa ceva la copiii cu tulburări psihiatrice: părintele pentru care copilul suferă și din al cărui arbore genealogic vine nelegiuirea, pur și simplu nu vrea să vadă vina care planează asupra familiei.

Exemplul următor, cel al lui Dominik, arată o etiologie tipică, în timp ce istoricul familial al Georginei, cu o bunică dependentă de droguri, este mai degrabă atipic.

Dominik, în vârstă de 17 ani, este psihotic

Rieke îşi face griji pentru Dominik, cel mai mic dintre cei doi copii ai ei. De când s-a născut, Dominik este bolnav încontinuu. El a suferit de tuse convulsivă şi de nenumărate boli infecţioase. În acelaşi timp, fiul a avut încă de mic şi tulburări de comportament. Mai târziu, agresivitatea şi dificultăţile de învăţare au reprezentat pentru băiat adevărate provocări. De la începutul pubertăţii, el este deseori psihotic, astfel încât trebuie să ia medicamentele corespunzătoare. De asemenea, a fost internat într-un spital psihiatric pentru copii şi adolescenţi.

Pentru a câştiga o imagine de ansamblu, lucrez împreună cu Rieke o constelaţie familială, folosind coli de hârtie. Ea, soţul ei şi fratele mai în vârstă al lui Dominik stau foarte aproape unul de altul, în timp ce Dominik a fost poziţionat undeva într-o margine îndepărtată. Când un copil este plasat atât de departe, el reprezintă de cele mai multe ori o persoană din sistemul familial care este tabuizată.

Când o întreb cine ar putea fi această persoană exclusă, Rieke îmi spune următoarea poveste: soţul ei are o soră vitregă mai în vârstă decât el, pe care nu a văzut-o de douăzeci de ani. S-ar putea ca ea să fie evreică. Există, în orice caz, un secret legat de „ceva evreiesc". După ce „secretul evreiesc" este inclus folosind încă o coală de hârtie, de pe coala soţului lui Rieke se simte o nelinişte puternică.

Convenim ca, până la şedinţa următoare, Rieke să discute cu soţul său despre acest secret, pentru a obţine mai multe informaţii, mai ales cu privire la sora vitregă. În afară de asta, ar fi desigur de dorit ca data viitoare să vină însoţită de soţul ei.

La următoarea întâlnire, Rieke vine într-adevăr împreună cu soţul ei, Claus. Deşi au trecut doar trei săptămâni de la prima şedinţă, s-au întâmplat foarte multe. După douăzeci de ani, Claus chiar a luat legătura cu sora lui vitregă, pe nume Valerie. Cei doi relatează că, în mod ciudat, Valerie a părut să aştepte acest telefon.

„Ah, voi eraţi? Mă bucur că v-aţi gândit la mine...", a reacţionat ea la telefon, ca şi cum această pauză temporală uriaşă nu ar fi existat vreodată.

Au stabilit de îndată o întâlnire. Din spusele lui Valerie, reiese că ea are într-adevăr rădăcini evreieşti, din partea tatălui. Ea şi Claus au aceeaşi mamă. Înainte de tatăl „german" al lui Claus, mama avusese o relaţie cu un evreu, tatăl lui Valerie.

Iniţial, femeia nu a vrut să îl ia de soţ pe tatăl lui Claus, deoarece încă era împreună cu tatăl Valeriei, pe care îl iubea foarte mult. În această conjunctură, tatăl lui Claus l-a predat pe rivalul său naziştilor, care l-au trimis într-un lagăr de concentrare, unde a fost omorât. Astfel, Valerie a rămas orfană de tată. După ce rivalul a fost înlăturat pe această cale perfidă, tatăl lui Claus a şantajat-o pe mamă: „Dacă nu rămâi cu mine şi dacă nu faci ce spun eu, o vei pierde şi pe fiica ta!"

Mama l-a ascultat, pentru că nu voia să îşi piardă copilul. În cele din urmă, familia s-a mutat – cel mai probabil la iniţiativa tatălui lui Claus – în locuinţa unui evreu, care fusese confiscată de către nazişti.

Claus a fost puternic impresionat de povestea surorii lui. Şi Dominik a fost de faţă, o vreme, la această reuniune familială. Contrar atitudinii lui agresive şi defensive obişnuite, băiatul a reacţionat extrem de pozitiv văzând-o pe mătuşa lui: „Cât mă bucur să te cunosc în sfârşit!", a întâmpinat-o el.

Spre surprinderea lui Claus şi a Valeriei, Dominik a îmbrăţişat-o chiar pe mătuşa lui, ca şi când ar fi cunoscut-o de-o veşnicie. După ce Valerie a plecat, băiatul le-a cerut părinţilor săi o poză cu mătuşa, deoarece tatăl făcuse câteva fotografii cu ocazia întâlnirii.

„Ce ai vrea să faci cu poza?", a întrebat Rieke, comportamentul fiului părându-i-se realmente ieşit din comun.

„O voi aşeza pe noptiera mea, pentru a o putea vedea cum trebuie", a răspuns Dominik radiind.

Ambii părinţi confirmă că, de la această întâlnire familială încoace, lui Dominik îi merge vizibil mai bine, devenind mult mai liniştit şi mai echilibrat.

Ulterior, cu ocazia unei constelaţii familiale în grup la care participă şi Rieke şi Claus, legătura strânsă dintre Dominik şi mătuşa lui se confirmă. Reiese că Dominik vrea să meargă la tatăl ucis al Valeriei, în locul lui Claus. Băiatul vrea să ispăşească el păcatul bunicului său.

În cadrul unei constelaţii foarte dramatice, Claus îşi găseşte în cele din urmă locul alături de sora lui vitregă. Ambii se iau în braţe plângând şi merg apoi la cel ucis.

Desfăşurarea ulterioară arată şi că mama lui Claus nu şi-a putut ierta niciodată viaţa petrecută alături cel de-al doilea soţ. Ea l-a iubit şi l-a urât în acelaşi timp. Astfel de „rupturi interioare" se regăsesc frecvent în şirul strămoşilor psihoticilor. După o respingere interioară iniţială, ea simte o apropiere crescândă faţă de bărbat. Până la urmă se aşază lângă el, după care cei doi merg împreună la bărbatul mort. La final, mama lui Claus, cel ucis şi făptaşul (tatăl lui Claus) stau toţi trei împreună.

În imaginea de rezoluţie, locul lui Dominik este lângă mama şi lângă fratele său. De cealaltă parte a mamei se află Claus, împreună cu sora lui vitregă, pe care o prezintă familiei: „Aceasta este sora mea vitregă, care are rădăcini evreieşti – mătuşa voastră. Locul ei este acum alături de noi!"

Georgina, în vârstă de 20 de ani, este schizofrenică

Valeska şi Eckart vin amândoi la un grup de constelaţii. Fiica pe care o au împreună suferă de schizofrenie de cinci ani. În mod normal, după vârsta de optsprezece ani, copilul poate să lucreze el însuşi o constelaţie, în cadrul unui atelier. În cazul copiilor schizofrenici şi al celor psihotici este însă de la sine înţeles că această regulă nu se aplică, ei nefiind capabili să participe la un grup.

Constelaţia arată foarte clar că reprezentanta schizofreniei s-a orientat către tatăl Eckart. Bărbatul avea doar patru ani când mama lui, dependentă de droguri, a murit din cauza unei supradoze. Eckart nu a reuşit niciodată să treacă peste această pierdere. El nu şi-a dat voie nici până în ziua de azi să trăiască durerea legată de pierderea mamei. De aceea şi stă atât de liniştit şi de relaxat pe scaun. Este de necrezut cât de uşor ia lucrurile. Bărbatul refuză cu vehemenţă să îşi preia propriul loc în constelaţie, deoarece nu vede nicio problemă acolo! Pe de altă parte, Valeska plânge foarte tare când vede imaginile dramatice.

Facilitatorul se aşază lângă cei doi soţi şi o îndeamnă pe Valeska să se uite în ochii lui Eckart şi să îi spună că ea va înceta să mai ducă în spate povara lui, astfel încât să îşi înfrunte durerea pe cont propriu, în timp ce ea va avea grijă, mai întâi de toate, de fiica lor.

Eckart scutură dezaprobator din cap, fără să dea vreun semn de emoţie.

Valeska plânge. Ea spune cu vocea frântă: „Da, da – ştiu deja de mult că povara lui cade pe mine. Dumnezeul meu!"

Facilitatorul îi arată că lui Eckart îi va fi şi mai greu să se confrunte cu situaţia, atât timp cât ea îi poartă povara. În cele din urmă, este vorba despre un tip de „furt" – chiar dacă e unul din iubire! El îi atrage atenţia asupra importanţei faptului că trebuie să fie puternică, pentru ea şi pentru fiica ei, atât ca mamă, cât şi ca femeie. Având în vedere că nimeni altcineva din familie nu este puternic, ea va trebui să umple acest gol.

Valeska aprobă cele spuse, deşi încă plânge. Concomitent cu toate acestea, în constelaţie s-au întâmplat următoarele: în timpul conversaţiei mele cu Valeska, reprezentanta Georginei a încuviinţat stăruitor din cap, semnalizând astfel că este de acord cu spusele mele.

O întreb pe Georgina cum îi merge. Fata o cuprinde cu braţul pe Valeska şi răspunde că mama ei este „atât de slăbită" încât trebuie să o sprijine. Cu toate acestea, mama este cea care ar trebui, de fapt, să îi acorde sprijin ei, ca fiică, deoarece şi ea este slăbită. Ea explică foarte clar că ar avea nevoie de sprijinul mamei, deoarece tatăl nu este disponibil sub nicio formă.

„Valeska cea adevărată" priveşte la ce se întâmplă şi izbucneşte în plâns. Soţul ei încă este total apatic, ca şi când nu ar avea nimic de-a face cu toate acestea.

Valeska îşi preia acum locul în constelaţie. Ea îi spune încă o dată lui Eckart că îl lasă să-şi care singur povara, iar pe fiica ei o îndeamnă să nu privească înspre partea întunecată a tatălui său. La final, femeia o asigură că ea, ca fiică, va fi protejată doar lângă mama ei şi că va primi de la ea tot sprijinul de care are nevoie în viaţă.

Valeska a spus toate acestea cu foarte multă forţă în voce. Georgina îi răspunde cu un zâmbet plin de strălucire. Ea îşi îmbrăţişează mama cu duioşie şi parcă nu i-ar mai da drumul. Acum, relaţia dintre mamă şi fiică este una corectă: Valeska este cea care îi oferă copilului alinare şi susţinere, nu invers!

Facilitatorul o întreabă pe Valeska dacă vrea să încheie constelaţia în acest punct sau dacă mai lipseşte ceva. Femeia dă de înţeles că pentru ea este totul în ordine, aşa că reprezentanţii ies din roluri şi se aşază la locurile lor.

Acum, Eckart poate să decidă dacă vrea sau nu să se ocupe de durerea legată de moartea mamei, urmând un tratament psihoterapeutic individual şi/sau lucrând o constelaţie într-un grup, la o dată ulterioară. Deocamdată însă, doar un singur lucru contează: mama va fi puternică, pentru ea şi pentru fiica ei!

La şase luni după atelier, primesc un e-mail de la Valeska. Printre altele, ea îmi scrie: „Îţi mulţumesc din suflet pentru sprijinul acordat familiei noastre. (...) După seminar, lucrurile s-au schimbat într-o oarecare măsură în ceea ce ne priveşte. Simptomele schizofrenice ale Georginei au dispărut!" Mai departe, Valeska scrie că, în ciuda acestor schimbări pozitive, Georgina nu are încă o viaţă complet normală. Fiica a fost internată într-o clinică pentru afecţiuni psihosomatice. Acolo, ea va fi ajutată să îşi depăşească fobia socială.

După părerea mea, în cazul unei afecţiuni atât de grave, vindecarea nu poate fi decât un proces, care trebuie parcurs pas cu pas. Pentru asta este nevoie de multă răbdare – din partea tuturor celor implicaţi.

Bazele pentru această nouă şansă au fost puse aici de către mamă, care şi-a descoperit puterea interioară. Ţinând cont de felul în care s-a finalizat constelaţia, familia Georginei o poate lua de la început, din toate punctele de vedere. Cu siguranţă, lucrurile nu vor rămâne la fel ca până acum, mai ales în privinţa căsniciei părinţilor![41]

[41] Procesul-verbal al acestei constelaţii se regăseşte în Thomas Schäfer: *Wie die Seele uns durchs Leben führt*, München, 2011, pp. 137 şi urm.

Alte probleme ale copiilor

Această secțiune conține o serie de studii de caz care nu au putut fi încadrate în niciunul dintre capitolele precedente. Și din aceste povești putem învăța foarte multe lucruri despre modul în care legile terapiei sistemice de familie funcționează la copii.

Aversiune față de igienă

Willi, în vârstă de 16 ani, nu pune deloc preț pe igienă și are probleme la școală

Volkmar şi Luise vin la un grup din cauza fiului lor cel mare, deoarece îşi neglijează igiena corporală. Willi simte că nu aparţine familiei. În afară de asta, el are probleme la şcoală, refuză să contribuie la clasă, nu este interesat de nimic şi are un comportament în permanenţă provocator faţă de cei din jur. Mai multe tratamente psihiatrice ambulatorii, pe fondul problemelor de învăţare şi al letargiei, au rămas, după spusele Luisei, fără rezultate. Băiatului nu i-a fost pus un diagnostic concret. Pe lângă Willi, Volkmar şi Luise mai au şi o fiică mai mică, pe nume Claire.

Constelaţia arată că Willi se simte ca un „corp străin". El are senzaţia că nu aparţine familiei. Nici Luisei nu îi merge bine. Ea povesteşte despre un frate al tatălui ei, cel mai mic dintre cei cinci fraţi. Ea a aflat abia înaintea începerii seminarului despre povestea familiei ei, care, până la momentul respectiv, fusese învăluită în tăcere: bunica anunţase imediat după naşterea celui de-al treilea copil: „Aruncaţi-l la gunoi, nu vreau să mai văd niciun băiat! Vreau doar o fată." Abia dacă i-a păsat de al cincilea fiu, care era foarte slăbit din punct de vedere fizic. Ea nici nu a avut grijă de igiena lui, nici nu l-a tratat ca pe propriul copil. Încă nu este clar dacă îi dădea sau nu suficient să mănânce. Copilul a murit foarte repede.

Sunt incluşi acum în constelaţie părinţii Luisei, fratele mort înainte de vreme al tatălui ei şi bunicii paterni ai femeii. Reiese de îndată că Willi îl priveşte cu intensitate deosebită pe unchiul mamei lui. Prin faptul că se simte înstrăinat de familie şi că nu are grijă de igiena lui corporală, băiatul oglindeşte parţial destinul străunchiului său.

La îndemnul facilitatorului, unchiul mamei se întoarce către părinţii lui. El abia o poate privi în ochi pe bunică, adică pe mama lui, deoarece îi simte repulsia: „Cu greu pot suporta! Trebuie să plec de aici".

Pe de altă parte, şi bunica se simte foarte rău atunci când îşi priveşte copilul: „Nu îmi place să mă uit la el – mi se face rău!"

Bunica simte nevoia să se îndepărteze considerabil de grup, acolo unde parcă îşi mai revine.

După aceea, tatăl Luisei îşi ia fiica de mână. Cei doi îl iau şi pe Willi cu ei şi se apleacă în faţa celui mort înainte de vreme.

Acesta este foarte mişcat: „Pentru mine este bine aşa. Sunt fericit că am ocazia să vă privesc".

Luise îşi îmbrăţişează unchiul plângând şi îi spune, printre altele: „Acesta este fiul meu, Willi. El empatizează cu tine".

Lui Willi îi dau lacrimile, după care îi spune mamei lui pe neaşteptate: „Ştiu totul despre el – totul!"

Aşa cum Luise a povestit ulterior, ea nu l-a menţionat niciodată pe acest unchi de faţă cu Willi, dar sufletul băiatului pare să îl cunoască bine!

În continuare, participanţii la constelaţie formează un semicerc, în fruntea căruia se află unchiul mort şi părinţii Luisei. După ei, urmează Luise, soţul ei, Volkmar şi apoi copiii. Willi radiază: „Acum am şi eu un sentiment de apartenenţă!"

Infecții și febră[42]

Atunci când mama unei femei s-a îmbolnăvit de o boală gravă, fiica a decis să o îngrijească în ultima perioadă a vieții și să fie alături de ea, pe drumul către moarte. În același timp, fiul ei în vârstă de zece ani s-a îmbolnăvit și el de febră cronică. La sfatul îndrumătorului terapeutic, femeia le-a spus copilului și fraților lui: „Mă voi întoarce la voi, copiii!" După spusele ei, febra s-a potolit pe loc, iar simptomele bolii au dispărut de îndată, fără a da vreun semn de recidivă. Femeia a putut apoi să aibă grijă de mama ei până la moarte, fără a trebui să își facă griji pentru fiu.

Carsten, în vârstă de 3 ani, suferă mereu de infecții

Jördis este căsătorită şi are împreună cu soţul ei un fiu, pe Carsten. De când Jördis l-a dat la grădiniţă pe Carsten, au apărut problemele. Îi este incredibil de greu să îşi lase copilul acolo. Se simte foarte rău făcând asta; de multe ori, este uşurată când Carsten este bolnav şi nu trebuie să meargă la grădiniţă. Femeia s-a speriat totuşi în momentul în care, recent, s-a surprins gândind următoarele: „Sper ca fiul meu să se simtă rău mâine dimineaţă, ca să nu fie nevoie să îl duc la grădiniţă". Într-adevăr, în ultimul timp, Carsten se îmbolnăveşte mai des decât înainte. Acum, mama îşi dă în sfârşit seama că ceva nu e în regulă.

Vorbind cu Jördis, o rog să îmi explice exact cum se simte când îşi lasă copilul la grădiniţă.

---

[42] Capitolul „Diferite afecţiuni şi simptomele lor" cuprinde exemple despre care pot face afirmaţii generalizatoare, deoarece am întâlnit multe astfel de cazuri! Exemplele din subcapitolele „Infecţii, febră" şi „Paralizie virală" sunt legate de cazuri întâlnite în practica mea terapeutică doar izolat, motiv pentru care ele sunt prezentate în capitolul „Alte probleme ale copiilor".

Ea povesteşte: „Limbajul trupului meu spune totul. Merg cu capul plecat prin oraş. Îmi simt corpul greu. Şi mă simt nemaipomenit de rău pentru că mi-am părăsit copilul".

Când o întreb dacă în familia ei s-a întâmplat vreodată ca cineva să fi fost părăsit de părinţi, Jördis începe să plângă: „Da, mama mea".

După ce s-a născut, mama a fost încredinţată bunicii ei (străbunica lui Jördis) ca să o crească. Bunica lui Jördis nu a putut să aibă grijă de copil, deoarece acesta era ilegitim, lucru considerat o ruşine la vremea aceea.

Mama lui Jördis a avut doar de câteva ori contact cu tatăl ei, acesta fiind căsătorit cu o altă femeie.

O constelaţie lucrată cu ajutorul colilor de hârtie arată de unde provin mustrările de conştiinţă pe care Jördis şi le face de fiecare dată când se desparte de Carsten: bunica ei şi-a trăit viaţa în umbra acestora. Ea s-a simţit vinovată faţă de copilul pe care l-a respins, deoarece nu s-a ocupat de el decât foarte puţin. Eu şi Jördis încercăm să simţim împreună care ar fi propoziţiile pe care şi le-ar spune una alteia, mama şi bunica.

Jördis spune dintr-odată: „Empatizez şi cu bunica, nu doar cu mama mea". Acum, Jördis trebuie doar să privească în sinea ei întâlnirea dintre cele două. Ea îşi imaginează cum mama ei îi spune femeii care i-a dat viaţă: „Ştiu că faptul că am fost un copil ilegitim a fost dificil pentru tine. Toţi te-au arătat cu degetul. Tu şi tatăl meu mi-aţi lipsit mult!"

Când îşi imaginează această scenă, Jördis începe să plângă. Mai ascultă în sinea ei încă o serie de propoziţii pe care cele două şi le spun, după care şi-i imaginează şi pe străbunica sa şi pe tatăl absent.

La final, văzând-o cu ochii minţii, i se mai adresează încă o dată mamei ei: „Mama, ştiu cât ţi-a fost de greu. Cu atât mai mult mă bucur de faptul că am putut rămâne mereu alături de tine şi de tata şi de faptul că şi Carsten poate rămâne alături de mine şi de tatăl lui!" Spunând acestea, ea izbucneşte în plâns, iar eu o rog să îşi imagineze că o îmbrăţişează strâns pe mama ei. Pe coala de hârtie a bunicii, constatăm că acesteia îi merge acum mult mai bine. Ea se bucură că nepotul ei poate rămâne alături de Jördis.

Totul pare să fie acum în regulă, dar Jördis este de părere că încă lipseşte ceva. Uneori, mama ei se amestecă în anumite aspecte ce ţin de educaţia lui Carsten, iar ea nu i se poate opune. Cu toate acestea, în unele situaţii, doar părinţii sunt cei care au voie să decidă, nu bunicii. De aceea, Jördis mai vorbeşte o dată cu mama ei: „Mama, noi, ca părinţi, trebuie să decidem singuri cu privire la anumite lucruri. Îţi ascultăm cu plăcere părerea, dar de decis, decidem singuri. Lucrurile sunt altfel în cazul nostru decât au fost cu bunica şi cu mama ta".

Pentru mama lui Jördis, bunica era cea care avea ultimul cuvânt de spus în educaţia ei, nu mama. Ei i s-a părut normal, încă de la o vârstă fragedă, ca bunicii să hotărască totul, nu părinţii. Prin faptul că Jördis respectă acum destinul mamei ei, ea va avea puterea şi curajul să procedeze altfel legat de Carsten. De pe coala de hârtie a mamei, se poate simţi aprobare în ceea ce priveşte fraza rostită de fiică. Şi de pe coala de hârtie a lui Carsten percepem că acum el îşi priveşte mult mai destins mama.

Paralizie virală

Helena, în vârstă de 19 ani, se temea că va trebui să renunţe la practicarea biatlonului

Helena este, de ani buni, o biatlonistă de succes. A câştigat deja concursuri. La cabinet, îmi povesteşte că cel mai probabil va trebui să renunţe la sport. Recent, a contractat un virus la unul dintre braţe, care i-a cauzat o paralizie. Informaţiile primite de la neurolog nu au fost nemaipomenit de încurajatoare: „Este posibil ca această paralizie să fie pe viaţă".

Ajutându-ne de coli de hârtie şi de figurine din lemn, încercăm să aflăm dacă este recomandabil, în cazul acestei suferinţe, să lucrăm o constelaţie într-un grup. Rezultatul este un „da" clar.

În curând, ne revedem în cadrul unui atelier. Helena alege o persoană pentru sine şi o femeie pentru paralizie. Când sunt incluşi şi părinţii, se întâmplă ceva neaşteptat.

Mama îi spune Helenei: „Te urăsc".

Facilitatorul, către Helena: „Poţi să îţi explici acest lucru?"

Helena: „Nu".

Facilitatorul: „În ceea ce o priveşte pe mama ta, a avut loc o substituire. Ea poartă cu sine ceva străin. Cel mai probabil, această propoziţie nu îţi este adresată cu adevărat ţie!"

Facilitatorul alege un bărbat din grup şi îl aşază în constelaţie, fără să spună pe cine sau ce reprezintă. Deoarece se poate vedea că mama se simte din ce în ce mai rău din punct de vedere fizic, facilitatorul o întreabă pe Helena dacă există evenimente ieşite din comun în arborele genealogic al mamei – fiica nu ştie nimic.

Sunt incluşi acum părinţii mamei. Când îl zăreşte pe bărbatul străin, bunicul se scutură. Având încredere în instinctul său, facilitatorul mai alege încă un bărbat din grup.

El spune: „Acesta este tatăl bunicului, deci străbunicul Helenei".

Includerea în constelaţie a străbunicului are urmări imediate: unii membri ai familiei se iau cu mâinile de cap, „paralizia virală" scoate un ţipăt şi Helena tremură.

Facilitatorul, către Helena, care încă stă pe scaun: „Ştii ceva despre acest străbunic? S-a întâmplat ceva în război?"

Helena: „Înainte de acest atelier, m-am informat cât am putut de bine cu privire la arborele meu genealogic, dar nu ştiu să fie ceva neobişnuit în legătură cu străbunicul".

Bunicul se întoarce cu spatele la străbunic. „Nu vreau să am nimic de-a face cu acesta", spune el dispreţuitor.

Helena îşi preia acum propriul rol. Ea întreabă: „Cine este bărbatul străin?"

Facilitatorul: „Acesta este secretul de familie!"

Mama ia cuvântul pe neaşteptate: „În momentul în care l-ai inclus în constelaţie pe străbunic, ura faţă de Helena a dispărut de îndată! Acum o pot privi ca pe copilul meu şi nu o mai confund!"

Helena este uşurată şi se aşază în faţa mamei ei. La rugămintea facilitatorului, ea se apleacă în faţa acesteia şi îi spune: „Dragă mamă, respect secretul de familie care există între tatăl şi între bunicul tău. Şi respect şi faptul că tu m-ai confundat din această cauză".

Mama şi fiica se îmbrăţişează uşurate. Paralizia virală lasă să se înţeleagă că vrea să dispară din constelaţie. Helena îi mulţumeşte pentru ceea ce i-a arătat.

După constelaţie, îi mai spun Helenei: „Te rog să nu încerci să afli care este acest secret de familie, fiindcă ţi-ai face doar rău!"

După trei luni, primesc vestea că paralizia s-a vindecat complet. Helena poate din nou să practice sportul ei iubit!

Cititorul s-ar putea întreba dacă are într-adevăr sens să lăsăm secretele de familie netulburate și să nu le cercetăm mai îndeaproape. Acest lucru nu este valabil la modul general! Trebuie întotdeauna verificat, *de la caz la caz*, ce îl ajută cel mai mult pe client. Când respectarea secretului duce la găsirea unei imagini finale bune și puternice pentru cel care lucrează constelația, atunci este cel mai bine ca lucrurile să fie lăsate așa. Astfel, cel în cauză scapă de pericolul ca printr-o cercetare mai amănunțită să ia din nou contact cu o energie, nu de puține ori, violentă; în acest fel, se poate întâmpla ca respectiva persoană să piardă rapid legătura cu imaginea de rezoluție a constelației.

Totuși, uneori, sufletul clientului își dorește neapărat ca secretul să fie scos la lumină! Când, de exemplu, mama sau tatăl știu ceva, dar nu îi transmit copilului, cel care lucrează constelația le spune: „Vă respect secretul, dar am neapărată nevoie de această informație pentru a mă vindeca. Vă rog să mi-o oferiți curând".

Îi sfătuiesc pe cei în cauză să „vorbească“ *în sinea lor*, timp de câteva luni, cu păstrătorii secretului și să le solicite informații. Cei douăzeci de ani de experiență mi-au arătat că informațiile, de cele mai multe ori dureroase, sunt oferite deseori la scurt timp după constelație. Dacă acest lucru nu se întâmplă, atunci sfatul meu este ca cel în cauză să fie chestionat *cu prudență*, cu privire la secret. Atunci când este vorba despre mamă, poți, de exemplu, să spui, cu ocazia unei întâlniri: „Mama, am avut recent un vis ciudat... Aveai lacrimi în ochi și îmi spuneai că vrei să îmi dezvălui ceva de ani buni, dar că nu ai avut curajul...“

Această „tehnică“ funcționează în aproape toate cazurile părinților, mult mai bine decât atunci când li se povestește deschis despre ce s-a întâmplat la constelația în grup, deoarece, astfel, ei nu adoptă atât de hotărât o „poziție defensivă“.

Înroșirea frecventă a obrajilor

Conform observațiilor mele, atunci când copiii roșesc în permanență, înseamnă că, undeva în sistemul familial, se regăsește o rușine profundă, la fel ca și în cazul Paolei.

Paola, în vârstă de 18 ani, roșește în permanență și este anorectică

Elvira şi Werner participă la un seminar, în calitate de cuplu. Ei au trei copii, dintre care Paola, mezina, este anorectică de mai mult timp. Din discuţia introductivă reiese că Werner a mai fost logodit o dată şi că în cadrul acelei relaţii s-a ajuns şi la un avort. Amândoi soţii au citit deja cărţi despre constelaţiile familiale şi „ştiu“ că acel copil care suferă de anorexie îşi doreşte de cele mai multe ori să „dispară“ pentru tată. Elvira mai povesteşte şi că Paola suferă din cauza faptului că roşeşte repede şi puternic, din motive dintre cele mai neînsemnate.

„Asta de la mine i se trage", spune Elvira. „Şi mie mi se întâmplă la fel."

Încă din prima imagine a constelaţiei, reiese că presupunerile părinţilor legate de cauzele anorexiei nu sunt corecte. În cazul constelaţiilor familiale, nu este voie să ne bazăm niciodată doar pe ceea ce am citit în cărţi. Copiii au format foarte clar un cerc în jurul mamei, ca şi când s-ar strădui din toate puterile să o împiedice să îi părăsească. Dintre copii, Paola se arată ca fiind în cea mai mare măsură dispusă să plece în locul mamei ei.

Elvira povesteşte acum despre familia ei, despre felul în care, în timpul prizonieratului de război în străinătate, tatăl ei a conceput o fetiţă cu o localnică. Acest lucru este ascuns şi considerat ruşinos de către familie. Tatăl s-a întors din război şi a conceput apoi şi alţi copii, cu mama Elvirei. Nimeni nu ştie, nici până în ziua de azi, ce s-a întâmplat cu iubita lui şi cu copilul din străinătate.

În acest context, trebuie menţionat că, în multe ţări, localnicele care aveau relaţii cu nemţii nu erau doar stigmatizate public, ci erau şi excluse şi abuzate. De exemplu, în Norvegia, unele femei care concepeau un copil cu un neamţ erau uneori chiar torturate. Şi copiii lor erau câteodată torturaţi sau chiar ucişi. În multe cazuri, cei mici erau smulşi violent din braţele propriilor mame şi trimişi în orfelinate, pentru ca „ruşinea naţională" să fie ascunsă de ochii publicului.

Acum este evident de unde provine roşirea puternică a obrajilor în cazul Paolei şi al mamei ei: ele simt ruşinea iubitei din străinătate a tatălui Elvirei, roşind pentru ea şi pentru tată, respectiv, bunic. De fapt, el ar trebui să fie cel care roşeşte, însă se pare că bărbatul a lăsat în urmă acea perioadă a vieţii lui. Aici e însă vorba de mai mult decât de un adulter cu urmări. Să fii lăsată însărcinată de un duşman putea duce în acele vremuri la pierzanie. Pentru a evita ruşinea publică, copiii erau deseori avortaţi sau ucişi de către mame, imediat după naştere.

Sunt incluşi acum în constelaţie părinţii Elvirei, iubita tatălui şi fiica acesteia, sora vitregă necunoscută a Elvirei. Ce urmează mai departe se desfăşoară fără niciun sunet, deoarece reprezentanţii doar se lasă conduşi de imboldurile lor interioare. Sora vitregă a Elvirei abia dacă se poate ţine pe picioare. Îşi întoarce corpul şi îşi întinde mâinile, aşa cum fac doar copiii care au un handicap sever. Este, într-adevăr, invalidă – posibil din cauza unei tentative de avort care a dat greş? Este oare moartă? Nici tatăl şi nici iubita nu vor să meargă la ea, însă Elvira şi Paola o fac. Cele două se poziţionează lângă sora vitregă.

Din cauza ruşinii şi a sentimentelor de vinovăţie, mama din străinătate nu poate să privească la ce se întâmplă. E incapabilă să se întoarcă spre copil. Şi tatăl Elvirei stă ca împietrit. Într-un final, el se pune însă în mişcare: îşi face puţin curaj, mergând cu un pas mai aproape de copilul său, după care i se face din nou frică şi dă înapoi. În momentul în care privirea lui se întâlneşte cu cea a copilului, fiica ilegitimă cade la pământ. Elvira şi Paola se întind lângă ea.

Se vede cu ochiul liber cât de mult o iubeşte Paola pe sora vitregă a mamei ei. O priveşte doar pe ea. Dar Elvira o împinge pe fiică la o parte, cu blândeţe. Femeia îşi ia în braţe sora şi lasă lacrimile să îi curgă nestingherite. Cea din urmă este profund emoţionată. Cele trei se îmbrăţişează vreme îndelungată. La un moment dat, ele se ridică în picioare, iar Elvira şi fiica ei merg împreună la ceilalţi copii. Sora vitregă îşi priveşte acum părinţii, aşteptând, dar aceştia încă nu sunt capabili de vreo reacţie.

Desfăşurarea ulterioară a constelaţiei arată că Werner, ca tată şi ca soţ, nu este prezent din punct de vedere energetic. El este legat profund de fosta logodnică şi de copilul pe care ei l-au avortat.

În ultima imagine a constelaţiei, Elvira stă în faţa copiilor, împreună cu sora ei vitregă. Tuturor copiilor le merge bine, inclusiv Paolei.

Elvira îi spune soţului ei, care stă alături de fosta logodnică şi de copilul avortat: „Te voi aştepta!"

Dar Werner refuză: „Nu mai vin înapoi! Lasă-mă aici".

Werner şi Elvira au rămas pe scaunele lor până la final. Elvira plânge şi de tristeţe, şi de bucurie, în timp ce Werner priveşte apatic către podea. Întrebat ce are de spus cu privire la tot ce s-a întâmplat, el doar scutură din cap cu dezaprobare.

Pentru Elvira, contează acum să obţină mai multe informaţii despre soarta surorii vitrege, de a cărei existenţă a aflat doar cu puţin înainte de seminar! În orice caz, pentru Paola şi pentru ceilalţi copii, este important să afle de la Elvira despre mătuşa lor.

Fiicei ei, Paola, poate să îi spună acum, în inima ei: „Mama va rămâne, iar tu, Paola, ai voie şi tu să rămâi! Lasă-i pe alţi membri ai familiei mele să roşească în locul tău!"

Totuşi, căsnicia lui Werner şi a Elvirei este în pericol, deoarece Werner, spre deosebire de soţia lui, nu este pregătit să îşi înfrunte problemele.

Stări de anxietate combinate cu diverse afecțiuni

Stefan, în vârstă de 18 ani, este anxios și suferă și de alte afecțiuni

Mama lui Stefan şi-a dus fiul la o prelegere despre constelaţiile familiale. După aceea, i-a recomandat să participe la un grup. Stefan şi-a făcut curaj şi m-a contactat, într-adevăr.

De faţă cu ceilalţi participanţi, Stefan povesteşte despre problemele pe care le are deja de mult timp. Cel mai mult îl deranjează stările de anxietate.

În constelaţie se află tatăl, mama, două surori mai mici şi Stefan, cel mai în vârstă dintre copii. Toţi copiii privesc către podea. După cum am menţionat deja de mai multe ori, într-un astfel de caz, reprezentanţii se uită de regulă la un mormânt.

Când îl întreb despre cine ar putea fi vorba aici, Stefan îmi povesteşte despre un copil al mamei, născut mort în a cincea lună de sarcină. După ce copilul avortat spontan este inclus în constelaţie, privirea celorlalţi copii se ridică de îndată. Toţi se uită la fratele mort. Cel mai puternic legat de copilul mort, pentru care Stefan a ales ca reprezentant un bărbat, este Stefan însuşi. Pentru părinţii care până acum păreau să fie ca paralizaţi, se pune în sfârşit ceva în mişcare.

Emoţionaţi, ei îl acceptă acum pe copilul mort ca fiind al lor. Pe copiii în viaţă îi asigură că, de acum înainte, vor fi patru fraţi în loc de trei. Şi Stefan merge la copilul mort, care s-a născut imediat după el.

Stefan plânge şi mărturiseşte: „În sfârşit te pot vedea. Mi-ar fi făcut plăcere să te cunosc. Acum faci parte din familie. Suntem doi fraţi."

Mai există ceva de lămurit şi între Stefan şi tatăl său; el îi spune acestuia: „Îmi pare rău că te-am dispreţuit atât de mult".

La câteva luni de la constelaţie, mama lui Stefan vine la un grup din cauza unei alte probleme. Ea povesteşte că Stefan este total schimbat de când a participat la constelaţia familială de atunci. Anxietatea şi celelalte simptome au dispărut cu totul.

Când un copil din vecini devine „propriul copil"

Pippa, în vârstă de 14 ani, este „copilul vecinei"

Maria programează o şedinţă de terapie prin telefon, deoarece are probleme cu fiica ei ajunsă la pubertate. Aşa cum iese la iveală ulterior, Pippa nu este, de fapt, copilul ei, ci al unei vecine, cu care împarte o casă!

„Are asta vreo importanţă?", întreabă Maria indignată. „În cele din urmă, cea mică vine la mine în mod regulat, de când avea şapte ani. Între timp, am devenit mama ei. Ea nu are o legătură reală cu părinţii ei adevăraţi".

Într-adevăr, Pippa a folosit locuinţa Mariei ca pe propria locuinţă. Ea şi-a făcut aici temele şi a intrat şi ieşit de câte ori a dorit, ca şi cum ar fi fost locuinţa părinţilor. Aceştia nu au părut deranjaţi de faptul că îşi vedeau unul dintre numeroşii lor copii mai rar, deoarece fiica era, în mod evident, pe mâini bune.

În orice caz, relaţia dintre Maria şi părinţii Pippei este una bună. Problemele au apărut atunci când Pippa a atins vârsta pubertăţii şi a început să se uite după băieţi. Fata a început să se distanţeze încet-încet de Maria. „Pe mine, ca «mamă», acest lucru mă doare foarte tare; acum am rămas singură şi asta pare să îi fie indiferent Pippei".

Eu intervin: „Te doare ca pe o vecină care a avut grijă de ea".

„În fine", răspunde Maria. „Eu mă simt ca o mamă pentru Pippa".

Înainte să realizăm o constelaţie ajutându-ne de coli de hârtie, Maria îmi mai povesteşte câte ceva despre viaţa ei. Este singură la părinţi şi s-a bucurat întotdeauna de răsfăţ din partea acestora. Trăieşte de ani buni fără un partener şi nu are copii. Totuşi, realizările ei profesionale îi dau un sentiment de împlinire.

Lucrăm o constelaţie cu substitute, pentru Maria şi pentru Pippa. Atât îndrumătorul terapeutic, cât şi Maria percep că Pippa nu are niciun fel de legătură cu vecina ei

Maria este indignată: „I-am fost mamă atâţia ani. I-am oferit atât de multe şi acum pare că nimic din toate acestea nu contează pentru ea! Mai înainte, îmi spunea mereu: «Doar tu, Maria, eşti importantă pentru mine. Părinţii mei nu mă interesează.»"

Îndrumătorul terapeutic sugerează că aici ar putea fi vorba despre o confuzie. Pippa a luat de la ea, ca vecină, ceva ce trebuia să vină, de fapt, de la familia ei; pe de altă parte, şi Maria a primit ceva în schimb de la copil. Terapeutul are o bănuială legată de relaţia Mariei cu propria mamă. Există ceva de lămurit în această relaţie?

Adăugăm acum încă o coală de hârtie, pe care o descriem ca fiind un „semn de întrebare". Această coală ar trebui să clarifice motivul prezenţei acestei iubiri intense pentru copilul străin. Energia din micul sistem se schimbă de îndată. Pippa se simte atrasă în direcţia opusă Mariei şi nici Maria nu mai este interesată câtuşi de puţin de Pippa. De pe coala cu semnul întrebării, se simte însă că ar fi vorba despre un copil mic aflat în suferinţă, care nu este văzut. Şi Maria poate să simtă, de pe coală, cât de intensă este legătura ei cu „secretul".

Întrebată dacă mama ei a pierdut un copil sau despre care alt copil din familie ar putea fi vorba, Maria scutură din cap în semn că nu. „Dar se simte ca şi când ar exista un copil care suferă", insistă îndrumătorul terapeutic.

Mariei îi dau lacrimile. După cum reiese, acum mult timp, ea a fost însărcinată şi a făcut un avort. Acest copil ar fi avut în prezent paisprezece ani – exact ca Pippa! Prin urmare, acum nimic nu mai stă în calea găsirii unei soluţii pentru problema legată de Pippa.

Maria îi spune: „Dragă Pippa, îi respect pe mama şi pe tatăl tău. Ei sunt părinţii potriviţi pentru tine. Acum mi-am găsit în sfârşit adevăratul *meu* copil. Te-am confundat cu copilul meu avortat. Totuşi, ceea ce eu ţi-am oferit nu a fost în van. Ţi-am dat totul cu plăcere şi ai voie să păstrezi aceste lucruri. Restul, trebuie să le iei acum de la familia ta".

Maria este fericită: „Nu am crezut că rezolvarea va veni atât de uşor! Cu toate acestea, mi-a făcut plăcere să am grijă de cea mică! În sfârşit, acum pot să-i dau voie să plece".

Într-o şedinţă ulterioară, am lucrat şi tema relaţiei Mariei cu fostul ei partener şi pe cea a avortului.

Fii care îşi dispreţuiesc taţii

Tim, în vârstă de 11 ani, se îndoieşte de tatăl său

Rebecca şi Frank vin la seminar, deoarece îşi fac griji pentru fiul lor, Tim. Mai ales Frank suferă, din cauză că Tim are un comportament refractar şi arogant faţă de el. În timp ce fiica mai mică ia viaţa de zi cu zi aşa cum este, fiul consumă toată energia familiei prin nesupunerea sa. Tim pune sub semnul întrebării tot ceea ce face tatăl său şi îi subminează masiv autor tatea.

În prima imagine a constelaţiei, Tim stă fix lângă mama lui. Din cauza mamei, el nu îşi poate vedea tată . Iese în evidenţă faptul că Rebecca îl priveşte insistent.

Pe parcursul constelaţiei, Tim spune: „Mă fixează cu privirea şi nu mă slăbeşte nici un moment".

Deoarece Rebecca a menţionat un avort spontan (între a doua şi a treia lună de sarcină), copilul în cauză este inclus în constelaţie. Rebecca alege un băiat. Când acesta intră în constelaţie, Tim radiază.

Copilul avortat spontan se uită la părinţi, în special la tată, cu un fel de dor: „Tatăl mă vede, însă mama nu", spune fratele mort.

Într-un final, şi reprezentanta Rebeccăi îşi face curaj să îl privească pe fiul mort. Este evident că el trebuie să fie inclus în constelaţia fraţilor şi a surorilor.

În acest moment, Rebecca şi Frank îşi preiau propriile roluri. Ei dau frâu liber suferinţei de a-şi fi pierdut copilul şi îl îmbrăţişează, îngenunchind pe podea.

„Am ştiut întotdeauna că mai am încă un fiu", spune Frank.

Ambii părinţi le pot spune copiilor lor încă în viaţă: „Acum sunteţi trei".

Pentru Tim, este important ca părinţii să îi spună că el nu este primul născut, ci al doilea. Astfel, băiatul îşi va pierde poziţia dominatoare şi puternică pe care a avut-o până în prezent! Prin comportamentul lui nesupus, el amintea de fratele mort.

Totuşi, pentru a-l aduce pe Tim înapoi în poziţia de copil, trebuie să mai luăm în considerare un lucru. Când menţionez privirea ei „insistentă" de la începutul constelaţiei, Rebecca explică: „El este fiul meu. El este copilul meu, în totalitate". Într-adevăr, ea nu a rostit aici cuvintele „doar al meu", dar ele se subînţeleg din context.

În acest caz, mama nu îi permite copilului să se apropie şi de tată. Prin faptul că ea îi dă lui Tim, în cadrul constelaţiei, permisiunea de a face acest lucru, copilul îşi pierde din nou o parte din putere. În sfârşit, Tim poate să fie în totalitate copil şi să se dedice şi tatălui său.

„Am nevoie de el. El este un model pentru mine. Aici îmi merge bine", radiază Tim.

Ascultându-l, Frank adaugă: „Asta mă bucură atât de mult! Nu s-a mai întâmplat niciodată ca fiul meu să se apropie atât de mult de mine."

Rebecca îl priveşte pe Frank în ochi: „Sunt de acord ca el să vină la tine. Are nevoie de tine".

Gerald, în vârstă de 15 ani, îşi dispreţuieşte tatăl

Helmut, care are între patruzeci şi cincizeci de ani, i-a dorit moartea tatălui său încă de pe vremea când era adolescent. Până în ziua de astăzi, Helmut are doar foarte rar contact cu tatăl său. Îl dispreţuieşte. Fiul lui, Gerald, se comportă cu el cam în acelaşi fel: băiatul îl dispreţuieşte pe Helmut, aşa cum şi bărbatul îşi dispreţuieşte la rândul lui propriul tată. Acasă, Helmut şi Gerald interacţionează unul cu celălalt doar prin certuri dese; în cazul lor, nicio altă formă de comunicare nu pare să fie posibilă.

La seminar, Helmut este uimit de ceea ce imaginile arată despre familia lui de provenienţă: din dragoste pentru mama sa, el îi doreşte moartea tatălui. Helmut este solidar cu mama, care îl urăşte pe tată. Totuşi, la început, Helmut nu reacţionează nicicum la ceea ce se întâmplă în constelaţie. El nu pare să simtă regret faţă de tatăl său. Seminarul se încheie într-o zi de duminică şi, chiar în aceeaşi seară, ceva uluitor se întâmplă acasă la Helmut. Bărbatul îmi povesteşte despre asta într-un e-mail:

„Este un adevărat miracol. Am venit la constelaţie pentru a-mi rezolva problema legată de tatăl meu. În ciuda faptului că am rămas destul de rezervat în interior, lucrurile tot s-au schimbat radical. De obicei, fiul nostru se întoarce foarte târziu acasă duminica, iar atunci când vine, nici nu vorbeşte cu noi, nici nu este disponibil în vreun alt fel. Totuşi, de data aceasta a venit acasă încă de la ora 21.00! Eu şi soţia mea am discutat împreună cu fiul, într-o cu totul altă atmosferă, timp de două ore (!). Gerald m-a acceptat în mod evident ca partener de discuţie şi, pentru prima dată, şi eu pe el la fel! Deseori în timpul conversaţiei, am simţit pur şi simplu iubirea dintre noi doi. Astfel, mi-am găsit curajul de a merge acum la tatăl meu şi de a-l accepta ca tată, lucru pe care nu l-am putut face de mai bine de zece ani. După mult timp, pot acum privi din nou cu încredere către viitor“.

Negarea țării natale

În familiile multiculturale, copiii simt adesea când țara natală a unuia dintre părinți este ignorată.

Achmed, în vârstă de 5 ani, are probleme psihosomatice

Jutta şi Ali au un fiu pe nume Achmed. Ali este originar din Indonezia. El a venit în Germania cu mulţi ani în urmă, deoarece în ţara lui nu mai putea rămâne: „Tinerii vor ceea ce este modern şi de aceea am şi plecat în străinătate. Aici este mai bine“.

În Germania, Ali a cunoscut-o pe actuala lui soţie, de origine germană. El încă locuieşte împreună cu ea.

Şi Jutta este căsătorită cu un alt bărbat, cu care are împreună doi fii adolescenţi. Ea şi-a înşelat soţul cu Ali, iar în urma acestei relaţii femeia a rămas însărcinată cu Achmed. Ambii sunt însă, la fel ca şi înainte, legaţi prin mariaj de respectivii lor parteneri. Ultimii ani au fost marcaţi de o viaţă de familie dezordonată. Deşi Achmed locuieşte în familia Juttei, lui îi lipseşte contactul regulat cu tatăl lui indonezian, iar între cei patru adulţi implicaţi în acest complex relaţional se iscă mereu certuri.

Ochii mari ai lui Achmed privesc deseori cu tristeţe lumea înconjurătoare. În plus, Jutta povesteşte că băiatul pare de multe ori „pierdut" şi că nu are chef de nimic. Nu are deloc iniţiativă, în schimb manifestă fel de fel de probleme psihosomatice. Ali şi Jutta participă acum împreună la un seminar.

O importanţă centrală în cadrul constelaţiei o au reprezentanţii celor două ţări de provenienţă, Germania şi Indonezia. Încă de la început, Achmed are ochi numai pentru Indonezia, ignorând orice altceva. El se îndreaptă către Indonezia, care este reprezentată de către o femeie. Cei doi se îmbrăţişează vreme îndelungată, în timp ce Germania, reprezentată de un bărbat, se îndepărtează încet-încet de toţi ceilalţi.

Ulterior, reprezentantul Germaniei spune: „Nu joc niciun rol aici".

În cele din urmă, având în vedere iubirea profundă dintre Achmed şi Indonezia, şi reprezentantul lui Ali îi zâmbeşte ţării sale de provenienţă. Nici Jutta nu are ochi pentru Germania, ea doar privind cu dor către patria lui Ali. Indonezia îşi deschide braţele, aşa cum ar face o mamă, pentru a-i cuprinde pe toţi.

Ali îi spune ţării lui natale: „Vin înapoi şi îmi aduc şi familia cu mine".

Indonezia dă din cap aprobator, cu prietenie.

Jutta şi Ali au privit la toate acestea stând pe scaunele lor, fără să scoată vreun cuvânt. Jutta nu se aştepta câtuşi de puţin la aşa ceva în timpul constelaţiei.

Totuşi, Ali spune: „Sincer să fiu, eu nu sunt surprins. În adâncul meu am ştiut dintotdeauna..."

Pentru o rezolvare adecvată, mai este nevoie de încă ceva: dacă Ali şi Jutta îşi vor recunoaşte vina faţă de partenerii lor actuali, atunci ar putea ieşi ceva bun din toată această situaţie. Totuşi, imaginea de rezoluţie nu trebuie sub nicio formă confundată cu indicaţia de a face un lucru concret!

Blesteme și „posedare demonică"

În cele mai multe cazuri în care este vorba despre „diavol" sau despre „magie", constelațiile familiale aduc la lumină cauze de-a dreptul pământești. De regulă, cel „posedat de diavol" reprezintă un membru al familiei. Într-o anumită constelație[43], a fost vorba despre un băiat adoptat care părea a fi posedat. Cu toate acestea, a reieșit că mama lui adoptivă era adevăratul „diavol". Ea avortase șapte copii, deoarece voia să își facă soțul să sufere. Acest lucru era exprimat de copilul adoptiv prin comportamentul lui nebunesc. Pentru a-l ajuta pe copil, trebuie verificat dacă el poate rămâne în noul său mediu. Este nevoie de părinți adoptivi care vor să îl sprijine, nu de unii care vor să conducă o vendetă.

Cazul anterior nu trebuie totuși să ne îndemne să considerăm imposibile fenomenele supranaturale. În cartea *Imaginile sufletului: constelațiile familiale și șamanismul*[44], Daan van Kampenhout, care lucrează ca șaman și ca facilitator de constelații, pune la dispoziție o introducere în acele domenii care sunt ascunse vederii. Într-o altă carte[45] a sa, el spune o poveste care dă de gândit, despre un obiect religios al unui cult african:

---

[43] Această constelaţie facilitată de Bert Hellinger poate fi găsită în cartea sa, *Die Quelle braucht nicht nach dem Weg zu fragen*, Heidelberg, 2001, p. 164.
[44] Daan van Kampenhout: *Imaginile sufletului. Constelaţiile familiale şi şamanismul*, Bucureşti, 2014.
[45] Daan van Kampenhout: *Heilende Rituale*, Freiburg 2000, p. 98.

„Am avut odată un pacient care venise la mine pentru o consultație. El suferea de afecțiuni trupești inexplicabile. În timpul ședinței de consiliere, a ieșit la iveală că durerile lui proveneau de la o mică statuetă de lemn, pe care o avea din Africa. După ce pacientul meu a îndepărtat din locuința sa acea statuetă (...), problemele lui de sănătate au dispărut de îndată."

Povestea care urmează, cea a Jumilei, are legătură tot cu Africa. Ea scoate la iveală efectele influențelor magice, indiferent de cum încercăm să explicăm „magia".

Jumila, în vârstă de 4 ani, victimă a unui blestem african

Gerlinde povesteşte la seminar despre fiica ei, Jumila, pe care o are împreună cu un bărbat din Africa. Când Gerlinde a rămas însărcinată, prietenul a vrut să o oblige să avorteze, dar ea a decis să păstreze copilul, împotriva voinţei lui. Când bărbatul şi-a văzut pentru prima dată fiica, în vârstă de nouă luni, el a vrut de îndată să o ia de soţie pe Gerlinde. Ea nu mai era însă dispusă să îl accepte; femeia aflase că s-ar putea ca el să fie căsătorit deja cu mai multe femei şi să aibă şi alţi copii. Totuşi, până la acel moment, el negase totul.

Gerlinde a trebuit să recunoască faţă de ea însăşi că se interesase prea puţin de cutumele şi de cultura prietenului ei şi că este posibil să fi fost nechibzuită în începerea relaţiei. Pentru că ea nu l-a mai vrut ca partener, tatăl Jumilei s-a căsătorit cu o femeie de origine africană, împreună cu care are patru copii. Familia lor locuieşte într-un oraş mare din Germania. Prietenul Gerlindei a întrerupt orice legătură cu ea şi cu fiica ei. Într-o scrisoare, el i-a spus că niciuna dintre rudele lui de origine africană nu va afla vreodată despre acest bastard. Jumila pur şi simplu „nu există". Din acest motiv, tatăl a anexat scrisorii şi un document întocmit chiar de el, prin care se declara de acord cu orice eventuală adopţie.

Pe lângă asta, Gerlinde mai povesteşte şi că soţia de origine africană este foarte geloasă şi că este împotriva oricărui contact între tată şi Jumila. Când Jumila avea doar câteva luni, Gerlinde a primit de la această femeie o scrisoare care conţinea un blestem: fără ştirea soţului ei, femeia îndeplinise un ritual de magie neagră originar din ţara ei natală, dorindu-le moartea Gerlindei şi fiicei ei. Practic, în această scrisoare, celor două le-a fost prezisă moartea. De atunci, fiica şi mama se îmbolnăvesc grav, în mod repetat, uneori ajungând inclusiv în pragul morţii. Jumila suferă deseori de pneumonii cu parcurs problematic, care nu răspund cum trebuie la tratament.

Se lucrează acum o constelaţie pentru Gerlinde, pentru Jumila şi tatăl ei şi, de asemenea, pentru africancă şi copiii acesteia (fraţii vitregi mai mici ai Jumilei). Este inclusă şi o persoană (femeie) care să reprezinte blestemul de moarte african.

Încă de la început, blestemul îi înrobeşte pe toţi, cu magia lui. Mai ales Gerlinde şi fiica ei tremură în faţa femeii care îl reprezintă. Până şi tatăl Jumilei este împietrit. Mai întâi, el a privit-o pe fiica lui, dar de îndată ce şi-a întors privirea către blestem, l-a cuprins o înfrigurare. La fel ca pe toţi ceilalţi, blestemul îl paralizează. În ochii africancei sclipeşte ura faţă de rivala sa şi faţă de fiica acesteia. Pentru Jumila şi pentru Gerlinde, tensiunea devine insuportabilă. Abia dacă se mai pot ţine pe picioare. Într-un final, blestemul se întoarce, privind către creatoarea sa: femeia de origine africană. Datorită acestui schimb de orientare, Gerlinde şi Jumila pot imediat să respire adânc şi, încet-încet, se pun din nou pe picioare.

Acum, că blestemul o priveşte, ochii africancei nu mai exprimă ură, ci doar o pură frică de moarte. Când blestemul se îndreaptă cu paşi hotărâţi către creatoarea lui, ca o forţă de neoprit, africanca scoate un ţipăt puternic.

Cu toate acestea, blestemul se apropie din ce în ce mai mult şi spune: „Acum te voi omorî pe tine în locul ei!" Pentru a nu fi nimicită, ea îşi exprimă dorinţa ca blestemul să fie ridicat. Totuşi, acesta se apropie de creatoarea lui din ce în ce mai ameninţător, înghesuind-o într-un colţ al camerei. Africanca stă, literalmente, cu spatele la perete.

Blestemul spune: „E nevoie de foarte mult timp pentru ca eu să pot dispărea – de foarte mult timp!"

El rămâne impunător în faţa africancei, încolţind-o şi nelăsând-o să scape. Gerlinde şi fiica ei se întorc în acest moment cu spatele, pentru a nu mai fi martore la ceea ce se întâmplă. Acum le merge bine.

„Consecinţele blestemului" trebuie să se întoarcă la locul lor de origine. Alte puncte de vedere nu au nicio importanţă în această constelaţie, deoarece blestemul, cu puterea sa, îi domină pe toţi participanţii.

Gerlinde stă uluită pe scaunul ei până la finalul constelaţiei, foindu-se de emoţie. Experienţa ultimilor ani a fost pentru ea exact cea prezentată aici: femeia a simţit că blestemul reprezintă o ameninţare la viaţa ei şi a fiicei ei. Cu fiecare nouă pneumonie a Jumilei, ea se temea că fiica ei nu va supravieţui.

La aproape doi ani de la constelaţie, mă întâlnesc din nou cu Gerlinde. Înainte de constelaţie, ea nu îşi dorise să ştie nimic despre Africa şi despre cultura ei. După tot ce avusese de îndurat, Africa îi trezea teamă. Din motive uşor de înţeles, ea nu a mai vrut să aibă nimic de-a face cu aceste lucruri.

Deşi Jumila nu putea să îşi nege originile africane, la exterior, ea se vedea ca „albă". Chiar şi când se desena, fetiţa îşi colora părul mereu blond. De fapt, ea are părul brunet. Copilul a simţit că mama dorea să ignore cultura africană şi, din dragoste pentru aceasta, şi-a adaptat comportamentul şi s-a văzut ca fiind „albă". Începând cu ziua în care a fost lucrată constelaţia, situaţia s-a schimbat: copilul a început să se deseneze ca fiind de culoare – fără ca cineva să îi fi spus ceva în legătură cu acest lucru! În paralel, Gerlinde a simţit că este necesar să se intereseze mai mult de lucrurile care au legătură cu Africa. După ce mama a devenit mai deschisă faţă de rădăcinile africane ale copilului, Jumila s-a simţit, la rândul ei, încurajată să accepte şi acest aspect al său. Gerlinde îşi educă fiica în spiritul creştin, dar o lasă să ia contact şi cu religia africană.

De la momentul constelaţiei, Gerlinde a purtat multe discuţii intense cu africani, dar şi cu femei de origine germană care fuseseră, de asemenea, blestemate, împreună cu copiii lor, de către africani. Un preot creştin cu rădăcini africane i-a povestit despre cât de des sunt rostite astfel de blesteme – în cel mai rău caz, cu urmări fatale. Gerlinde şi-a dat seama că povestea ei nu a fost un caz izolat. Indiferent de ce cred europenii despre practicile spirituale ale Africii, urmările blestemelor ritualice pot fi grave.

Între timp, Gerlinde a luat legătura şi cu membrii tribului din care făcea parte tatăl Jumilei. A aflat pe această cale că astfel de blesteme sunt văzute ca fapte reprobabile, chiar şi în Africa, mai ales atunci când sunt folosite în cadrul aceleiaşi familii. Când a povestit despre ce i s-a întâmplat, i s-a spus că aici a fost vorba despre ceva abominabil, chiar şi după tradiţia africană. Cu toate acestea, astfel de blesteme ritualice sunt folosite foarte des. De atunci, din punctul de vedere al sănătăţii, lucrurile au luat o turnură pozitivă pentru Jumila. Până la momentul constelaţiei familiale, Jumila avusese şase pneumonii grave, dar după aceea nu a mai avut niciuna. După constelaţie, efectul blestemului a dispărut, iar dezvoltarea ulterioară a Jumilei a fost una favorabilă. Cu toate acestea, tatăl Jumilei nu a dat până acum vreun semn că ar fi interesat să îşi revadă fiica.

Gerlinde povesteşte că efectul constelaţiei se menţine încă, după aproape doi ani. Observându-se, femeia şi-a dat seama că reorientarea profesională şi lucrurile culturale şi spirituale cu care s-a ocupat de atunci au adus-o pe un nou drum.

După alţi patru ani, Gerlinde mă mai contactează o dată, telefonic, pentru a-mi pune o întrebare oarecare. Mamei şi copilului încă le merge bine.

Perspective

Între apariția primei mele cărți despre copii și redactarea celei de față s-au scurs treisprezece ani. În ultimele câteva luni, scriind, am fost în repetate rânduri înspăimântat de cât de mult a putut totuși să se schimbe lumea copiilor și a familiilor lor în acest interval de timp relativ scurt – din păcate, nu doar în bine.

Familiile sunt, mai mult decât oricând, afectate de schimbările radicale din societate și din sfera profesională. Cum ar putea asta să nu lase amprente asupra copiilor noștri?

Și „mobilitatea și flexibilitatea profesionale" sunt înțelese din ce în ce mai mult ca un pas necesar pe drumul către succes – atât pentru bărbați, cât și pentru femei. Din ce în ce mai mulți potențiali părinți care muncesc sunt dezorientați atunci când își pun întrebarea dacă să aducă sau nu pe lume un copil, cât sunt încă tineri. Posturi permanente, într-un anumit loc, care ar putea face „planificarea unei familii" mai sigură, există din ce în ce mai puține, în timp ce solicitarea de „flexibilitate în privința domiciliului" devine din ce în ce mai pregnantă. Nu puțini sunt aceia care înaintează cu greu prin viață, de la un contract pe perioadă determinată la altul, dorindu-și, de fapt, un loc de muncă permanent. Când nici soția și nici soțul nu reușesc să găsească un „post sigur", neștiind dacă în anul care urmează vor mai avea un venit regulat, cum să își facă ei „curaj să aducă pe lume un copil"?

Nu doar din cauza condițiilor de pe piața muncii se află tinerele cupluri la cheremul economiei. Între timp, imixtiunea companiilor în planificarea familiei capătă trăsături grotești, mai ales în SUA. Cotidianul *Die Zeit* a explicat în articolul „Un copil al Apple“[46] încotro se îndreaptă trendul. Firmele americane le oferă bani angajatelor pentru ca acestea să își congeleze ovulele, amânând astfel maternitatea. Firma „Egg-Banxx“ recoltează ovule de la clientele ei la prețuri care încep de la 7.000 de dolari, le congelează rapid și le depozitează pentru a putea fi folosite mai târziu. Spus într-un mod mai neprietenos: în loc să se ocupe, ca până nu demult, de producția de bunuri și de prestarea de servicii, firmele preiau acum și planificarea familiei. Doar după ce angajata a dat „tot ce a avut mai bun“ angajatorului, ea poate, la vârsta de patruzeci-cincizeci de ani, să aducă pe lume copii. Dar este de dorit pentru viitorii noștri copii ca ei să crească alături de niște părinți atât de în vârstă? Și o întrebare pe care nu și-o pune literalmente nimeni: nu vor avea asemenea manipulări provocate de tehnica medicală efecte asupra psihicului copiilor concepuți pe această cale? Iată că nu pare să intereseze, de fapt, pe nimeni...

Facebook și Apple le promit angajaților lor că vor prelua curând costurile integrale pentru un astfel de *egg-freezing*. Apple plătește până la 20.000 de dolari pentru prelevarea și depozitarea ovulelor. Și Facebook practică, de la începutul lui 2014, acest mod de planificare familială. Fără a fi necesar să devenim marxiști, putem vedea în toate acestea o exploatare din partea firmelor, respectiv „forțarea la autooptimizare“. Așa să arate „emanciparea“ femeilor? Ce se va întâmpla cu angajatele care vor vrea să rămână la modelul tradițional, vrând să își crească copiii ca tinere mame, nu ca bunici? La cincizeci de ani nu te mai poți zbengui în groapa cu nisip la fel cum o făceai la treizeci! Și când abia dacă vor mai exista femei care să se opună *egg-freezingului*, din cauza faptului că majoritatea îl practică, ce șanse profesionale vor mai avea atunci femeile cu viziuni tradiționale? Cât de puternică va deveni presiunea socială?

---

[46] Kolja Rudzio: „Un copil al Apple“, în: *Die Zeit*, nr. 44 din 23 octombrie 2014, p. 10.

Un sondaj Emnid[47] a scos la iveală că 37% dintre germani consideră că astfel de oferte ale firmelor sunt bune, iar, dintre cei cu vârste cuprinse între 14 și 29 de ani, chiar 53% consideră asta! Specialistul în analiza trendurilor, Gábor Jánszky, stabilit în Leipzig, este sigur că, în doar cinci ani, ceea ce se practică acum la Facebook și la Apple va deveni ceva comun și în Germania.

Tot la fel de sceptică este și opinia mea cu privire la viitor, atunci când vine vorba de efectele „revoluției digitale" asupra copiilor și a adolescenților. Într-o călătorie de vacanță cu avionul, observ, stând pe un scaun poziționat oblic față de mine, un copil în jurul vârstei de cinci ani, care se joacă jocuri de război pe laptopul lui pentru copii. Încontinuu se pot vedea explozii și „oponenți" nimiciți, care cad morți la pământ, sângerând abundent. Tatăl băiatului stă pe scaunul de lângă el și rezolvă integrame. Activitatea fiului său nu pare să îl surprindă nici măcar puțin. Oare ne-am pierdut sensibilitatea de a distinge între ceea ce le face bine copiilor noștri și ceea ce le dăunează?

O altă familie, de trei persoane, stă așezată la o masă, în restaurantul hotelului. Fiica în vârstă de trei-patru ani se găsește într-o ipostază de *multitasking*: cu mâna dreaptă echilibrează pe furculiță bucăți de prăjitură care îi cad mereu, deseori lângă farfurie. Cu mâna stângă utilizează laptopul, în timp ce ochii ei se îndreaptă aproape exclusiv către filmul de desene animate de pe ecran. Pupilele nu se mișcă aproape deloc în direcția prăjiturii. Nu e de mirare că nu reușește să mănânce! Tati stă vizavi de fiică și îi arată cum se folosește corect furculița. Dar fiica nu este deloc atentă la el. Ea se dedică desenelor animate. Din păcate, tatăl nu observă defel că fiica se concentrează exclusiv la film și nu la demonstrația lui, răcindu-și gura degeaba...

---

[47] TNS Emnid sau, de cele mai multe ori, pur şi simplu Emnid a fost unul dintre primele institute din Germania care au avut ca activitate realizarea de sondaje de opinie. (n.tr.)

Ceea ce este cel mai surprinzător: nici mamei, nici tatălui nu le vine ideea de a închide pur și simplu laptopul copilului, având în vedere că, până la urmă, acum este timpul pentru masă, nu pentru uitat la filme! În afară de asta, o masă împreună ar reprezenta o ocazie de conversație între membrii familiei! Și din nou întrebarea: ce se întâmplă cu sensibilitatea noastră față de nevoile copiilor? Digitalul pare să fie, din ce în ce mai des, o prioritate în viața adulților și a copiilor.

Și eu, la fel ca toți părinții, primesc la intervale regulate e-mailuri de la directorul gimnaziului din localitate, care atrag atenția asupra unor perturbări grave ale păcii sociale în cadrul școlii. Declanșatoare sunt cazurile de hărțuire inițiate de elevi, folosind Facebook sau WhatsApp. Deși rețelele sociale au o utilitate care nu poate fi negată, pentru copii și adolescenți ele reprezintă cel puțin la fel de mult și un pericol. Directorul avertizează aproape cu disperare că părintele sau părinții ar trebui să controleze măcar vârsta minimă de înscriere a copiilor lor pe aceste platforme: WhatsApp este permis doar de la vârsta de șaisprezece ani, iar Facebook, de la treisprezece. Dar copiii manipulează această vârstă în mod regulat atunci când se înscriu – de obicei cu permisiunea părinților, pentru că „toți fac la fel"! Conform informațiilor primite de la director, aproape *toți* elevii cu vârste cuprinse între zece și doisprezece ani au conturi deschise pe aceste două rețele sociale. Aproape că ai impresia că, între timp, respectarea unor reguli raționale menite să îi protejeze pe copii a devenit o *excepție* și că mamele și tații trebuie să fie „nebuni" ca să decidă să se orienteze după astfel de principii și de reguli.

Dimensiunea globală a acestei evoluții o arată un articol din *Süddeutsche Zeitung*[48], din data de 17 martie 2015: în ultimii ani, revoluția digitală a prins avânt și în China:

---

[48] Marcel Grzanna: „Vremuri tulburi", în: *Süddeutsche Zeitung* din 17 martie 2015, p. 16: „Digitalizarea accentuează nebunia de zi cu zi în metropolele Chinei. Între timp, mulţi oameni sunt suprasolicitaţi în această privinţă şi trebuie să fie vindecaţi de dependenţa de online în lagăre de educare."

Serviciile de mesagerie, grupurile de chat (...) distrag atenția multor chinezi, chiar și când aceștia iau masa împreună sau când merg la plimbare. Mulți părinți își liniștesc copiii cu jucării digitale. Milioane de tineri sunt considerați deja ca fiind dependenți de mediul online. În lagăre de educare, de inspirație militară, se încearcă vindecarea acestei boli. În China, conectarea permanentă la internet este o sursă de neliniște.

Nu, nu sunt un dușman al tehnologiei! De asemenea, știu și că, în China, internetul este văzut ca o amenințare potențială și din alte puncte de vedere, diferite de ale noastre, iar „lagărele de educare de inspirație militară" nu mă entuziasmează defel. Totuși, eu pledez pentru ca noi să devenim mai atenți cu privire la măsura și la vârsta la care le dăm acces copiilor noștri la lumea digitală, pentru a-i feri de pericole.

Dincolo de lumea digitală și de cea virtuală, pentru dezvoltarea lor, copiii noștri au nevoie de părinți care să îi ancoreze în realitate și care să le transmită un sentiment de siguranță. Acest lucru presupune și ca părinții să aibă curaj, în viața de zi cu zi, să își asume ei rolul celor „mari", dându-le astfel voie copiilor să fie ei „mici". Doar așa aceștia vor putea deveni suficient de stabili din punct de vedere psihic, pentru a putea să își urmeze calea fără teamă, într-o lume care se schimbă cu rapiditate.

Bibliografie

Bandler, Richard: *Veränderung des subjektiven Erlebens. Fortgeschrittene Methoden des NLP*, Paderborn, 2001.

Baxa, Guni-Leila, Christine Essen și Astrid Habiba Kreszmeier (coord.): *Verkörperungen. Systemische Aufstellung, Körperarbeit und Ritual,* Heidelberg, 2002.

Biddulph, Steve: *Secretul copiilor fericiți,* București, 2004.

Dilts, Robert B., Todd Epstein și Robert W. Dilts: *Know-how für Träumer. Strategien der Kreativität,* Paderborn, 1994.

Dilts, Robert B., Tim Hallbom și Suzi Smith: *Identität, Glaubenssysteme und Gesundheit. Höhere Ebenen der NLP-Veränderungsarbeit,* Paderborn, 2006.

Drexler, Diana: „Constelațiile familiale și dependența: un raport complet", în: Weber (coord.): *Derselbe Wind lässt viele Drachen steigen* (vezi mai jos).

Dykstra, Ingrid: *Wenn Kinder Schicksal tragen. Kindliches Verhalten aus systemischer Sicht verstehen,* München, 2002.

Eberwein, Werner și Gerhard Schütz: *Die Kunst der Hypnose. Dialoge mit dem Unbewussten,* Paderborn, 2001.

Erickson, Milton H., Ernest L. Rossi și Sheila L. Rossi: *Hypnose. Induktion, therapeutische Anwendung,* Beispiele, München, 2013.

Erickson, Milton H. și Ernest L. Rossi: *Hypnotherapie. Aufbau, Beispiele, Forschungen,* München, 2007.

Franke-Griksch, Marianne: *Du gehörst zu uns! Systemische Einblicke und Lösungen für Lehrer, Schüler und Eltern,* Heidelberg, 2012.

Gabert-Varga, Uwe și Bernhard Trenkle: „Anecdote terapeutice în tratamentul tulburărilor de vorbire", în: Mrochen et al.: *Die Pupille des Bettnässers* (vezi mai jos).

Gómez Pedra, Sylvia (coord.): *Kindliche Not und kindliche Liebe. Familien-Stellen und systemische Lösungen in Schule und Familie,* Heidelberg, 2002.

Grinder, John și Richard Bandler: *Therapie in Trance,* München, 2007.

Haley, Jay (coord.): *Conversations with Milton H. Erickson, M.D., Bd. 3: Changing Children and Families,* (s.l.), 2014.

–, *Die Psychotherapie Milton H. Ericksons,* München, 2010.

Holtz, Karl-Ludwig: „Multiplele fațete ale lui M.H. Erickson. Reflecții de psihologia dezvoltării cu privire la hipnoterapia copiilor și adolescenților", în: Mrochen et al. (coord.): *Die Pupille des Bettnässers* (vezi mai jos).

Hellinger, Bert: *Un val, un ocean: izvorul nu are nevoie să întrebe care este calea sa,* București, 2010.

Hellinger, Bert și Gabriele ten Hövel: *Anerkennen, was ist. Gespräche über Verstrickung und Lösung,* München, 1997.

Innecken, Barbara: *Weil ich euch beide liebe. Systemische Pädagogik für Eltern, Erzieher und Lehrer,* München, 2007.

Kampenhout, Daan van: *Imaginile sufletului. Constelațiile familiale și șamanismul,* București, 2014.

–, *Heilende Rituale. Verbesserung der Lebensqualität,* Freiburg, 2000.

–, *Schamanische Heilungsrituale,* Freiburg, 2001.

Kohen, Daniel P.: „Relaxare și antrenamentul imaginației (autohipnoză) ca sprijin pentru copiii cu astm", în: Mrochen et al. (coord.): *Die Pupille des Bettnässers* (vezi mai jos).

Lahore, Idris: „Neuroni-oglindă, fizică cuantică, câmpuri morfice și constelații familiale", în: *Praxis der Systemaufstellung,* München, nr. 1/2009.

Mills, J. și R. Crowley: *Therapeutic Metaphors for Children and the Child within,* New York, 1986.

Mrochen, Siegfried, Karl-Ludwig Holtz și Bernhard Trenkle (coord.): *Die Pupille des Bettnässers. Hypnotherapeutische Arbeit mit Kindern und Jugendlichen,* Heidelberg, 2011.

Olness, Karen și Daniel P. Kohen: *Lehrbuch der Kinderhypnose und -hypnotherapie,* Heidelberg, 2006.

Prekop, Jirina: *Der kleine Tyrann. Welchen Halt brauchen Kinder?,* München, 1991 (ebook 2013).

–, *Hättest Du mich festgehalten,* München, 2006.

–, *Schlaf, Kindlein – verflixt noch mal! Ein Ratgeber für genervte Eltern,* München, 2000.

Prekop, Jirina și Bert Hellinger: *Wenn ihr wüsstet, wie ich euch liebe. Wie schwierigen Kindern durch Familien-Stellen und Festhalten geholfen werden kann,* München, 2010.

Prekop, Jirina și Christel Schweizer: *Kinder sind Gäste, die nach dem Weg fragen. Ein Elternbuch,* München, 2000.

Schäfer, Thomas: *So wird Ihr Kind bärenstark. Ein therapeutisches Vorlesebuch,* München, 2009.

–, *Wenn Liebe allein den Kindern nicht hilft,* München, 2002.

–, *Ce îmbolnăvește sufletul și ce îl vindecă. Constelațiile familiale și terapia lui Bert Hellinger,* București, 2021.

–, *Wenn der Körper Signale gibt. Wege zur Gesundheit durch Familienaufstellungen,* München, 2012.

–, *Wenn Dornröschen nicht mehr aufwacht. Die Botschaft der Märchen in Familienaufstellungen,* München, 2008.

–, *Wie aus Beruf Berufung wird. Erfolg und Glück aus Sicht des Familien-Stellens,* München, 2009.

–, *Wie aus Leiden wieder Liebe wird. Mann und Frau aus Sicht des Familienstellens,* München, 2007.

–, *Wie der Tod dem Leben dient. Abschied und Sterben im Familien-Stellen,* München, 2008.

–, *Wie die Seele uns durchs Leben führt. Die Essenz des Familien-Stellens,* München, 2011.

Schneider, Jakob și Brigitte Gross: *Ach wie gut, dass ich es weiß – Märchen und andere Geschichten in der systemisch-phänomenologischen Therapie,* Heidelberg, 2000.

Schneider, Sieglinde: „Ceea ce le lipsește copiilor", în: Gómez Pedra (coord.): *Kindliche Not und kindliche Liebe* (vezi mai sus).

Schützenberger, Anne Ancelin: *The Ancestor Syndrome – Transgenerational Psychotherapy and the Hidden Links in the Family Tree,* London, 1989.

Shazer, Steve de: *Wege der erfolgreichen Kurzzeittherapie,* München, 2012.

Spitzer, Manfred: *Demența digitală: cum ne tulbură mintea noile tehnologii,* București, 2020.

–, *Vorsicht Bildschirm. Elektronische Medien, Gehirnentwicklung, Gesundheit und Gesellschaft,* München, 2006.

Trenkle, Bernhard: „Hipnoterapia și psihoterapia în cazul copiilor cu enurezis", în: Mrochen et al. (coord.): *Die Pupille des Bettnässers* (vezi mai sus).

Warncke, Marlies: „Constelațiile familiale într-un cabinet de logopedie – un studiu de caz", în: *Praxis der Systemaufstellung – Beiträge zu Lösungen in Familien und Organisationen,* Wiesloch, nr. 1/2001.

Weber, Gunthard (coord.): *Derselbe Wind lässt viele Drachen steigen. Systemische Lösungen im Einklang,* Heidelberg, 2001.

–, *Zweierlei Glück. Die systemische Psychotherapie Bert Hellingers,* Heidelberg, 1993.

Winterhoff, Michael: *Persönlichkeiten statt Tyrannen. Oder: Wie junge Menschen in Leben und Beruf ankommen,* München, 2010.

–, *Tyrannen müssen nicht sein. Warum Erziehung allein nicht ausreicht – Auswege,* München, 2009.

–, *De ce copiii noștri se transformă în tirani? Cum a fost abolită copilăria,* București, 2017.